Mente, linguagem e mundo

Mente, linguagem e mundo

Waldomiro Silva Filho (organizador)

Copyright © 2010 Waldomiro Silva Filho

Edição: Joana Monteleone
Editor assistente: Vitor Rodrigo Donofrio Arruda
Projeto gráfico: Vinícius G. Machado dos Santos
Revisão: Laudizio Correia Parente Jr.
Capa: Pedro Henrique de Oliveira

CIP-Brasil. Catalogação-na-fonte
Sindicato Nacional dos Editores de Livros, RJ

M518

Mente, linguagem e mundo/ Waldomiro Silva Filho.
São Paulo: Alameda, 2010.
360p.

Inclui bibliografia
ISBN 978-85-7939-015-9

1. Filosofia moderna. 2. Linguagens e línguas – Filosofia. I. Silva Filho, Waldomiro J. (Waldomiro José).

09-5457.   CDD: 194
                        CDU: 1(44)
                                            015838

Alameda Casa Editorial
Rua Conselheiro Ramalho, 694 – Bela Vista
CEP 01325-000 São Paulo – SP
Tel. (11) 3012-2400
www.alamedaeditorial.com.br

Sumário

Introdução 7

O significado do anti-individualismo e o autoconhecimento 9
Waldomiro Silva Filho

I. Anti-individualismo, autoconhecimento e ceticismo 23

Anti-individualismo e autoconhecimento: 25
uma exposição elementar
Paulo Faria

Ceticismo e autoconhecimento 37
Plínio Junqueira Smith

II. Compatibilismo e incompatibilismo 55

Reflexões sobre anti-individualismo e autoconhecimento 57
Carlos J. Moya

Conteúdo e autoridade da primeira pessoa 75
Edgar Marques

Quando externismo e autoconhecimento são compatíveis 87
Cristina Borgoni

III. Do ponto de vista da primeira pessoa e verdade 119

Da autoridade sobre os próprios atos 121
Ernesto Perini-Santos

De primeira pessoa, porém não pessoal: 149
pensando *de re* sobre si mesmo
Hilan Bensusan

Expressivismo, verdade e conhecimento   163
Alexandre N. Machado

IV. Conteúdo, referência e normatividade   181

O conteúdo exíguo segundo uma ótica anti-individualista   183
Roberto Horácio de Sá Pereira

Anti-individualismo, autoconhecimento e responsabilidade   215
Jônadas Techio

O argumento de Kripke sobre a linguagem privada: uma perspectiva davidsoniana   271
Carlos E. Caorsi

V. Consequências do anti-indivividualismo   279

Exilados da Terra Gêmea: os experimentos mentais e a natureza da intencionalidade   281
César S. dos Santos

Deflacionando o anti-individualismo   293
Waldomiro Silva Filho

Do externismo ao contextualismo   303
André Leclerc

VI. Linguagem e consciência   321

Conteúdos não-conceituais   323
João Vergílio Gallerani Cuter

Componentes proposicionais inarticulados   339
Marco Ruffino

Agradecimentos   359

Introdução

O SIGNIFICADO DO ANTI-INDIVIDUALISMO E O AUTOCONHECIMENTO

Waldomiro Silva Filho

> Philosophy is not primarily a body of doctrine, a series of conclusions or systems or movements. Philosophy, both as product and as activity, lies in the detailed posing of questions, the clarification of meaning, the development and criticism of argument, the working out of ideas and point of view. It resides in the angles, nuances, styles, struggles, and revisions of individual authors. In an overview of this sort, almost all the real philosophy must be omitted. For those not initiated into these issues, the foregoing is an invitation. For those who are initiated, it is a reminder – a reminder of the grandeur, richness, and intellectual substance of our subject.
> Tyler Burge, "Philosophy of Language and Mind: 1950-1990", p. 51.

É IMPOSSÍVEL À FILOSOFIA mais sutil e à razão humana mais vulgar não reconhecerem a relevância do fato de que, em geral, nossa tendência secular é atribuir a nós mesmos a capacidade de *pensar, acreditar, desejar, conhecer*. Do mesmo modo, quando descrevemos ou avaliamos nossas ações, é comum supor que *agimos* sob a influência desses pensamentos, crenças, desejos.

Da crença, desejo, pensamento diz-se, no jargão filosófico, que são *estados mentais intencionais* que têm um *conteúdo* ou um *significado*. No dia-a-dia, na nossa psicologia comum, referimo-nos a esses estados mentais usando expressões frasais do tipo "João *acredita* que a água sacia a sede", "José *deseja* que seu time seja campeão". Os filósofos chamam tais estados mentais de atitudes proposicionais porque expressam uma atitude específica de um sujeito em relação a uma proposição específica. Por isso temos: a *crença* de que [a água sacia a sede], o *pensamento* de que [as coisas não andam bem], o *desejo* de que [o time vença], o *medo* de que [a crise econômica se agrave]. Assim, podemos falar do *conteúdo semântico* ou do *significado* da crença, do desejo etc. Ademais, quando acreditamos, desejamos etc., quase sempre acreditamos em algo ou desejamos alguma coisa.

Hilary Putnam afirmou que há uma crença milenar – que remonta a Platão e Aristóteles e que fora herdada pelos idealistas e empiristas modernos – segundo a qual as noções de "conceito" e "significado" são pensadas como completamente contidas *na* mente e esta, por sua vez, é concebida como um teatro privado, isolada de outros indivíduos e do mundo exterior (cf. PUTNAM, 1996a, p. XV). Para muitos filósofos, os conteúdos mentais podem ser descritos de um modo que não requeira referência a como as coisas são no mundo externo. Assim, o conteúdo representacional seria determinado exclusivamente por propriedades internas, não-relacionais, da mente ou do cérebro. Mesmo aceitando que, de um modo ou de outro, as crenças e pensamentos têm um traço intencional – isto é, são *acerca* de algo – esses filósofos sustentam que uma crença ou pensamento pode existir e ter seu conteúdo independente de como o mundo é ou da existência do objeto de que trata.

A publicação de "The meaning of 'meaning'", de Putnam, em 1975 representou um marco na crítica a essa imagem idealista e subjetivista do significado e do mental. Nesse texto Putnam escreveu a famosa frase: "Corte a torta como quiser, os significados não estão na cabeça" (PUTNAM, 1996b, p. 13). Este *slogan* inaugurou um intenso debate que há trinta anos vem mobilizando sobretudo a comunidade de filósofos de língua inglesa. E é este o horizonte filosófico onde se inscreve o presente livro: o externismo ("*externalism*") ou anti-individualismo ("*anti-individualism*") afirma algo aparentemente trivial, mas com consequências importantíssimas, a saber, *os significados de nossas palavras e os conteúdos de alguns dos nossos estados mentais são constituídos ou determinados (ao menos em parte) pelo mundo externo.* Simples: os estados mentais, tais como os descrevemos comumente, não poderiam existir caso o sujeito não interaja com o mundo exterior; as crenças, intenções, pensamentos, não poderiam ser corretamente caracterizadas e individualizadas sem os objetos e o mundo no qual a pessoa está situada temporal e espacialmente.

Tyler Burge (2007, p. 100) sugere que essa imagem externista da mente descende de uma tradição de crítica à ideia de subjetividade tal como entendida pela filosofia moderna. De um lado, havia a tradicional concepção cartesiana e empirista do sujeito individual centrado nas suas apercepções internas e cognições subjetivas; do outro, a partir de Hegel, surgira uma progressiva ênfase no papel das instituições sociais na formação do indivíduo e dos conteúdos dos seus pensamentos. Esse segundo movimento desloca o problema do conhecimento, do pensamento, da racionalidade e da verdade para o espaço público do espírito objetivo, do mundo intersubjetivo.

Hilary Putnam, no "The meaning of 'meaning'", e o próprio Tyler Burge, no "Individualism and the mental" de 1979, demonstraram que se o entorno físico ou social do sujeito se modifica em certos aspectos, necessariamente o conteúdo dos pensamentos e crenças do sujeito também se modificarão. O que nos leva a pensar que tudo o que é mental mantém uma relação constitutiva com o resto do mundo.

A argumentação dos externistas, sobretudo Putnam, recorre a uma estratégia muito criativa e eloquente, conhecida como *experimento mental das Terras gêmeas* (*Twin Earth arguments*) – um pequeno mas profícuo exercício de ficção científica. Esquematicamente, segundo esse argumento, concebe-se a existência hipotética de dois planetas, a Terra e a Terra Gêmea, sendo que a Terra Gêmea é muito parecida com a Terra. De fato, ela é exatamente igual à Terra, molécula por molécula. Posto isso, devemos supor que um sujeito da Terra tem um sósia, uma cópia idêntica, na Terra Gêmea. Esses sujeitos são, em todos os aspectos relevantes, idênticos na sua constituição física intrínseca e na história dos seus corpos (se descritos isoladamente em relação ao entorno). Putnam imagina uma singela diferença entre os dois planetas: o líquido chamado "água" na Terra Gêmea não é H_2O, mas um outro líquido cuja longa e complicada fórmula química é abreviada como XYZ. Esse XYZ, de qualquer maneira, é fenomenicamente indistinguível da água em condições normais: não tem sabor, sacia a sede como a água, enche os oceanos, lagos e rios na Terra Gêmea etc., mas não é água. Consideremos que o indivíduo na Terra pronuncia com sinceridade a frase "A água sacia a sede"; com essa frase ele estaria expressando sua crença de que "água sacia a sede", uma crença que é verdadeira se somente H_2O sacia a sede. Já o habitante da Terra Gêmea *não* tem a crença que água sacia a sede, pois quando fala "A água sacia a sede" ele está expressando, na verdade, a crença que água-gêmea sacia a sede, já que está se referindo a XYZ. Ou seja, as duas frases têm condições de verdade diferentes. Para ser mais direto: os dois indivíduos na Terra e na Terra Gêmea têm os mesmos estados intrínsecos, mas têm crenças diferentes.

Anos depois da publicação de "The meaning of 'meaning'", Putnam avaliou:

> ... o significado é diferente porque o assunto é diferente. E eu destaquei que o falante da Terra e o seu *Doppelgänger* [sósia] podem estar no mesmo estado cerebral neurônio por neurônio, e ainda assim poderia ser o caso de que o terráqueo significa pela palavra 'água' não ser o que o terráqueo-gêmeo significa com a mesma palavra. Foi neste ponto que escrevi: 'os significados não estão na cabeça'. (PUTNAM, 1996a, p. XVII)

Desde que a única diferença entre as duas situações é um entorno diferente, conclui-se que os pensamentos de um sujeito são *parcialmente* individuados pelo entorno. Embora esse estilo de argumentação esteja circunscrito a teses semânticas (principalmente em relação ao problema fregeano do sentido e referência), implica problemas com relação à própria definição do mental.

Tanto a tese central do externismo de Putnam quanto a metodologia do experimento mental das Terras gêmeas impuseram uma nova agenda para o debate filosófico dos nossos dias e uma vasta literatura vem sendo produzida há três décadas para, de um lado, compreender, esclarecer, criticar, rever a natureza dos estados mentais intencionais e, do outro, refletir sobre o próprio estatuto do experimento mental e, com isso, ponderar sobre a metodologia da pesquisa filosófica. Para muitos autores, entre eles, Donald Davidson (2001), a posição externista não necessita apoiar suas teses em ficção científica, mundos imaginários e viagens interplanetárias; a experiência da comunicação intersubjetiva satisfaz as exigências filosóficas de demonstração da verdade do externismo. De qualquer modo, se aceitamos a validade do argumento das Terras gêmas, é plausível que o sujeito tenha os mesmos estados intrínsecos, inclusive os mesmos estados cerebrais, porém tenha *diferentes pensamentos* nos dois meio-ambientes... porque o mundo mudou.

Tyler Burge desenvolve uma outra argumentação que alguns autores chamam de *externismo social*, mas que o próprio Burge prefere chamar de *anti-individualismo*. Essa opção se deveu, entre outras razões, porque, para Burge (2007, p. 154), o termo "externismo" sugere que o problema central diria respeito essencialmente a uma questão de localização espacial (dentro/fora da cabeça).[1] O anti-individualismo, ao contrário, deixa explícito que a grande questão é que a individualização dos estados mentais, intencionais ou representacionais, de uma pessoa comumente depende, de um modo constitutivo, das relações que o indivíduo mantém com o *amplo entorno social*.

O anti-individualismo de Burge recorre a um *experimento mental* que estipula um *mundo possível* no qual, do mesmo modo, todos os elementos e acontecimentos físicos são idênticos ao mundo atual. Ele imagina, então, algumas variações nas convenções linguísticas e nas normas de seu emprego. A conclusão é que os estados mentais atribu-

---

1 O termo "externalism" também vem sendo usado para nomear uma posição em Epistemologia. Os externistas rejeitam a teoria tradicional que afirma que conhecimento é crença verdadeira e justificada (cf. KORNBLITH, p. 2001). De acordo com David Armstrong – que introduziu esse termo como termo técnico em Epistemologia – uma abordagem "Externalist" do conhecimento considera que o que faz uma crença um caso de conhecimento não são condições puramente formais, mas algumas relações naturais que se dão entre o estado-de-crença e a situação que torna a crença verdadeira, o que envolve a relação do sujeito que acredita e o mundo (cf. ARMSTRONG, 1973, p. 157)

ídos ao agente serão diferentes, mesmo se os acontecimentos e eventos forem os mesmos.

Suponhamos que João tenha sofrido de artrite durante vários anos e tenha frequentado o seu médico durante esse período; nessas situações ele e o médico usaram o termo "artrite" para se referir à sua enfermidade (como "Eu tenho artrite no meu tornozelo", "A artrite é dolorosa e debilitante", "A artrite é comum na idade mais avançada"). Num certo dia, João afirma "Eu tenho medo que minha artrite atinja minha coxa". Esta atitude expressa que João não compreendeu corretamente a definição de "artrite", que, na verdade, aplica-se a problemas das articulações. Pensemos, então, numa situação contrafactual em que João se encontra numa comunidade linguística diferente, na qual "artrite" tem uma definição diferente, uma extensão semântica diferente. Ao passo que na situação atual "artrite" é definida para se aplicar a doenças das articulações, na situação contrafactual, sua definição se aplica tanto a doenças das articulações quanto a doenças musculares; na situação contrafactual, "artrite" expressa um conceito diferente que Burge chama de "tartrite" (em inglês: *tharthritis*). Considerando que a diferença entre a situação atual e a situação contrafactual é o modo como "artrite" é definida pela comunidade linguística, Burge conclui que os pensamentos do sujeito não são individuados *completamente* pelos seus estados intrínsecos, mas são individuados *parcialmente* pela prática linguística da comunidade.

As diferenças sociais, segundo Burge, entre a situação real e a situação contrafactual, afetam necessariamente o conteúdo dos pensamentos e atitudes do sujeito, donde a afirmação de que "[n]*enhum fenômeno mental intencional do homem é insular*. Todo homem é uma parte do continente social..." [grifos meus] (BURGE, 2007, p. 116). Quando João pronuncia sinceramente a frase "Eu tenho artrite na minha coxa" ele está expressando a crença verdadeira para sua comunidade linguística de que tem tartrite na coxa; se ele se encontra na situação real, esta frase é falsa, mas se se encontra na situação contrafactual, é verdadeira.

Para Burge (2007, p. 454), essa é uma *nova* forma para *velhas* questões: "os argumentos anti-individualistas são novos. Mas o contorno geral da conclusão a que eles levam, não." E os problemas que ele despertou também não são novos: questões sobre ceticismo, conhecimento *a priori*, personalidade, natureza do significado, o problema mente-corpo — temas tão antigos quanto a própria filosofia — foram profundamente afetados por essas considerações que sugerem uma essencial relação entre o indivíduo e o mundo que o cerca. Um desses assuntos é o autoconhecimento.

Aqui está posto um grande problema para a filosofia contemporânea e o tema central deste livro: se o que afirma o anti-individualismo está correto, uma tese fundamental da filosofia clássica — segundo a qual os conteúdos de um estado mental do indivíduo são *inteiramente* determinados pelas propriedades do indivíduo considerado isolado do mundo social e físico — deve estar errada. Óbvio: se para os anti-individualistas o que um sujeito pensa depende do seu entorno e, em particular, de fatos como a composição química das substâncias ou da prática linguística de uma comunidade, então isso deveria sugerir o resultado *contraintuitivo* segundo o qual *o sujeito só pode conhecer o conteúdo do seu próprio pensamento investigando a composição química das substâncias ou a prática linguística da comunidade*.

Ou seja, se o anti-individualismo tem como resultado que uma pessoa pode *apenas* ter um conhecimento empírico de seus pensamentos, então ele estaria em franco conflito com a ideia de autoconhecimento. No mais das vezes, quando os filósofos tratam de autoconhecimento, o que está em questão são dois problemas: de um lado, o problema moral da deliberação concernente ao modo como, através da reflexão, podemos agir à luz da razão. O "conheça-te a ti mesmo" solicita que nos examinemos e ajamos sob a influência das "melhores razões", com autonomia e responsabilidade. Do outro lado, há o problema epistemológico acerca da possibilidade de termos um conhecimento dos nossos próprios estados mentais intencionais, como crenças, desejos, intenções e sensações. Do ponto de vista desse segundo problema, podemos falar de "autoconhecimento" no sentido em que se pode dizer que uma pessoa *conhece* a verdade de um enunciado que ela pronuncia em referência a si mesma ou, noutras palavras, em referência aos seus próprios estados mentais.

Além disso, ao autoconhecimento está associada a ideia de que um sujeito tem um acesso direto, autorizado, infalível, introspectivo aos seus próprios pensamentos e ao conteúdo de suas crenças etc. Muitos filósofos admitirão prontamente que atribuir humanidade e racionalidade a uma pessoa significa reconhecer que ela tem esse acesso privilegiado à sua mente e aos conteúdos dos seus estados mentais. O abandono dessa imagem de autoconhecimento afetaria nossa noção comum da racionalidade e, assim, da possibilidade de uma explicação da ação humana. Quassim Cassam pontua que nosso conhecimento de nossos pensamentos é entendido tanto como nosso conhecimento *que* estamos pensando quanto nosso conhecimento dos *conteúdos* de nossos pensamentos (cf. CASSAM, 1994, p. 1). Para Michael McKinsey, a perspectiva tradicional espera que não apenas tenhamos acesso privilegiado ao fato de que nossos pensamentos ocorrem, mas que tenhamos acesso privilegiado aos conteúdos desses pensamentos de um modo que as outras pessoas não têm (cf. MCKINSEY, 1998, p. 177-8). Paul Boghossian é ainda mais enfático, pois, para ele, nossa capacidade para ter autoconhecimento não é "um componente opcional de nossa autoconcepção comum", uma tese que podemos simplesmente descartar e, mesmo assim, preservar o que pensamos sobre nossa natureza humana; o autoconhecimento, ao contrário, é "uma parte fundamental desta concepção" de nós mesmos enquanto pessoas, seres racionais, agentes; e, para ele, é claro que o autoconhecimento não poderia ser outra coisa senão uma capacidade que nos torna aptos a discriminar os conteúdos de nossos pensamentos – com os quais mantemos uma relação *transparente* (cf. BOGHOSSIAN, 2008, p. 139-40).

Grosso modo, o argumento do *ceticismo acerca do conhecimento da própria mente* ou *ceticismo acerca do autoconhecimento* teria a seguinte apresentação:

a) há autoconhecimento e há uma autoridade especial da primeira pessoa se temos acesso direto, imediato, transparente e infalível aos nossos próprios estados mentais intencionais;

b) as teses externistas em relação aos conteúdos mentais intencionais, notadamente os experimentos no estilo das Terras Gêmeas, demonstram que podemos *não ter* um acesso direto, transparente e infalível aos nossos estados mentais, que podemos desconhecer os conteúdos das nossas crenças, desejos etc.;

c) *ergo*, não há autoridade especial da primeira pessoa e não há autoconhecimento.

Parece que certas premissas externistas poderiam levar à conclusão de que *não temos* autoconhecimento, pois *ignoramos* o conteúdo dos nossos próprios estados mentais e o significado das nossas palavras. Posso pensar ou acreditar que há água no copo; o conteúdo do pensamento é que há água no copo e é verdadeiro se há água no copo. Mas, mesmo que esse pensamento seja verdadeiro, *não sei* que há água no copo porque há a possibilidade de eu estar iludido ou ter sido transportado para a Terra Gêmea e, assim, não poder distinguir a ilusão ou o novo contexto; por isso, é constitutivo de minha condição de pensante que não posso distinguir o conteúdo do meu próprio pensamento de outros conteúdos indiscerníveis da "perspectiva da primeira pessoa". Ora, se sei *que* tenho certos pensamentos, mas não posso discriminar os conteúdos deles, *não sei que* pensamento pensei; ou seja, dadas certas teses aparentemente inevitáveis sobre o conteúdo, podemos não conhecer nossas próprias mentes (cf. BOGHOSSIAN, 2008, p. 139-91).

Não há como, no espaço desta breve *Introdução*, traçar o cenário preciso do debate entre, de um lado, autores que afirmam a *incompatibilidade* entre o anti-individualismo e autoconhecimento e, do outro, aqueles que sustentam não haver qualquer conflito entre anti-individualismo e conhecimento dos próprios conteúdos mentais. De fato, há uma profusão de artigos e ensaios nas principais revistas de filosofia, livros e coletâneas que testemunham a relevância desse problema para a comunidade filosófica atual.[2] Posso dizer apenas que o anti-individu-

---

2 Só para situar o leitor, e deixando de lado um exaustivo levantamento dos artigos e ensaios dispersos em revistas, destaco, entre as publicações mais recentes, as seguintes coletâneas: Cassam (1994), Pessin e Goldberg (1996), Ludlow e Martin (1998), Wright, Smith e Macdonald, Cynthia (2000), Boghossian e Peacocke

alismo tem nos desafiado a rever nossa compreensão do que pensamos sobre nossa condição, nossa ideia de racionalidade, nossa explicação de como agimos e de como conhecemos.

Este livro nasceu de um encontro de filósofos em torno desse desafio e reflete a vivacidade de um diálogo aberto, crítico, indeterminado. Na primavera de 2008, filósofos brasileiros, gozando da companhia agradável e inteligente de Carlos Moya (Espanha) e Carlos E. Caorsi (Uruguai), reuniram-se em Salvador, Bahia, para discutir a importância do anti-individualismo para a Lógica, Epistemologia, Metafísica e Filosofia da Mente e entender o sentido do *novo* problema do autoconhecimento; essa também foi uma oportunidade para avaliar a consolidação da comunidade de filósofos analíticos no Brasil. Ora, a filosofia analítica tem um traço muitíssimo singular: normalmente o filósofo analítico não se apega a uma doutrina ou teoria, mas procura, por meio de argumentos e análises conceituais, entender os usos de certos termos, esclarecer noções confusas e resolver (se for possível) problemas; e isso é feito em torno de ideias e pontos de vista, numa dinâmica marcada pela conversa com colegas. Por essa razão, frequentemente o trabalho de um filósofo individual espelha a cooperação com vários colegas ao largo de seminários e colóquios.

Por isso, a principal contribuição deste livro não consiste na apresentação de uma teoria filosófica ou na solução de um problema filosófico clássico. Ele é um exemplo de uma atitude filosófica: a prioridade do debate e da busca dos melhores (e mais claros) argumentos. O que importa aqui é, sobretudo, reconhecer que *há um problema* importante em torno do qual orbitam teorias e posições intelectuais divergentes; e reconhecer *que há um problema* significa compreender uma complexa rede de ideias e a trajetória da nossa cultura intelectual; significa também que devemos manter a mente aberta...

(2001), Frápolli e Romero (2003), Hahn e Ramberg (2003), Nuccetelli (2003), Schantz (2004), Goldberg (2007). Já entre os livros, não se pode deixar de citar: McGinn (1989), Bilgrami (1994), McCulloch (1995, 2003), Cassam (1999), Moran (2001), Rowlands (2003), Brown (2004), Bilgrami (2006), Goldbrg (2007), Farkas (2008), Mendola (2009).

Voltando à epígrafe desta *Introdução*, para aqueles que não são iniciados nos temas aqui tratados, este livro é um convite: aqui estão reunidos ensaios que abordam os principais tópicos do debate sobre anti-individualismo (o ceticismo acerca do autoconhecimento, a disputa compatibilismo/incompatibilismo, a definição de autoconhecimento e autoridade de primeira pessoa, a metodologia dos experimentos mentais, o conceito de significado, a normatividade da linguagem, a definição de verdade etc.); são analisadas criticamente as referências bibliográficas e argumentos mais importantes dessa tradição (que vão de Frege, Russell e Wittgenstein a Davidson, Putnam, Burge, Kripke, Boghossian, McDowell). Mesmo que muitas vezes o assunto leve a raciocínios complexos e densos, os textos foram escritos com profundo respeito ao ideal de clareza e simplicidade.

Para aqueles que são iniciados, este livro é um lembrete da riqueza deste tema, mas sobretudo, um lembrete de que a filosofia não deve abandonar sua vocação original: preservar o espaço público das disputas por razões. Os textos que você lerá aqui foram apresentados, debatidos e criticados e, depois revistos para essa publicação – muitas vezes incorporando críticas e sugestões.[3]

Referências bibliográficas

ARMSTRONG, D. M. *Belief, truth, and knowledge*. Cambridge: Cambridge University Press, 1973.

BILGRAMI, A. *Belief and meaning*. Oxford, Cambridge: Blackwell, 1994.

_____. *Self-Knowledge and resentment*. Cambridge, Massachusetts: Harvard University Press, 2006.

---

3 Paulo Faria fez comentários críticos e sugestões à primeira versão desta *Introdução*. Isso permitiu que a apresentação do problema central do livro ficasse mais clara e fossem evitados alguns erros conceituais. Eventuais imprecisões são, porém, da minha exclusiva responsabilidade.

BOGHOSSIAN, Paul A. E Pea cocke, C. (eds.). *New essays on the* A Priori. Oxford: Oxford University Press, 2001.

BROWN, J. *Anti-individualism and knowledge.* Cambridge, Londres: MIT Press, 2004.

BURGE, T. *Foundations of mind.* Oxford: Clarendon Press, 2007.

CASSAM, Quassim. *Self-knowledge.* Oxford: Oxford University Press, 1994.

_____. *Self and world.* Oxford: Oxford University Press, 1999.

DAVIDSON, D. *Subjective, intersubjective, objective.* Oxford: Clarendon Press, 2001

FARKAS, K. *The subject's point of view.* Oxford: Oxford University Press, 2008.

FRÁPOLI, M. J. e ROMERO, E. (eds.). *Meaning, basic self-knowledge, and mind.* Stanford : CSLI Publications, 2003.

GOLDBERG, S. *Anti-individualism.* Cambridge: Cambridge University Press, 2007.

_____. (ed.) *Internalism and externalism in semantics and epistemology.* Oxford: Oxford University Press, 2007.

KORNBLITH, H. (ed.). *Epistemology: internalism and externalism.* Malden, Oxford: Blackwell, 2001.

LUDLOW, P. e MARTIN, N. (eds.). *Externalism and self-knowledge.* Stanford: CSLI Publications, 1998.

HAHN, M. E RAMBERG, B. (ed.). *Reflections and replies: essays on the Philosophy of Tyler Burge.* Cambridge, Londres: MIT Press, 2003.

MCCULLOCH, G. *The mind and its world.* Londres, Nova York: Routledge, 1995.

_____. *The life of the mind: an essay on phenomenological externalism.* Londres: Routledge, 2003.

MCGINN, C. *Mental content.* Oxford: Basil Blackwell, 1989.

MCKINSEY, M. "Anti-individualism and privileged access". In: P. Ludlow e N. Martin (eds.). *Externalism and self-knowledge.* Stanford: CSLI Publications, 1998, p. 175-84.

MENDOLA, J. *Anti-externalism.* Oxford: Oxford University Press, 2009.

MORAN, Richard. *Authority and estrangement: an essay on self-knowledge*. Nova Jersey: Princeton University Press, 2001.

NUCCETELLI, S. (ed.). *New essays on semantic externalism and self-knowledge*. Cambridge, Londres: MIT Press, 2003.

PESSIN, A. e GOLDBERG, S. (eds.). *The Twin Earth chronicles: twenty years of reflection on Hilary Putnam's "The meaning of 'meaning'"*. Armonk, Nova York, Londres: M. E. Sharpe.

PIRANDELLO, Luigi. *Um, nenhum e cem mil*. Tradução de Maurício S. Dias. São Paulo: Cosac & Naify, 2001.

PUTNAM, H. "Introduction". In: Pessin, A. e Goldberg, S. (ed.), *The Twin earth chronicles: twenty years of reflection on Hilary Putnam's "The meaning of 'meaning"*. Armonk, Nova York, Londres: M. E. Sharpe, 1996a, p. 15–22.

_____."The meaning of 'meaning'", in: Andrew Pessin e Sanford Goldberg (eds.). *The Twin earth chronicles: twenty years of reflection on Hilary Putnam's "The meaning of 'meaning"*. Nova York, Londres: M. E. Sharpe, 1996b, p. 3-52.

ROWLANDS, M. *Externalism: putting mind and world back together again*. Ithaca: McGill-Queen's University Press, 2003.

SCHANTZ, R. (ed.). *The externalista challenge*. Berlim, Nova York: Gruyter, 2004.

WRIGHT, C.; SMITH, B. e MACDONALD, C. (eds.). *Knowing our own minds*. Oxford: Clarendon, 1998.

Parte I

Anti-individualismo, autoconhecimento e ceticismo

ANTI-INDIVIDUALISMO E AUTOCONHECIMENTO: UMA EXPOSIÇÃO ELEMENTAR

Paulo Faria
Universidade Federal do Rio Grande do Sul

HÁ JÁ ALGUM TEMPO eu me apercebi de que, desde meus primeiros anos, recebera muitas falsas opiniões como verdadeiras. Não quero fazer disso um escândalo. Levo a vida a mudar de opinião, a corrigir-me e a aceitar que me corrijam. Nunca esperei que algum método, cânon ou disciplina da razão pudesse por-me ao abrigo do erro. Por isso mesmo, também, nunca me impressionaram as litanias céticas sobre "as coisas que se podem colocar em dúvida". Posso, com certeza, imaginar situações em que as coisas que tenho por mais certas seriam falsas – mas, se não me derem uma boa razão para supor que alguma situação dessas é real, e não meramente possível, o exercício de imaginação não deixará outro traço que a lembrança de um momentâneo sobressalto. Não é uma sombra de dúvida que vai me tirar o sono. De resto, tenho andado às voltas com uma possibilidade muito menos remota, por isso mesmo muito mais desconcertante, que aquelas que esses exercícios céticos me deixavam entrever.

Há já algum tempo cheguei a suspeitar que não apenas a *verdade* das opiniões que recebi é incerta – com isso, como disse, eu podia dormir; mas a nova possibilidade era de um engano muito mais radical. A possibilidade era que fosse incerto até mesmo *o que poderia tornar verdadeiras ou falsas* minhas opiniões: no jargão em que aprendi a falar e a escrever sobre esses assuntos, quais eram, em cada caso, suas "condições de verdade". Em outras palavras, chegou a parecer-me incerto e precariamente possuído o que, mesmo quando me entregasse ao exercício da dúvida mais completa, deveria aparecer-me como minha propriedade inalienável: o conteúdo de meus pensamentos (fossem eles verdadeiros ou falsos).

Eu poderia, então, pensar e não saber o que estava pensando – mas sou mesmo capaz de conceber essa possibilidade? Posso fazê-lo sem incoerência? O que mais poderia estar pensando, quando penso "A neve é branca", senão *que a neve é branca*? Não posso sair de minha pele. Mas o que não posso fazer (considerar meus pensamentos como se os pensasse um outro, minhas palavras como se outro as proferisse), outros podem fazê-lo; e o que outros podem fazer, posso imaginá-los fazendo. (E o que posso imaginá-los fazendo, posso também imaginar-me fazendo – ainda que não possa fazê-lo).

Nesse caso, posso também imaginar a situação em que alguém dissesse: "Quando Paulo pensa 'A neve é branca', o que ele pensa é verdadeiro se, e somente se, a grama é verde" – e, ao dizê-lo, dissesse a verdade.

No que segue, tentarei explicar-me sobre essa possibilidade evanescente, para a qual posso acenar – mas que não posso, coerentemente, supor atualizada. Minha situação é incômoda: não posso excluir aquela possibilidade, nem simplesmente acolhê-la. Este escrito é uma tentativa de examinar a dificuldade em que me encontro – de tirar a limpo se a *compreendo*; pois não há melhor medida da compreensão que o esforço de explicar.

(Não é, pois, com "o espírito livre de cuidados" que empreendo esta meditação. De fato, bem pode ser que ela me sirva apenas para exercitar-me na *disciplina* do cuidado com que é preciso pensar e viver com dificuldades como essa.)

O que, em primeiro lugar, me chama agora a atenção não é tanto o fato que eu tenha chegado a considerar *seriamente* a possibilidade de desconhecer meus próprios pensamentos. O que mais me chama agora a atenção é a facilidade com que posso, a qualquer momento, refazer o caminho que conduz à consideração dessa possibilidade.

Mas, se posso fazê-lo, é porque o caminho está ao alcance de qualquer um, o tempo todo. Vou insistir nisso; parece-me que esse ponto não tem sido adequadamente apreciado, e que ele é decisivo para a avaliação da dificuldade que agora me ocupa.

Que muitos de meus pensamentos têm seu conteúdo determinado pelas circunstâncias em que os penso; que do ambiente onde me encontro (dos objetos que me circundam, de suas propriedades e relações; dos eventos e processos que se produzem em meu entorno; dos outros com quem compartilho esse entorno) depende o que posso e o que não posso pensar: tudo isso posso sabê-lo de modo inteiramente *a priori*, contando apenas com minha capacidade de pensar.

Nem mesmo preciso ir além do que me é mais familiar, de minhas possibilidades mais próximas, para sabê-lo. Conjecturas sobre a história natural de planetas remotos e improváveis apenas dão um colorido mais vívido ao que posso descobrir refletindo sobre o que tenho ao alcance da mão: este copo d'água que tenho sobre a mesa, por exemplo.

Antes de mais, devo considerar que não é como o possível – e, enquanto simplesmente *pensado*, apenas possível – objeto que corresponde a certo conceito que esse copo me aparece, aí onde o encontro. Ele pode ser como o concebo (cilíndrico, transparente, de vidro, cheio pela metade d'água) ou muito diverso: a forma que lhe atribuo pode ser um artefato da perspectiva, a transparência um efeito momentâneo da luz ambiente, o que tomo por vidro pode ser outro material. Mas, se agora estendo a mão para apanhá-lo, é o objeto em que estive pensando, pouco importa quanto me tenha enganado, que meus dedos tocam. Posso pensar muitas coisas, verdadeiras ou falsas, sobre este copo: mas se, ao pensá-las, é *neste* copo que estou pensando, e não em qualquer outra coisa, é porque o encontro no mundo em que me encontro; e porque, neste mundo e através de seus acidentes, posso também encontrar, ainda que não soubesse percorrê-lo, o caminho que leva "de onde eu estou até onde a questão se decide". A expressão é de Wittgenstein. Penso com palavras alheias, refaço caminhos que outros percorreram, e também isso é minha dificuldade. Meus pensamentos não me pertencem; não por inteiro, em todo caso.

Então também posso entender a diferença entre dois modos de pensar neste copo, a que corresponde uma diferença manifesta entre as possibilidades de conhecê-lo que estão abertas, respectivamente, a mim, que o tenho sobre a mesa, e (por exemplo) a você, que ao ler este texto encontra, e compreende, estas palavras, "o copo que tenho sobre a mesa". Pois suponhamos que a cada dia, enquanto escrevo este texto e volto a ler e a empregar essas palavras, é outro o copo que tenho sobre a mesa. Isso é bem possível: no armário da cozinha há muitos copos como este, e qualquer deles poderia ser, a cada vez, o copo que tenho sobre a mesa. Mas nenhum outro objeto, em todo o universo, poderia ser *este* copo – o copo em que penso agora, ao escrever estas palavras.

Ao que parece, há pensamentos que você pode supor, e mesmo saber, que são pensados (que pode mesmo, em circunstâncias favoráveis, saber se são verdadeiros ou falsos), mas *não pode* pensar.

Você não poderia, por exemplo, por mais que tentasse, formar nenhum pensamento sobre este objeto (*este*, não qualquer outro) que tenho agora sobre minha mesa. Quaisquer pensamentos que, à leitura deste escrito, você chegasse a formar sobre o copo que tenho sobre a mesa seriam pensamentos sobre *alguma* coisa (que fosse um copo, que estivesse sobre minha mesa); não, porém, sobre *esta* coisa em que penso enquanto escrevo estas palavras, "o copo que tenho sobre a mesa".

Foi a lição que Russell extraiu de sua teoria das descrições: à diferença lógica entre termos singulares genuínos e descrições definidas (a diferença de forma lógica entre as proposições em cuja expressão linguística um "nome logicamente próprio" e uma "expressão denotativa" ocupam, respectivamente, a posição de sujeito gramatical) corresponderia a diferença entre dois modos do "conhecimento de coisas", e entre o que pode e o que não pode ser compartilhado, *por exemplo*, pelo autor e o leitor destas linhas.

Mas, se alguém pode estar na situação que acabo de descrever, limitado a pensar em um objeto *por descrição*, e assim a não pensar em nenhum objeto determinado, então também eu posso estar nessa situação. Pois também eu podia estar lendo ou escutando palavras como as que escrevi, em circunstâncias em tudo semelhantes às de meu leitor. Mas, se posso imaginar-me em tais circunstâncias, tenho tudo de que preciso para prosseguir.

Não sei se você tem um copo sobre a mesa; presumo que tenha um livro entre as mãos.

Quando escrevo, agora, "um livro", não estou pensando nesse objeto abstrato, a coletânea de ensaios para a qual contribuo com este escrito. O livro que você tem entre as mãos é um objeto físico particular, um volume impresso, certo exemplar de uma edição – *este* livro, e não qualquer outro.

Mas o que significa, na frase precedente, o demonstrativo "este"? O que posso pretender estar designando ao proferi-lo? Não posso *apontar* para o livro que você tem entre as mãos; tudo que posso fazer é *concebê-lo*. No momento em que escrevo estas linhas, aliás, ele nem mesmo existe! E, mesmo que já existisse, como poderia distingui-lo de qualquer outro – como poderia "fixar a referência" do demonstrativo que empreguei – se não tenho a meu alcance o objeto que deveria indicar?

Essas palavras sugerem uma espécie de limite absoluto, metafísico, que nenhum voo do pensamento poderia transpor – e era esse limite que Russell pensava assinalar. O solipsismo que assombrou sua filosofia atestava a nostalgia persistente de um contato imediato e completo do pensamento com seus objetos, que apenas uma experiência fugidia e incomunicável poderia assegurar – mas esse não era um suplemento opcional à teoria das descrições como ele a concebia. Era o preço que ele estava disposto a pagar por esse regime de pensamento, complementar à independência soberana do pensamento por descrição (em que pensamos, verdadeira ou falsamente, sobre o que existe, e também sobre o que não existe; sobre o que encontramos, e sobre o que não poderíamos encontrar): o regime de um pensamento *cativo de seus objetos*. A transfiguração dos objetos físicos em construções lógicas, como a dos nomes próprios da linguagem comum em descrições truncadas, era parte de um programa *reativo*, destinado a exorcizar a vulnerabilidade do pensamento às vicissitudes da existência e da mudança, e aos azares da cognição, de seus objetos. O "conhecimento por contato", a que o discurso filosófico acenava sem poder transmiti-lo, pagava na rarefação de seus objetos o preço a que deviam comprar-se as coisas que não se podiam colocar em dúvida.

Mas, se eu estiver disposto a arriscar, se não precisar cercar-me de tantas garantias, talvez esteja em condições de aceitar que outros façam por mim o que não posso fazer sozinho.

Nesse caso, talvez esteja em condições, também, de reconhecer na imagem de um limite intransponível a expressão de uma dificuldade *pessoal*: a de aceitar a vulnerabilidade a que me expõe minha dependência. Ao ouvir um relato sobre a expedição Kon-tiki, penso, por exemplo: "Esses homens viveram num mundo diferente do meu". Se, agora, alguém me ouvisse dizê-lo, e quisesse saber de que homens estou falando, é possível que eu não dispusesse de explicação melhor que "os que fizeram essa expedição". Mesmo assim, é nesses homens, os que fizeram a expedição, e não em quaisquer outros, que eu penso, ao pensar que viveram num mundo diferente do meu. Penso, por pouco que deles saiba, nos homens que protagonizaram a aventura que me foi relatada e dependo, para fazê-lo, da veracidade do relato, e da autoridade dos que o transmitiram.

Outros terão conhecido os tripulantes da jangada Kon-tiki; seus nomes e dados biográficos constarão de livros e arquivos que posso consultar; posso aprender mais, perguntar e escutar mais. Posso pesquisar por minha própria conta, ler tudo o que encontrar sobre o assunto: posso tornar-me, se isso me importar, uma autoridade na história da expedição Kon-tiki.

Mas suponhamos que o fizesse, e, à vista de tudo que aprendi, pensasse: "De fato, esses homens viveram num mundo não muito diferente do meu." Tendo aprendido tudo que aprendi, é ainda nos mesmos homens que eu estaria ainda pensando: meu novo pensamento seria sobre os tripulantes da jangada Kon-tiki *tanto quanto* o primeiro – nem mais, nem menos. Do contrário, eu não teria *mudado de opinião*: teria mudado de assunto. ("Sobre" é uma noção vaga, mas por isso eu deveria não perder de vista, que é uma noção que não comporta *graus*.)

Se posso ignorar quase tudo de um objeto em que penso, e nem por isso estar pensando em outra coisa, posso também enganar-me, e nem por isso estar pensando em outra coisa. Se alguém me tivesse dito que o nome do explorador norueguês que liderou a expedição Kon-tiki é Knut Hamsun, e eu agora pensasse "Knut Hamsun viveu num mundo diferente do meu", nem por isso estaria pensando no escritor que recebeu o Prêmio Nobel de Literatura de 1920. Eu estaria pensando que *Thor Heyerdahl* viveu num mundo diferente do meu, ainda não soubesse nomear corretamente o homem em quem pensava.

Posso fazê-lo porque *defiro* a outros a autoridade que me falta para explicar o significado das palavras em que me expresso: a referência de nomes e outros termos singulares, a extensão de predicados e outros termos gerais. Não sei se entre os tripulantes da jangada Kontiki havia algum escritor; a possibilidade nem mesmo me passou pela cabeça. Tampouco me teria passado pela cabeça a possibilidade de que o copo que tenho sobre a mesa esteja cheio de um *líquido insípido, inodoro, incolor, que mata a sede, que se encontra nos rios e na chuva etc.* – e, mesmo assim, não é água.

E posso deferir a outros a autoridade que me falta porque compartilhamos a mesma linguagem, que entendo e em que me faço entender, ainda que compreenda muito imperfeitamente o significado das palavras que emprego. "Água", "ouro", "tigre", "artrite", "contrato", "clavicórdio": sobre todas essas palavras, e afinal sobre qualquer palavra, posso saber o bastante para empregá-las corretamente em uma variedade de circunstâncias; e, no entanto, para cada uma delas, posso igualmente imaginar uma situação em que estariam satisfeitos os critérios pelos quais julgo *corretamente* que algo é água (ouro, tigre etc.), e, mesmo assim, eu não estivesse na presença de água (ouro, tigre etc.), mas de alguma outra coisa que não saberia distinguir do que pensaria estar reconhecendo.

Se, diante de um copo cheio de um líquido transparente, eu pensasse "Este copo está cheio d'água", estaria enganado caso o copo estivesse cheio de vodka; mas, como eu, estaria enganado o observador que, com olfato mais apurado, notasse pelo menos uma diferença que me escapara, e todavia usasse a palavra "água" como termo genérico para *líquido incolor*, como poderia fazê-lo uma criança (como, de fato, eu próprio devo ter feito por muito tempo, enquanto não fui corrigido).

Os dois teríamos pensado falsamente, ainda que por razões diferentes, que o copo estava cheio d'água.

Mas, se tudo fosse como acabo de imaginar, com a *única* diferença de que a palavra "água" fosse, de fato, um termo genérico para *líquido incolor* (que assim ela fosse usada em minha comunidade), eu teria tido um pensamento *verdadeiro* – e a diferença entre os pensamentos que, numa e noutra situação, as palavras "Este copo está cheio d'água" expressariam não estaria em mim, mas em minhas circunstâncias: no mundo em que me encontro; no que pensam e dizem os outros com quem compartilho este mundo.

Posso imaginar circunstâncias em que eu examinaria amostras de líquido empregando uma lista de condições que deveriam estar satisfeitas para que uma substância fosse reconhecida como água. Eu assinalaria a satisfação dessas condições em uma tabela como esta:

	C_1	C_2	C_3	C_4	Veredicto
a_1	X	X	X		
a_2		X	X	X	
a_3	X	X	X	X	Água
a_4	X	X		X	

Posso também imaginar que a lista de condições C_1-C_4 fosse completa; em outras palavras, que essas fossem as condições necessárias *e suficientes* para qualquer amostra de líquido ser uma amostra de água. Em tais circunstâncias, o veredicto obtido sobre cada amostra examinada só estaria sujeito a revisão por erro na aplicação da tabela. A própria tabela seria incorrigível: não teríamos mais nada a descobrir sobre a água.

Mas, justamente, não é em circunstâncias como essas que reconheço um líquido como água. Por isso mesmo acato, quando me corrigem, o veredicto dos que sabem mais do que eu. E, para isso, não preciso supô-los de posse de uma lista completa de condições, e com ela de uma tabela incorrigível, como as que imaginei – quanto a isso podemos estar, provavelmente estamos, todos no mesmo barco. Mas eles têm mais colunas na tabela, e nisso radica a autoridade que lhes reconheço. Também sei mais sobre água que a criança que chamasse "água" todo líquido incolor.

Podemos descobrir propriedades da água das quais nada sabemos hoje. Posso imaginar uma situação em que descobriríamos que o líquido (insípido, inodoro, incolor etc.) chamado "água" no Hemisfério Norte não é o mesmo que é chamado por esse nome no Hemisfério Sul. A diferença podia estar na estrutura molecular, ou em alguma propriedade que a química até hoje não investigou. Quando um visitante da Noruega pensasse, diante do copo que tenho sobre a mesa, "Este copo está cheio d'água", ele estaria pensando, falsamente, que o copo estava cheio *do líquido que, no Hemisfério Norte, é chamado "água"*.

Com um pouco mais de imaginação, posso contar uma história em que a Noruega seria tão diferente de meu entorno que eu estaria, afinal, justificado em pensar que Thor Heyerdahl viveu em um mundo (muito) diferente do meu. E poderia ser, que, informado dessas diferenças, eu devesse concluir, como se estivesse advertindo um tradutor desprevenido: "Quando Thor Heyerdahl escreve, em seu diário de bordo, 'A neve é branca' (aliás, 'Snøen er hvit'), o que ele escreve é verdadeiro se, e somente se, a grama é verde".

Mas o que posso imaginar-me descobrindo acerca de Thor Heyerdahl, posso igualmente imaginar que alguém descobrisse acerca de mim. Posso também imaginar que *eu próprio* fizesse essa descoberta?

Se a resposta a essa pergunta devesse ser afirmativa, a lição a tirar do exercício que empreendi seria que conheço muito mal meus próprios pensamentos. Para saber o que penso, eu deveria informar-me sobre o mundo em que me encontro. Quanto mais aprendesse, mais saberia sobre mim mesmo; mas, por mais que aprendesse, nunca saberia o bastante para estar seguro de que, ao pensar "A neve é branca", estaria mesmo pensando *que a neve é branca*. Mas essa suposição é *incoerente*. Que descoberta eu poderia fazer sobre o mundo em que me encontro se ela fosse verdadeira? Se ainda não sei o que estou pensando, como saberei se, ao escrever em meu caderno de campo "Há água nos arredores", estou registrando a descoberta de que meu ambiente contém *água*? Talvez "água" designe, em meu ambiente, algum outro líquido – insípido, inodoro, incolor etc.

Mas – é aí que, o tempo todo, queria chegar – mesmo se esse fosse o caso, não haveria nada a corrigir em minha anotação no caderno de campo. Descobri que meu ambiente contém *o que, em meu ambiente, é chamado "água"*; e, escrevendo "Há água nos arredores", registrei corretamente a descoberta. Se nunca ouvi falar de algum outro líquido insípido, inodoro, incolor etc., ou se, tendo ouvido, não tenho nenhuma razão para supor que ele se encontra em meus arredores, posso dar por encerrada minha investigação – mesmo se ainda não sei tudo que poderia saber sobre meu ambiente.

Se ouvi falar, e tenho razão para supor que o outro líquido pode ser encontrado em meus arredores, ainda não sei tudo que *queria* saber sobre meu ambiente. E, num caso como noutro, não sei ainda tudo que poderia saber sobre o que torna verdadeiros (ou falsos) meus pensamentos sobre água – isto é, sobre *o que, em meu ambiente, é chamado* (*sobre o que eu e outros chamamos*) *"água"*.

Se, para saber o que penso, preciso saber que estão satisfeitas as condições que fazem com que, ao pensar "Há água nos arredores", eu esteja pensando em água, e não em outra coisa, então nunca sei o que penso. Mas por que eu deveria supor que o *antecedente* desse condicional é verdadeiro?

A resposta, se não estou enganado, é: não devo; mas poderia acontecer que eu *quisesse* que fosse verdadeiro; que, tendo empreendido o exercício a que devo o reconhecimento de que o conteúdo de meus pensamentos é dependente de meu entorno, eu estivesse agora inclinado a tomar esse resultado pela descoberta de um fato novo, a ser explicitado por uma nova teoria.

Em sua forma inteiramente desenvolvida, a teoria especificaria, para cada conteúdo de pensamento, as condições (se a tanto pudéssemos chegar, necessárias e suficientes) de sua constituição. Sua tarefa mais premente seria a formulação de hipóteses, e o delineamento de experimentos aptos a testá-las, sobre a covariância entre certos estados de um organismo e certos fatos acerca de seu ambiente. E sua maior dificuldade consistiria em descrever acuradamente os estados relevantes, e suas manifestações observáveis.

Mas, nada na meditação que fiz dependia de que aquela tarefa tivesse sido empreendida, ou de que eu fizesse alguma ideia de como empreendê-la. Tudo que fiz foi recordar, pensando no que chamo "pensar", um par de coisas que já sabia; que o tempo todo esteve a meu alcance lembrar; mas, também, que esqueço facilmente. E, se não estou enganado, o valor de exercícios como este consiste nisso, que são um corretivo à desatenção e ao esquecimento em que tendo a recair.

Eu não deveria querer que o antecedente daquele condicional fosse verdadeiro. Não fiz nenhuma descoberta; não obtive nenhum resultado que pudesse incorporar a uma teoria como a que imaginei.

Se persistisse em acreditar que foi isso que estive fazendo, teria um problema. A conjunção "anti-individualismo e autoconhecimento" seria o nome desse problema. E, como é o caso com outros problemas nascidos do auto-engano, o melhor comentário sobre minha dificuldade seria: "Só porque você quer."

Ceticismo e autoconhecimento

Plínio Junqueira Smith
Universidade São Judas Tadeu

1. Autoconhecimento e a independência entre mente e mundo

PARECE IMPOSSÍVEL DUVIDAR do conhecimento que uma pessoa tem de seus estados mentais presentes. Se alguém me pergunta o que estou pensando agora, não hesito um segundo na resposta: estou pensando em Paris. Também o meu desejo de ir para Paris de férias é algo de que não duvido. Se eu não soubesse isso, é somente porque ainda não teria me decidido para onde ir de férias, mas não porque não sei o que desejo. Estou pensando em tomar um sorvete assim que terminar este texto. Se me perguntam sobre o que estou sentido, a resposta também é inequívoca: estou com calor. O conhecimento dos estados mentais passados é, talvez, mais difícil, já que esquecemos muitas coisas que passaram por nossas cabeças. Mas o conhecimento de nossas sensações, emoções, desejos, imaginações ou pensamentos, quando estão ocorrendo, não parece nada problemático.

A filosofia, a partir da constatação dessa facilidade, elaborou um modelo para pensar o conhecimento que uma mente pode ter de si mesma, ao menos nesse caso privilegiado, no qual a dúvida está (ou parece estar) excluída. Primeiro, alguns filósofos sustentaram que a mente pode ter um acesso privilegiado a si mesma e falaram de uma *introspecção* da mente por si mesma. De maneira semelhante à percepção sensível do mundo, que é nossa maneira de conhecer o mundo físico à nossa volta, a mente observaria o que se passa nela, isto é, quais são suas sensações, sentimentos, emoções e paixões presentes. Os conteúdos mentais seriam, assim, tão observáveis como o mundo físico, mas com a vantagem de que *não haveria dúvidas* sobre o conhecimento de nossos próprios estados mentais presentes.

Uma das razões pelas quais esses filósofos explicaram a ausência de dúvida do conhecimento de nossas próprias mentes é que nada existiria entre a mente e seus estados mentais. A mente poderia, assim, observar-se, inspecionar-se livremente, sem nenhum véu intermediário. Enquanto o conhecimento do mundo físico ocorre por meio de sensações e percepções, que podem não corresponder ao objeto percebido, introduzindo, dessa maneira, a dúvida sobre o suposto conhecimento do objeto, o conhecimento da própria mente não tem uma entidade intermediária que introduziria um elemento de dúvida nesse conhecimento. A mente seria, de acordo com esse modelo explicativo, *transparente* para si mesma.

Existe, ainda, uma terceira característica importante que se deve notar. Um estado mental, por exemplo, uma dor, se impõe à nossa consciência e não podemos deixar de estar conscientes da dor. Uma dor que não é sentida não é uma dor. Passa-se o mesmo com uma crença. Naturalmente, não penso em todas as minhas crenças ao mesmo tempo, mas se penso agora numa crença que tenho, essa crença, enquanto é pensada por mim agora, é algo que não posso negar que tenho. Em certo sentido, a crença pensada é *irrecusável*. Disso parece seguir-se que os estados mentais se nos impõem, que temos de estar conscientes deles. Há, por um lado, segundo esse modelo da mente, uma auto-imposição ou irrecusabilidade dos estados mentais. Essa característica da irrecusabilidade não está, obviamente, presente nos objetos físicos, que podem estar presentes, mas não em nosso campo perceptivo ou de observação.

Finalmente, se poderia dizer que os estados mentais são tais como aparecem e aparecem tais como são, não havendo uma diferença entre seu aparecer e seu ser. Uma vez mais, essa característica é peculiar aos estados mentais, pois os objetos físicos podem parecer de uma maneira que não são, por exemplo, um objeto pode parecer elíptico quando, na verdade, é redondo. Assim, uma razão para os erros dos sentidos externos e do conhecimento do mundo é que há uma distância entre o aparecer e o ser do objeto físico. Mas, no caso dos estados mentais, não existe essa distância e, portanto, não há possibilidade de erro: ao perceber, por introspecção, um estado mental que se impõe a nós sem nenhuma entidade intermediária, o percebemos tal como é, sem possibilidade de erro e sem levantar qualquer dúvida.

A noção de *consciência* e, em particular, de *autoconsciência*, desempenha um papel fundamental nesse modelo. A ideia principal é que a mente está consciente de seus estados mentais e o que diferencia os seres humanos das coisas é que nós temos consciência. Não tem sentido falar de estados mentais, de mente, de pessoas, se não há consciência. Somente podemos atribuir crenças a nós mesmos porque temos consciência e somente podemos conhecer nossas crenças ou emoções porque estamos conscientes delas, vale dizer, porque temos autoconsciência, porque somos seres capazes de autoconsciência.

Essa explicação filosófica do conhecimento de uma mente por si mesma foi, aparentemente, sustentada por muitos filósofos. É comum dizer que Descartes tinha essa concepção do autoconhecimento e, por essa razão, chama-se essa explicação filosófica de "cartesiana", acreditando-se que está presente na filosofia moderna em geral. Ainda que seja duvidoso que Descartes e Locke sustentaram essa teoria filosófica, há certos pontos que me parecem corretos e que merecem ser destacados.

De fato, se examinamos a filosofia moderna, que parece mais claramente ter adotado a tese da independência lógica entre pensamento e mundo, veremos que ela não questionou a capacidade de uma mente conhecer-se a si mesma. Duas formas radicais de ceticismo moderno deixaram o autoconhecimento intacto. De um lado, o ceticismo desenvolvido na primeira Meditação é incapaz de duvidar não somente da existência (M II, 4) e da essência (M II, 7) da mente, mas também é incapaz de duvidar do conhecimento que essa mente tem de suas modificações (M II, 9). A partir de Descartes, pelo menos, se supôs que um certo tipo de conhecimento era invulnerável às dúvidas céticas. Não era por outra razão que Descartes julgava ter sido o primeiro filósofo a refutar com êxito o ceticismo. Os céticos podiam duvidar de todos os tipos de conhecimento, inclusive dos conhecimentos matemáticos, mas não poderiam jamais duvidar do conhecimento de sua dúvida no momento em que estão duvidando. Para Descartes, mesmo a dúvida mais radical não pode questionar o conhecimento de nossos próprios pensamentos. De maneira mais precisa, uma pessoa conhece seus próprios pensamentos, sentimentos, desejos e demais estados mentais conscientes no momento em que os tem.

De outro lado, o ceticismo excessivo concebido por Hume questiona todas as nossas inferências a partir da percepção presente, mas o conhecimento da percepção presente seria inatacável. Esse mesmo tipo de conhecimento também escapa ao alcance da dúvida do cético excessivo imaginado por Hume. A dúvida cética mais forte abarcaria o conhecimento de todas as inferências que se apoiam na percepção imediata; o conhecimento da percepção imediata, porém, permanece aquém de qualquer dúvida cética. As duas formas de ceticismo, ainda que entre as mais radicais do ceticismo moderno, admitem o conhecimento dos estados subjetivos em primeira pessoa. O cético moderno, portanto, parece aceitar o conhecimento de seus estados subjetivos.

Mas, na verdade, pouco importa o que Descartes e Hume disseram. O que importa é que, para muitos filósofos, esse modelo explicativo é um bom ponto de partida para entender o conhecimento que uma mente tem de si mesma, não somente porque é mais intuitivo ou natural, mas porque, em linhas gerais, lhes parece correto. E há algumas razões pelas quais chega-se à ideia de que o autoconhecimento é indubitável e seguro, enquanto as outras formas de conhecimento do mundo físico e o conhecimento de outras mentes são duvidosas e questionáveis.

Acredita-se comumente que o assim chamado senso comum é dualista, que os homens costumam distinguir entre seu corpo e sua mente e os filósofos interpretam e explicitam esse dualismo como um dualismo substancialista, isto é, o corpo seria uma substância de um tipo (por exemplo, uma substância extensa) e a mente seria uma substância de outro tipo (por exemplo, uma substância pensante).

Outro ponto importante não é a questão ontológica do dualismo, mas um ponto que poderíamos chamar "lógico": parece uma suposição natural que nossos estados mentais sejam independentes do mundo físico. De acordo com essa suposição natural, podemos compreender nossos pensamentos e crenças, por exemplo sem saber nada sobre o mundo físico. Essa suposição é natural porque nossos pensamentos podem não corresponder a como é o mundo, porque podemos ter pensamentos falsos e sabemos como são esses pensamentos, ainda que o mundo seja inteiramente diferente de como pensamos que é. Assim, supomos usualmente que nossos estados mentais são o que são, independentemente de como é o mundo e que a determinação dos conteúdos dos estados mentais (por exemplo, estou pensando que Paris é a capital da França, e não da Inglaterra, ou que desejo comer uma maçã, não uma pêra) é independente logicamente de qualquer relação com o mundo. Implicitamente, aceitaríamos a tese da independência lógica entre pensamento e mundo.

Se aceitamos essa tese da independência lógica entre pensamento e mundo, então se segue que há dois problemas sobre o conhecimento humano. Por um lado, não é possível conhecer como é o mundo a partir dos conteúdos mentais ou de nossos pensamentos e crenças, pois o mundo sempre pode ser diferente de como pensamos que é. Por outro lado, conhecendo o comportamento e a conduta de um corpo humano (pois o corpo humano faz parte do mundo físico) não podemos saber o que se passa na cabeça de outra pessoa, pois a conduta pode não estar acompanhada pelo estado mental correspondente ou que se supõe que corresponda à conduta. Os dois problemas têm uma raiz comum, que é a de cruzar a linha traçada por essa independência lógica, seja do pensamento em direção ao mundo, seja do mundo em direção ao pensamento. São problemas simétricos e invertidos.

Da tese da independência lógica entre pensamento e mundo não se segue, contudo, um problema a respeito do conhecimento do pensamento por si mesmo ou da mente por si mesma. Aqui não haveria nenhum obstáculo a ser ultrapassado ou transposto e é por essa razão que o autoconhecimento de uma mente é indubitável e teria as características acima descritas. Aparentemente, pois, temos no autoconhecimento das mentes o modelo mais perfeito de conhecimento, pois a dúvida se encontra excluída. Para muitos filósofos, teríamos aqui o ponto de partida seguro para o filosofar e o exemplo de conhecimento que sempre se buscou na filosofia.

Naturalmente, essa explicação filosófica do autoconhecimento não ficou sem receber críticas e muitos outros filósofos não a aceitaram. A razão principal é que essa resposta apresenta uma visão inadequada do autoconhecimento. Se examinarmos aquelas quatro características centrais da explicação do autoconhecimento, veremos que nenhuma é aceitável. A introspecção foi denunciada como um mito; a transparência da mente seria uma tese absurda; nem todos os estados mentais se impõem à nossa consciência; e, finalmente, não é verdade que nosso autoconhecimento não pode ser corrigido ou melhorado. Essa imagem do autoconhecimento pareceu-lhes, assim, pouco plausível, se não incoerente.

Aparentemente, para refutar essa imagem do autoconhecimento bastaria prestar mais atenção em nossos erros na vida cotidiana, já que frequentemente nos enganamos sobre nossa mente, isto é, sobre o que pensamos ou sentimos. Alguns enganos são triviais. Posso sentir uma dor de dente na mandíbula inferior e pensar que tenho uma cárie no molar inferior e que esse dente dói, quando, na verdade, a dor ocorre num molar da mandíbula superior. Ou, como é bem conhecido, podemos sentir uma dor fantasma, isto é, sentir uma dor numa parte do corpo que não temos mais. É o caso de uma pessoa que teve o braço amputado, mas continua sentindo dores no braço que não tem mais, como se ainda o tivesse. Não somente podemos localizar mal uma sensação, a ponto de colocá-la num membro que não temos, como podemos também falhar em sua identificação, e não meramente nomeá-la mal. A má identificação ocorre mais frequentemente com nossos sentimentos, emoções e paixões, quando uma pessoa, bastante nervosa, pode gritar "Eu não estou nervosa!". Não é raro que pensamos ter inveja, quando, em verdade, o que sentimos é ciúme. Ou, no caso de uma pessoa que pode acreditar que gosta do seu vizinho, porque gostaria de se dar bem com ele, na verdade o odeia. Podemos até ignorar que amamos uma pessoa, como no caso do Príncipe Michkin, o bem conhecido personagem do livro *O idiota*, de Dostoiévski. Dostoiévski se refere, nessa obra, aos pensamentos ambíguos ou duplos, dos quais temos, no melhor dos casos, consciência de um de seus traços ou aspectos. Podemos nos equivocar ainda na identificação de nossas crenças. Não somente, às vezes, não sabemos exatamente o que pensar, mas sobretudo dizemos que acreditamos em coisas que, de fato, não acreditamos. Não é raro que uma pessoa sinceramente negue o que acredita e afirme o contrário, justamente porque acredita nisso.

Quando prestamos mais atenção a esses fatos da vida cotidiana, chegamos à conclusão de que não há nenhuma incorrigibilidade, que todos os enunciados sobre nós mesmos poderiam ser melhorados e corrigidos. Percebemos, também, que os estados mentais não se impõem a nós no sentido de que estamos sempre conscientes deles. Não estamos pensando sempre em tudo o que acreditamos, nem sempre estamos conscientes de nossas emoções e desejos. É de fatos como esses que uma teoria que recorra a ideias e crenças inconscientes, assim como a emoções, desejos e sentimentos inconscientes, tira sua força e plausibilidade. A mente deixa, assim, de ser transparente para nós e se oculta de diversas maneiras, por exemplo, por trás de barreiras que não deixam que os estados mentais se tornem conscientes. Por isso, a ideia mesma de introspecção deixa de ter sentido e precisamos pensar em outras técnicas para conhecer os conteúdos de nossa mente, como por exemplo a livre associação ou a análise dos sonhos. O autoconhecimento é, nesse sentido, bastante difícil e resultado de uma ampla investigação; certamente, nada semelhante à percepção imediata de um conteúdo que se impõe, cuja descrição seria incorrigível.

2. A objetivação do eu: o eu como um outro

É necessário, portanto, oferecer outra explicação filosófica do autoconhecimento. Se negamos que a mente tem um acesso privilegiado a seus estados ou conteúdos mentais presentes, talvez a melhor solução seja supor que a mente não está separada do mundo e afirmar taxativamente que o dualismo entre a mente e o corpo é um mito ao qual se deve renunciar. A própria mente seria um objeto de conhecimento como outro qualquer, sem nenhum lugar privilegiado fora desse mundo. Assim, reconhecemos que o erro sobre si mesma é possível e natural, mantemos a ideia de que nossa própria mente está no mundo como qualquer outra mente, que não há acesso privilegiado, nem transparência da mente. A ideia é pôr a mente humana dentro da ordem natural das coisas e reconhecer que a mente faz parte do mundo natural.

De acordo com esse espírito de reformulação da explicação filosófica do autoconhecimento, alguns filósofos propuseram que o autoconhecimento seria, em sua natureza, idêntico ao conhecimento das outras mentes: assim como precisamos observar a conduta alheia para saber o que se passa na mente de outras pessoas, assim também teríamos de observar nossa própria conduta para saber o que se passa em nossas mentes. Essa é a posição behaviorista acerca do autoconhecimento, que diverge da teoria anteriormente exposta não somente na concepção do que é a mente humana, mas também em como a conhecemos. Ao privilegiar a perspectiva de terceira pessoa, o behaviorismo apresenta uma concepção em que a maneira pela qual cada um conhece a si mesmo é idêntica à maneira pela qual cada um conhece as demais pessoas. Não há privilégio algum no conhecimento de si mesmo em relação ao conhecimento das outras mentes. A introspecção seria uma ficção e a noção de consciência e autoconsciência deveriam ser reformuladas. As informações sobre nós mesmos não podem provir de um suposto conhecimento interno que teríamos de nossa mente, mas devem proceder do exterior, de uma observação cuidadosa de nosso comportamento. Pode haver alguma variação na quantidade de informação sobre os outros e sobre nós mesmos, mas as informações são fundamentalmente de mesmo tipo; pode haver mais ou menos distorção na avaliação das informações, mas isso não faz com que tenhamos maneiras diferentes de nos conhecer ou de conhecer os outros. Nós nos conhecemos e conhecemos os outros observando o comportamento, o deles e o nosso. Para saber se alguém é vaidoso, seja outra pessoa ou nós mesmos, tenho que observar o comportamento dessa pessoa e o meu comportamento. Para saber se estou envergonhado numa certa situação ou se alguém está feliz, tenho que, nos dois casos, observar o comportamento. Para saber se alguém está com fome, seja outra pessoa ou eu mesmo, tenho de observar o comportamento dessa pessoa. O conteúdo dos conceitos mentais, como "feliz", "envergonhado", "sentir fome" etc. seria dado única e exclusivamente a partir da perspectiva da terceira pessoa, isto é, seria dado pelo comportamento.

Na medida em que a maior parte dos conceitos mentais ou são disposicionais ou envolvem uma disposição, nós precisaríamos da observação, que proporcionaria a base para uma indução, com o fim de descobrir a qualidade mental ou o traço de caráter da pessoa em questão (que pode ser nós mesmos). Para saber se sou vaidoso, preciso, por exemplo, observar-me elogiando-me em público, perceber que frequentemente me imagino obtendo êxito (que nunca tive), que busco ser o centro das atenções ou que me irrito quando uma pessoa importante me ignora etc. Depois de ter coletado informações desse tipo sobre mim mesmo, notado suas semelhanças e feito uma espécie de indução, posso dizer que sei que sou vaidoso, isto é, posso afirmar que "se tais situações ocorrem, então teria tal comportamento". Isso valeria, igualmente, para os estados mentais presentes.

Essa forma de behaviorismo sofre, no que diz respeito ao autoconhecimento, de um defeito crônico. Parece absurdo dizer que, para saber se estou feliz, envergonhado ou com fome, eu tenha que observar meu próprio comportamento. Se o behaviorista tivesse razão, então para saber se tenho dores seria igualmente necessário observar meu comportamento. Mas, seguramente, isso não é necessário. O conhecimento da mente de outras pessoas não serve para pensar a maneira como nós nos conhecemos. Ainda que tenhamos de observar os outros para saber em qual estado mental eles se encontram, não precisamos nos observar para saber o que se passa em nossas mentes. Certamente não precisamos nos observar para saber se estamos tristes, cansados ou com dores. Isso parece dar razão àquela piada, segundo a qual um behaviorista encontra outro behaviorista e lhe diz: "Você está bem, e eu, como vou?" O behaviorismo transformou o "eu" em alguma coisa externa a si mesma e, dessa maneira, deixou escapar a dimensão subjetiva da existência humana. O fato é que o behaviorismo teve de sustentar uma teoria implausível do autoconhecimento: eu não me baseio em nenhuma observação empírica para saber se estou triste ou com fome, seja uma observação interna, como para alguns filósofos modernos, seja uma externa, como para o behaviorismo.

3. Externismo e autoconhecimento

Há outra forma de refutar o modelo cartesiano, sem manter a inaceitável teoria behaviorista do autoconhecimento. Em vez de refutar o dualismo ontológico da mente e do corpo, bastaria não aceitar o pressuposto comum da independência lógica entre a mente e o mundo. Em vez dessa tese, sustentar-se-ia a tese oposta, segundo a qual a mente e seus conteúdos dependem logicamente do mundo. Noutras palavras, não é possível que a mente conheça seus próprios estados mentais independentemente do que ocorre no mundo; os estados mentais são o que são porque o mundo determina, ao menos em parte, seu conteúdo. Essa suposição de que os conteúdos do pensamento (e do sentido das palavras) dependem, ao menos em parte, do mundo foi chamada de externismo.

Segundo alguns filósofos, o significado de uma palavra não depende somente daquilo que se passa em nossas cabeças. Por exemplo, o significado de "água" não depende apenas do que pensamos que é água e o significado de "azul" não se resume a uma representação mental de azul. O significado de uma palavra depende, ao menos em parte, do mundo à nossa volta. Por exemplo, quando dizemos "a água é molhada", ao menos parte do significado de "água" depende desse líquido no mundo ao qual nos referimos; e quando dizemos "o azul escureceu", o significado de "azul" depende ao menos em parte da cor que temos diante dos olhos. Essa teoria sobre o significado das palavras é chamada de externista porque ao menos parte do significado das palavras depende de alguma coisa externa à mente e porque ela rejeita uma teoria "internalista" do significado, segundo a qual as representações mentais e internas esgotariam ou determinariam todo o significado de uma palavra.

Essa teoria semântica externista tem várias implicações para a filosofia da mente. A consequência principal é a de que *a mente humana*, nessa concepção externista, *não estaria desvinculada do mundo*, uma vez que os próprios conteúdos de nossos pensamentos estariam determinados por como é o mundo. Não se pode supor que meus pensamentos sejam o que são, independentemente de como as coisas são no mundo. É um erro do modelo cartesiano supor que existe um abismo entre minha mente e o mundo, como se a primeira pudesse existir com seus pensamentos independentemente da existência do segundo. O principal erro do modelo cartesiano foi introduzir um abismo entre a mente e o mundo. De acordo com esse modelo, eu poderia pensar que "a água é molhada", exista ou não água no mundo, ou seja lá o que for a água a que me refiro no mundo, pois, nesse modelo, o conteúdo do pensamento "a água é molhada" não dependeria de nada externo à mente. Mas, para o externista, é precisamente a ideia de que o conteúdo de nossos pensamentos (por exemplo, de que "a água é molhada") não depende do mundo (no exemplo, da água) o que constitui o grande erro. A mente humana e seus pensamentos somente podem ser entendidos quando são postos no mundo natural e social no qual agimos e ao qual estamos integrados.

Uma segunda consequência é a de que o conhecimento de nossas próprias mentes depende do conhecimento do mundo. Para conhecer minha própria mente, para saber o conteúdo de meus pensamentos, tenho de estar em contato direto com o mundo, interagir com ele, conhecer as coisas à minha volta. É somente porque sabemos o que é a água, é somente porque sabemos muitas coisas a respeito desse líquido que chamamos de "água", que sabemos em que estamos pensando quando pensamos "a água é molhada". Assim, conhecemos nossas próprias mentes (e a dos outros) quando vemos como agimos no mundo. Ao conhecer as coisas com as quais interagimos, podemos saber o conteúdo de nossos próprios pensamentos. Uma vez que, para o externista, não há problema em saber como é o mundo (seja com relação às coisas ordinárias da vida cotidiana, seja com relação à estrutura microfísica dos objetos), então não há problema em saber o que estou pensando (nem no que os outros estão pensando). O conteúdo de meus pensamentos é, ao menos em parte, determinado pelos objetos à minha volta; como eu sei o que esses objetos são (por exemplo, sei que a água é um líquido com tais e tais propriedades e sei, ademais, que a água é uma substância composta por dois átomos de hidrogênio e um de oxigênio), então sei qual é o conteúdo de meu pensamento quando penso "a água é molhada".

Curiosamente, o externismo gerou uma nova e mais radical forma de ceticismo, justamente o ceticismo sobre nossas próprias mentes. Aceitemos, pois, o externismo e vejamos como este parece conduzir às dúvidas sobre o autoconhecimento.

Suponha que eu esteja pensando agora que a água é molhada. Como sei o que estou pensando? Essa pergunta é, à primeira vista, muito esquisita, pois no que mais eu poderia estar pensando senão em que a água é molhada? O ponto reside em saber o que estou pensando quando penso que a água é molhada. Com efeito, argumentam muitos filósofos, o significado de "água" depende, ao menos em parte, da substância à qual me refiro no mundo. Em geral, se trata de um líquido sem cor, inodoro e insípido. Mas isso não define a água. É possível imaginar outro líquido com todas as características aparentes da água, mas com uma composição química diferente, digamos, em vez de H_2O, sua composição química seria XYZ. Pensar numa substância que está composta por H_2O não é a mesma coisa que pensa numa substância composta por XYZ. Assim, se não soubermos que não estamos pensando na substância XYZ, não poderemos saber que estamos pensando na substância H_2O, isto é, na água.

Ainda que o externista pretenda explicar não somente como conhecemos o mundo e a mente de outras pessoas, mas também o conhecimento de nossos próprios pensamentos, é um fato notório que a teoria externista permitiu colocar questões céticas a respeito do autoconhecimento. Muitos filósofos rapidamente se deram conta de que, se a teoria semântica externista é correta, então, longe de explicar o autoconhecimento, ela o torna problemático. Se o conteúdo de nossos pensamentos depende ao menos em parte do mundo à nossa volta e se o conhecimento do conteúdo de nossos pensamentos depende do conhecimento dessas coisas no mundo, então, se não conhecemos o mundo, não conheceremos nossos próprios pensamentos. Há várias razões pelas quais podemos duvidar de nossos conhecimentos do mundo. É certamente possível supor várias situações nas quais cremos que conhecemos o mundo, mas nas quais o mundo poderia não ser como pensamos que é. Por exemplo, podemos pensar que temos diante de nós um copo de água, mas, na verdade, a composição química desse líquido não é H_2O, mas XYZ. Ou podemos pensar que temos um copo de água diante de nós, mas, na verdade, somos um cérebro numa cuba e diante de nós existe somente um supercomputador controlado por cientistas cuja única finalidade é nos enganar; esse copo de água que parece estar diante de nós é somente uma ilusão criada por esse supercomputador. Se essas hipóteses alternativas são possíveis e se não podemos eliminá-las definitivamente, então não sabemos como o mundo realmente é e, *a fortiori*, não sabemos em que estamos pensando. Não sabemos, por exemplo, se ao pensar "a água é molhada", estamos pensando no líquido H_2O ou em outra substância aparentemente similar, mas de composição química distinta, ou se estamos pensando numa imagem virtual de água, mas não na água.

Se o externismo parece conduzir ao ceticismo sobre o autoconhecimento, então temos outra teoria filosófica insatisfatória. Em vez de uma explicação de como nos conhecemos, o que teríamos é uma redução ao absurdo do externismo. O que necessitamos, então, é começar outra vez nossas reflexões filosóficas para tentar entender o fenômeno do autoconhecimento.

4. *Qualia* e fisicalismo

O fracasso dessas tentativas, como a do behaviorismo e do externismo, levou alguns filósofos a buscarem outra solução. As formas mais científicas e objetivas de explicar o ser humano foram chamadas de fisicalistas. Uma teoria é fisicalista quando tenta explicar o ser humano a partir de informações físicas, entras as quais se incluem informações propriamente físicas, mas também fisiológicas, químicas e biológicas. Supõe-se, então, que isso é tudo o que se pode conhecer do ser humano. Mas, argumentam esses filósofos, o fisicalismo não esgota o ser humano e deixa algo de lado. Haveria, ainda, algo que deveria ser entendido e explicado, mas que o fisicalismo seria incapaz de explicar. O que fica de lado, segundo esses filósofos, é a qualidade subjetiva da experiência, os assim chamados *qualia*.

Os *qualia* são de difícil definição e nem todos os defensores dos *qualia* os entendem da mesma maneira. Alguns chegaram a dizer que é impossível defini-los. Mas algo que se pode dizer a seu respeito é que os *qualia* seriam propriedades de certos estados mentais, são traços fenomênicos das experiências subjetivas que temos do mundo. Por exemplo, um *quale* seria o dolorido das dores, a coceira de uma cócega ou o incômodo de um ciúme. Assim, os *qualia* seriam propriedades abstratas de nossa experiência do mundo instanciadas em cada experiência particular. Os *qualia* são conhecidos somente por quem os tem, pois somente aquele que tem a experiência pode saber qual é exatamente a qualidade de sua experiência. Não se pode inferir que outros tenham *qualia* semelhantes aos seus, mas, no melhor dos casos, essa não passaria de uma inferência provável ou uma hipótese insegura.

Muitos argumentos foram empregados para defender a teoria dos *qualia*. Vou me referir somente a um, o assim chamado argumento do conhecimento. Suponha que Alfredo tem uma visão melhor do que todos nós e que ele seja capaz de distinguir entre dois vermelhos que nós não somos capazes de distinguir: chamemos de vermelho1 e vermelho2. Seu comportamento realmente demonstra que ele distingue entre esses dois tipos de vermelho. Alfredo conheceria, então, algo que nós não conhecemos e, para ele, vermelho1 seria tão diferente de vermelho2 quanto o azul é diferente do amarelo. Para ele, nós seríamos daltônicos para esses tipos de vermelho. E nós temos, sobre Alfredo, todas as informações físicas. Portanto, há alguma coisa que o fisicalismo deixa de lado, há algum elemento na experiência de Alfredo que não é captado pelo fisicalismo, que é como esses vermelhos aparecem para ele.

O que pensar dessa posição filosófica? Devemos aceitar a noção de *qualia* para entender nossas experiências do mundo? Primeiro, essa posição parece fazer uma identificação inaceitável entre sensações ou propriedades não-físicas das sensações e *qualia*. A meu ver, os *qualia* são postulações teóricas dos filósofos para explicar nossas experiências do mundo, enquanto as sensações não são postulações teóricas de filósofos (nem do senso comum), mas todos nós reconhecemos que temos sensações. Se identificamos *qualia* e sensações, toda a questão se trivializa, porque ninguém negou a existência de sensações (exceto, talvez, dois ou três eliminativistas). Por outro lado, tampouco me parece que seja uma postulação teórica que as sensações tenham certas propriedades que as caracterizam, pois distinguimos, por exemplo, entre uma dor contínua e uma dor intermitente, entre um azul claro e um azul escuro. Mas falar do "dolorido da dor" é postular a existência de uma propriedade que pertenceria à sensação de dor e essa postulação me parece questionável. O que seria o dolorido da dor se não a própria dor? Não há por que postular uma propriedade misteriosa para falar das sensações. É possível que o fisicalismo deixe de lado alguma coisa em suas explicações, mas me parece que não se segue que sejam os *qualia* as coisas que ficam de lado na explicação fisicalista. Os *qualia* são misteriosos e alguns de seus defensores chegaram a dizer que não é sequer possível defini-los, como já vimos. Se o fisicalismo não os explica, não estamos em melhores condições, pois não os compreendemos. E isso equivale a dizer, mais uma vez, que o ceticismo triunfa na questão do autoconhecimento.

5. O que resulta de todas essas considerações?

Primeiro, eu gostaria de notar o constante conflito entre as filosofias e a interminável discussão entre os filósofos. Frente a essa *diaphonía*, parece impossível julgar racionalmente e optar por alguma dessas com base em argumentos e raciocínios. O problema do autoconhecimento permanece tão difícil quanto antes e a solução não parece mais próxima.

O que se observa é que a filosofia anda em círculos e, quando parece fazer algum progresso, teorias que haviam sido rejeitadas acabam por voltar em novas roupas. O dualismo, doutrina tão criticada ao longo do século XX, reaparece com força nos textos dos defensores dos *qualia*. Mas essa volta de uma forma de dualismo, longe de decidir a questão filosófica, põe outra vez em marcha a discussão. Nesse sentido, a filosofia deixa tudo como está e somente voltamos ao ponto de partida, sem nenhum progresso no que diz respeito ao conhecimento filosófico.

Isso significa que não há razões para abandonar a concepção ordinária do ser humano, como pessoas que têm um corpo, com diversos órgãos, membros etc., sensações, emoções, pensamentos, paixões etc. Essa era, creio, a concepção de homem dos céticos antigos, sejam acadêmicos ou pirrônicos, para quem não somos de pedra ou carvalho, mas de carne e osso. Os céticos antigos rejeitavam todas as teorizações filosóficas sobre o ser humano, tanto os dualismos, como os monismos. Se conhecesse nossas principais teorias filosóficas da mente, um cético antigo certamente rejeitaria todas: o dualismo substancialista, o dualismo de propriedades, o fisicalismo redutivista, o fisicalismo não-redutivista, o eliminativismo, a doutrina dos *qualia* etc.

Naturalmente, o ceticismo antigo é muito diferente desse ceticismo contemporâneo que nega que possamos conhecer qualquer coisa, inclusive nossos próprios estados mentais, pois o primeiro aceita, no sentido usual, que podemos nos conhecer sem problemas e pretende que toda questão reside somente em como explicar filosoficamente o fenômeno do autoconhecimento, enquanto o segundo questiona o próprio fenômeno que se gostaria de explicar filosoficamente. O ceticismo que se propõe aqui não recusa o fenômeno do autoconhecimento, nem a autoridade de primeira pessoa, mas somente põe em xeque as teorias filosóficas que se inventaram para explicá-los. O exame dessas teorias mostra que todas são vulneráveis aos argumentos dos adversários e enfrentam dificuldades que não foram capazes de superar. Esse exame, no entanto, não mostra que o fenômeno do autoconhecimento é mera ilusão, mas somente mostra como é difícil para a razão filosófica explicá-lo satisfatoriamente. Esse ceticismo contemporâneo, que chega ao ponto de dizer que não sabemos o que estamos pensando ou desejando, quando pensamos que a água é molhada ou quando queremos beber um copo de água, parece, de um lado, absurdo, pois nega um fato óbvio de nossas vidas, e, de outro, comprometido com pressupostos filosóficos, já que supõe o externismo, com sua teoria semântica do significado ou com sua teoria de que o conteúdo mental depende do mundo, teorias que são claramente controversas e problemáticas, integrando o conflito das filosofias. Talvez não disponhamos, ainda, de uma boa explicação filosófica para o autoconhecimento, nem para a autoridade de primeira pessoa, mas isso não é razão para dizer que uma pessoa não sabe o que pensa.

Parte II

Compatibilismo e incompatibilismo

REFLEXÕES SOBRE ANTI-INDIVIDUALISMO E AUTOCONHECIMENTO

Carlos J. Moya
Universidad de Valencia, Espanha

Tradução de Kleyson Rosário Assis

O DEBATE SOBRE AS relações entre anti-individualismo ou externismo e o autoconhecimento, e especialmente sobre sua compatibilidade ou incompatibilidade já começa a ter uma longa história que remonta, ao menos, ao importante artigo de Michael McKinsey "Anti-individualism and Privileged Access", de 1991, ou talvez ao não menos importante "Individualism and Self-Knowledge", publicado em 1988 por Tyler Burge.

O autoconhecimento, especialmente na sua relação como os estados intencionais, constitui um problema em si mesmo, com independência de sua relação com o externismo e o anti-individualismo nas versões de Putnam ou Burge. Com efeito, resulta enigmático como podemos nos atribuir tais estados sem esforço aparente, de modo direto e não inferencial, independente da investigação empírica e com uma especial autoridade e presunção de verdade (no que segue, resumirei estas características do autoconhecimento com a expressão "de modo privilegiado"). O enigma se agrava quando entra em jogo o externismo, a doutrina segundo a qual o conteúdo de nossos estados intencionais depende parcialmente do entorno objetivo, natural e social, em que se encontra o sujeito de tais estados.

Entrando já no núcleo do debate, a compatibilidade ou incompatibilidade entre autoconhecimento e anti-individualismo, seguindo a Martin Davies (2000), é útil distinguir dois problemas distintos envolvidos nesta discussão: aquilo que Davies denomina *o problema do logro* e *o problema da consequência*.

O primeiro problema pode formular-se assim: Como podemos nos atribuir e conhecer de modo privilegiado estados cuja natureza e conteúdo dependem de condições que não podemos conhecer desse modo? O problema do logro talvez seja resolvido apelando para o que se tem chamado de *modelo de inclusão*, defendido entre outros por Donald Davidson, Tyler Burge e John Heil. Segundo Burge (1988, p. 656), por exemplo, "o conhecimento (de nossos próprios estados mentais) consiste em um juízo reflexivo que inclui pensar um pensamento de primeira ordem sobre o que versa o juízo. O juízo reflexivo simplesmente herda o conteúdo do pensamento de primeira ordem". Os juízos reflexivos que manifestam o autoconhecimento são contextualmente autoverificantes. Assim, se o entorno objetivo na Terra determina, para o pensamento que Oscar$_1$ expressa dizendo "a água sacia a sede", o conteúdo *a água sacia a sede*, já o entorno objetivo da Terra Gêmea determina, para o pensamento correlato que Oscar$_2$ expressa com as mesmas palavras, o conteúdo *a água-gêmea sacia a sede*. E quando um e outro se atribuem reflexivamente esse pensamento, o conteúdo do juízo reflexivo inclui em um caso o conceito de *água* e em outro o conceito de *água-gêmea*, com o que ambos juízos reflexivos, manifestação do autoconhecimento, são verdadeiros. Assim, externismo e autoconhecimento são verdadeiros.

O compatibilismo entre externismo e autoconhecimento fundado no modelo de inclusão terá de enfrentar algumas dificuldades, como o *argumento das transições entre mundos*, situações logicamente possíveis em que um sujeito é transportado, sem que ele saiba, da Terra à Terra Gêmea e vice-versa, sofrendo, ao término, uma mudança inadvertida em alguns de seus conceitos e no conteúdo dos seus pensamentos. O argumento trata de mostrar que os juízos reflexivos no sentido de Burge, ainda quando são autoverificáveis, não constituem realmente conhecimento (cf. BOGHOSSIAN 1989, 1992). Em um trabalho anterior (cf. MOYA, 2003), tratei de responder a este argumento concedendo a seus partidários duas hipóteses importantes, a saber, uma concepção do conhecimento em termos da noção de *alternativas relevantes*, segundo a qual para saber que P é necessário pode discriminar entre P e as alternativas relevantes a P, e o princípio da transparência segundo o qual "o significado é *transparente* no sentido de que, se alguém associa o significado a cada uma das palavras, há de saber se estes significados são os mesmos" (DUMMETT *apud* BOGHOSSIAN, 1992). Ainda aceitando essas hipóteses, que concebem ao incompatibilista uma notável vantagem inicial, consegui defender, creio que com certo êxito, o compatibilismo. Minha defesa repousava em uma concepção normativa do externismo, que privilegia, na determinação do significado, as situações originais de aprendizagem do significado de certos termos e os modelos paradigmáticos empregados nela para dita aprendizagem. Em sua réplica a meu trabalho, Burge (2003) argumentou, creio que com razão, que a epistemologia das alternativas relevantes, seja ou não correta em certos casos, não se aplica aos juízos reflexivos característicos do autoconhecimento, e que o princípio de transparência de Dummett é falso. Sem essas duas hipóteses, a posição do incompatibilista se debilita enormemente e a defesa do compatibilismo frente ao argumento das transições cobra uma força maior. Em qualquer caso, vou aceitar, por meio da argumentação, que o problema do logro pode ser resolvido sobre a base de alguma versão, talvez com certas modificações, do modelo de inclusão.

O outro problema mencionado, o problema da consequência, foi estabelecido originalmente por McKinsey (1991) e reformulado posteriormente por Paul Boghossian (1998) e Jéssica Brow (1995), entre outros. Em termos gerais, o problema consiste em que o compatibilista, que aceita tanto o externismo quanto o autoconhecimento, se encontra aparentemente obrigado a admitir que pode conhecer *a priori* determinadas proposições sobre o entorno objetivo, o que parece claramente inaceitável. O compatibilismo é confrontado assim a uma *redução ao absurdo*. No presente capítulo me ocuparei fundamentalmente deste importante problema, e tratarei de mostrar que o compatibilismo pode enfrentá-lo com êxito.

Atentemos em primeiro lugar para a formulação de McKinsey (1991, p. 178). Segundo este autor, Burge sustentava que as três formulações seguintes são consistentes:

(1) Oscar sabe *a priori* que está pensando que a água é úmida.
(2) A proposição segundo a qual Oscar está pensando que água é úmida depende necessariamente de E.
(3) A proposição E não pode ser conhecida *a priori*, senão somente mediante investigação empírica.

A proposição *E* expressaria as condições externas das quais depende o conteúdo do pensamento de Oscar.

Segundo McKinsey, as três proposições anteriores são consistentes se a dependência necessária a que se alude em (2) se entende em termos de necessidade ou implicação metafísica. Mas essa dependência, sustenta McKinsey, deveria entender-se como implicação conceitual. Creio que McKinsey tem razão. Os experimentos mentais de Putnam ou Burge trazem à luz as consequências implícitas em nossos *conceitos* de significados ou pensamento; mostram o que *entendemos por* "significado" ou "pensamento". O externismo deve, pois, entender-se como uma tese de dependência conceitual entre determinados estados intencionais e traços objetivos do entorno, não como uma tese de dependência meramente metafísica. Mas se entendermos assim o externismo, (2) se converte em:

(2b) A proposição segundo a qual Oscar está pensando que a água é úmida implica conceitualmente E (MCKINSEY 1991, p. 182).

E nesse caso, sinaliza McKinsey, (1), (2b) e (3) são realmente inconsistentes. Sobre a base de (1) e (2b), que conhece *a priori*, Oscar pode deduzir *E*, com o que pode conhecer *E a priori*.

Posto em termos de redução ao absurdo, o argumento de McKinsey contra o compatibilismo pode formular-se como segue. Oscar, o compatibilista, pode raciocinar do seguinte modo:

Se possuo o conceito de *água*, então E.
Possuo o conceito de *água*.
Logo, E.

As premissas (1) e (2) podem ser conhecidas por Oscar *a priori*, sem necessidade de investigação empírica. A premissa (2) pode sê-lo em virtude da capacidade de autoconhecimento e (1) em virtude da reflexão e da argumentação filosófica a favor do externismo. E a dedução de (3) a partir de (1) e (2) é claramente válida. Assim, Oscar pode conhecer *E a priori*. Mas é absurdo sustentar que E, uma proposição sobre o mundo externo, pode ser conhecida *a priori*. Portanto, o compatibilismo conduz a uma consequência absurda e deve ser rechaçado. Presumidamente, aceitando o autoconhecimento, a tese que haveria que abandonar é o externismo.

Uma questão importante para o êxito desta crítica ao compatibilismo é a interpretação da proposição *E*. McKinsey a interpreta como "o mundo externo existe" ou "há objetos externos" (cf. MCKINSEY 1991, p. 183). Um problema importante da crítica de McKinsey é que não resulta tão óbvio que não se pode saber *a priori* que o mundo externo existe. Se me ocorre pensar, por exemplo, na refutação kantiana do idealismo na *Crítica da Razão Pura*. Kant trata de deduzir da existência de objetos externos, negada pelos idealistas, partindo do conhecimento de seus próprios pensamentos e representações, isto é, do autoconhecimento, procedendo, pois, *a priori*. Independente do êxito final desta argumentação, o importante aqui, no entanto, é que não resulta obviamente falida e portanto que, como temos sinalizado, conhecer *a priori* a existência do mundo externo não é, frente ao que McKinsey sustenta, *obviamente* impossível.

Em posteriores formulações do problema da consequência, os incompatibilistas têm interpretado a proposição "externa" *E* de um modo muito mais específico, fazendo assim francamente implausível sustentar que pode ser conhecida *a priori*. Boghossian (1998) interpreta essa proposição como *a água existe*. A formulação de Boghossian do problema da conseqüência é um exemplo de simplicidade e precisão. Talvez demasiado, como veremos. Segundo Boghossian (1998, p. 202), Oscar, um compatibilista, se encontra em posição de argumentar, puramente *a priori*, como segue:

Se possuo o conceito de *água*, a água existe.
Possuo o conceito de *água*.
Portanto,
3. A água existe.

Um compatibilista há de aceitar, segundo Boghossian, que tanto 1 como 2 são verdadeiros e cognoscíveis *a priori*. A premissa 2 não apresenta dificuldades; é uma aplicação da doutrina do autoconhecimento. A premissa 1 é mais problemática. Aparentemente, raciocinando de modo paralelo, os compatibilistas estariam obrigados a aceitar a existência de unicórnios, fadas e todo tipo de estranhas entidades, o que sem dúvida será uma redução ao absurdo de sua posição. Boghossian não atribui aos compatibilistas um erro tão óbvio. Um compatibilista só está obrigado a aceitar a premissa 1 e raciocinar do modo problemático indicado no caso de termos e conceitos aptos para construir experimentos putnamianos de Terras gêmeas. E esta aptidão é cognoscível *a priori*. Em primeiro lugar, o termo em questão ("água", no exemplo anterior) "há de aspirar a nomear uma classe natural" (BOGHOSSIAN 1998, p. 204), uma condição que Boghossian parece considerar equivalente a que o usuário do termo pretenda nomear com ele uma classe natural (*idem*). Em segundo lugar, o termo em questão há de expressar um conceito atômico, e não composto. Em terceiro lugar, o usuário do termo há de ser indiferente sobre a essência (química) da dita classe natural. Estas condições, em separado ou conjuntamente, excluem o caso dos unicórnios, as fadas e muitos outros. Se a satisfação dessas condições é cognoscível *a priori*, como sustenta Boghossian, um compatibilista que as satisfaça terá de admitir que pode conhecer a premissa 1 *a priori*. Deste modo, e suposta a premissa 2, um compatibilista terá de aceitar que pode chegar a conhecer, puramente *a priori*, que a água existe, o que resulta manifestadamente absurdo. Portanto, o compatibilismo, que implica este absurdo, há de ser falso. Ao menos uma das duas doutrinas, o externismo e o autoconhecimento, das que dependem as premissas, deve ser abandonada.

Uma resposta natural por parte dos compatibilistas é insistir que a primeira condição é demasiada fraca. Para que um termo seja apto para construir experimentos putnamianos de Terras gêmeas, o que se requer é nomear de fato uma classe natural, como sucede com o termo "água" no experimento original de Putnam (1975), e não meramente que aspire a fazê-lo. Imaginemos, com efeito, um compatibilista que possua o conceito *flogisto* e que satisfaça as três condições indicadas. Poderia então raciocinar assim (cf. MOYA 1998, p. 246):

A. Se possuo o conceito *flogisto*, o flogisto existe.
B. Possuo o conceito *flogisto*.
Portanto,
C. O flogisto existe.

Nosso compatibilista, uma vez advertido da inexistência do flogisto, pode insistir que a falsidade alcançada se devia ao o termo "flogisto" não nomear de fato uma classe natural. Na realidade, teria uma extensão vazia. E, claramente, que um termo designe ou não uma classe natural não se pode saber *a priori*.

Frente a essa objeção, Boghossian responde, em primeiro lugar, que não é necessário, para construir experimentos putnamianos de Terras gêmeas, que o termo de que se trate designe uma classe natural na Terra e, em segundo lugar, que um externalista não pode admitir, de modo coerente com sua posição, conceitos atômicos que aspirem a nomear uma classe natural e tenham uma extensão vazia (o conceito *flogisto* poderia ser um exemplo). E trata de defender essa ideia mediante o experimento mental da Terra seca, cujos habitantes são réplicas psicológicas e funcionais nossas, mas sofrem uma ilusão coletiva, pois de fato não há água em seu planeta. Segundo Boghossian, não há uma resposta coerente que um externalista pode dar à pergunta de que conceito expressa o termo "água" na Terra seca. Responder que se trata de um conceito composto, do tipo *o líquido que corre pelos rios e forma os mares etc.*, comporta aceitar que o mesmo termo, com o mesmo papel funcional, expressa um conceito atômico na Terra e um composto na Terra seca. Mas o caráter composto ou atômico de um conceito, insiste Boghossian, depende de sua sintaxe interna, e não de circunstâncias externas. Responder, por outro lado, que expressa um conceito atômico não é tampouco uma opção aberta. Se um externalista aceita que os conceitos vêm (parcialmente) individuados por seus referentes externos, claramente o conceito que expressa o termo "água" na Terra seca não é o mesmo que o que expressa a Terra, donde sua expressão não é vazia. Qual é, então, esse conceito? Dado que não há "nenhuma classe natural ao fim da cadeia causal relevante que leva aos usos de 'água' na Terra seca" (BOGHOSSIAN 1998, p. 209-10), não há uma resposta que o externalista possa dar a essa questão. Assim, Boghossian escreve:

> Se, em um contexto dado, não há um estado de coisas que estabeleça qual é o referente de um conceito dado, nessa medida não há um tampouco um estado de coisas que estabeleça qual é esse conceito" (*idem*, p. 210).

Assim, suponho que, se Boghossian tem razão, o externalista não poderia coerentemente afirmar que possui o conceito de *flogisto*, de modo que sua premissa B seria falsa. A falsidade da conclusão fica assim explicada e não é necessário aceitar que dita falsidade se deve a que o termo "flogisto" não designa uma classe natural.

Em um interessante artigo, Jessica Brown (1999) criticou a argumentação incompatibilista de Boghossian, em minha opinião de maneira muito convincente. Segundo Brown, em sua crítica ao compatibilismo, Boghossian tem em conta unicamente a versão do externismo gerada pelos experimentos putnamianos de Terras gêmeas, confiando que sua crítica se aplicará também a outras versões do externismo, como a de Burge. No entanto, esta estratégia acaba se mostrando desastrosa, porque, segundo Brown (1999, p. 53), "se o externismo de Burge é verdadeiro, o argumento de Boghossian não consegue estabelecer que o externismo putnamiano é incompatível com o acesso privilegiado". De acordo com o externismo de Burge, um sujeito pode possuir um conceito ainda que tenha uma compreensão somente parcial e imperfeita e suas condições de aplicação e, desde logo, ainda que não conheça uma definição correta do mesmo. A posse do conceito nessas condições de domínio imperfeito se sustenta na atenção do sujeito em direção às regras semânticas vigentes em sua comunidade linguística e, em seu caso, entre os especialistas da matéria de que se trata (médicos ou químicos). Como temos visto, o argumento de Boghossian repousa crucialmente em que as condições para que um compatibilista aceite a premissa 1 têm de ser cognoscíveis *a priori*. Brown aceita que a terceira condição, a indiferença sobre a essência da classe natural que o termo aspira a nomear, é cognoscível *a priori*, sobre a base do autoconhecimento. Entretanto, dado o externismo de Burge, a primeira condição, a saber, que um termo aspire a nomear uma classe natural é algo sobre o que um sujeito pode está equivocado, ainda que sua intenção, que se pode conhecer *a priori*, seja nomear uma classe natural. Pensemos, por exemplo, no útil exemplo do termo "jade". Em nossa comunidade sociolinguística, onde os especialistas sabem que jade é tanto jadeíta como nefrita, o termo "jade" não aspira designar uma classe natural, mas um sujeito que ignore esse dado poderia usar o termo com a intenção de designar uma classe. Finalmente, segue-se também do externismo de Burge que um sujeito pode crer que um conceito que possui (mas que domina imperfeitamente) é atômico (ou composto) e estar equivocado, de modo que isto questiona que a segunda condição seja cognoscível *a priori*, e que o caráter composto ou atômico de um conceito dependa unicamente de sua "sintaxe" interna. E o importante é que, para corrigir esses erros, necessita-se de informação empírica acerca do uso linguístico da comunidade pertencente. Como Brown (1999, p. 57) afirma, se o externismo de Burge é correto, um sujeito poderia ter o conceito expresso por um termo e está não obstante equivocado, de um modo só remediável por meios empíricos, acerca de si o termo aspira a nomear uma classe natural e/ou expressa um conceito atômico.

Por nossa parte, acrescentaremos que o anti-individualismo de Burge pode mostrar também o erro da afirmação de Boghossian segundo a qual um externalista não pode admitir a existência de conceitos atômicos que aspirem a nomear classes naturais e tenham uma extensão vazia, como "água" na Terra seca. Ainda quando um termo não tenha um referente objetivo, as condições externas que, para um anti-individualista *à la* Burge, sustentam a posse do conceito *água* na Terra seca podem vir dadas neste caso pela comunidade social e suas práticas linguísticas. O mesmo aconteceria com o conceito *flogisto*.

Em suma, pois, ao menos que Boghossian mostre conclusivamente a falsidade do anti-individualismo de Burge, sua crítica ao compatibilismo resulta falida.

Finalmente, os experimentos mentais em que repousa o anti-individualismo de Burge, como o celebre exemplo do termo "artrite", pode levar-se a cabo com conceitos que não são atômicos e com termos que não aspiram a nomear uma classe natural nem de fato nomeiam.

Apesar de sua crítica ao argumento incompatibilista de Boghossian, Jessica Brown é também defensora do incompatibilismo. A argumentação de Brown é mais cautelosa que a de Boghossian e, por isso, mais dificilmente rebatível. Segundo Brown (1995), a proposição "externa" *E* que um compatibilista que possua certo conceito, como por exemplo *água*, há de admitir que pode conhecer *a priori* seria a seguinte:

Ou bem me encontro em um entorno que contém mostras de água e *água* é um conceito de classe natural, ou bem sou parte de uma comunidade que possui o conceito *água*, seja ou não *água* um conceito de classe natural (Brown, 1995, p. 191).

O compatibilista pode chegar a esta conclusão raciocinando a partir de duas premissas cognoscíveis *a priori*. A primeira, acessível ao autoconhecimento, seria: possuo o conceito *água* e sou agnóstico sobre as condições de aplicação desse conceito (por exemplo, não tenho crenças sobre a composição química da água). A segunda seria um condicional cujo consequente seria a proposição "externa" *E* e cujo antecedente seria: Possuo o conceito *água* e sou agnóstico sobre as condições de aplicação desse conceito. Esta premissa seria cognoscível *a priori* mediante a argumentação e a reflexão filosófica a favor do externismo.

No caso de Brown, a proposição *E* não contém tanta informação como no caso de Boghossian. Ainda assim, contém o suficiente para que siga sendo inaceitável sustentar que é cognoscível *a priori*, de modo que o problema da consequência segue em pé.

Vamos nos concentrar na argumentação incompatibilista de Brown, posto que é a mais plausível das que temos examinado. Introduziremos, no entanto, alguma modificação, devido a que, em nossa opinião, é possível construir experimentos mentais putnamianos sem necessidade de que o termo empregado designe uma classe natural. Por exemplo, poder-se-ia mostrar que o significado de um termo como "água" e o conteúdo dos pensamentos expressos com ele é distinto em dois sujeitos, $Oscar_1$ e $Oscar_2$, que são gêmeos psicológicos e funcionais, supondo que, na Terra, o referente do termo tem de fato a composição química A, B ou C e na Terra Gêmea a composição D, E ou F. De todos os modos, a modificação não é essencial para a nossa argumentação.

De acordo com isso, e eliminando a formulação de Brown a referência a classes naturais, o argumento problemático poderia expressar-se assim, empregando o exemplo do conceito água:

Se possuo o conceito *água* e sou agnóstico sobre as condições de aplicação deste conceito, então estou, ou tenho estado, num entorno em que há água, ou bem pertenço a uma comunidade que possui o conceito de água, ou talvez ambas as coisas.

Possuo o conceito água e sou agnóstico sobre as condições de aplicação deste conceito.

Portanto,

Estou, ou tenho estado, em um entorno em que há água, ou bem pertenço a uma comunidade que possui o conceito água, ou talvez ambas as coisas.

O problema, desde logo, não é a verdade da conclusão, que parece bastante clara, senão o itinerário, puramente *a priori*, que conduz a ela.

O compatibilista não se acha de modo algum indefeso diante desse problema. Ainda quando, na formulação anterior, as condições que tem de cumprir um conceito para construir experimentos mentais ao estilo de Putnam ou de Burge são bastante mais frouxas que no caso de Boghossian, cabe duvidar também que sejam cognoscíveis *a priori*. Em primeiro lugar, não é claro que um completo agnosticismo sobre as condições de aplicação de um conceito seja compatível com a posse do dito conceito. E, em segundo lugar, não é claro que o grau de agnosticismo sobre as condições de aplicação de um conceito compatível com a posse do dito conceito seja cognoscível *a priori*, e não requer conhecimento empírico das normas semânticas da comunidade sociolinguística. Pensemos no experimento de Burge com o conceito *artrite*. Neste caso, o desconhecimento (parcial) do sujeito sobre as condições de aplicação do conceito parece compatível com a posse desse conceito. Mas o sujeito não sabe *a priori* que desconhece (parcialmente) essas condições e remediar essa ignorância parece requerer o conhecimento empírico do modo que o termo é usado em sua comunidade. Portanto, há espaço, também aqui, para criticar a posição incompatibilista pondo em dúvida a cognoscibilidade *a priori* das premissas.

Outra possibilidade é adotar a estratégia que os ingleses chamam "*to bite the bullet*": admitir que, partindo do conhecimento *a priori* das premissas, é possível conhecer *a priori* a conclusão, negando no entanto que este conhecimento *a priori* seja misterioso ou problemático (cf. SAWYER, 1999, PHILLIPS, 2006). Neste caso, não obstante, a estratégia parece menos promissora que quando a conclusão se limita a afirmar a existência do mundo externo. Em todo caso, deixarei também de lado essa possível resposta do compatibilista.

Um modo interessante e novo de enfrentar o problema, defendido por Martin Davies (2000, 2003), é o seguinte. Segundo Davies, a segunda premissa do argumento problemático é verdadeira e conhecida de modo privilegiado em primeira pessoa; a primeira premissa é verdadeira e conhecida por reflexão filosófica; ambas premissas, pois, são verdadeiras e conhecidas *a priori*; ademais, o argumento é válido. Entretanto, o argumento pertence a uma classe de argumentos com um defeito de tipo epistemológico. Neles, a justificação ou fundamento que serve de apoio às premissas não se transmite à conclusão. O argumento é válido, mas não convence (*cogent*), no sentido de que alguém que, por alguma razão, pusesse em dúvida à conclusão, não veria, e com razão, as premissas como uma justificação adequada para aceitá-la; diferente dos argumentos convincentes, não seria legítimo remeter-se às premissas para convencer da verdade da conclusão a quem duvida dela. Um modo particular de falta de transmissão de justificação é a petição de princípio. Um exemplo disso é a famosa prova da existência de um mundo externo oferecida por G. H. Moore. Resulta bastante claro que um cético sobre o mundo externo não encontrará nas premissas do argumento de Moore uma razão para aceitar à conclusão e abandonar seu ceticismo. Há um sentido em que a conclusão, a existência de um mundo externo, é parte do requerido para aceitar as premissas, com o que o argumento, como resta assinalar, comete uma petição de princípio contra o cético. Segundo Davies, no argumento que nos ocupa há também falta de transmissão da justificação: a justificação *a priori*, "de poltrona" (*"Armchair"*), como Davies a chama, das premissas não se transmite à conclusão. Alguém que duvidasse da existência da água em seu entorno ou das convenções linguísticas de sua comunidade não veria nas premissas do argumento razões para dissiparem suas dúvidas.

A linha proposta por Davies para resolver o problema da consequência é especialmente interessante porque situa esse problema em um marco mais geral e abre um campo de investigação lógica e epistemológica novo e importante. Mas a questão é altamente complexa. Apesar dos esforços de Davies, não é claro em que consiste o fenômeno da falta de transmissão de justificação nem quais são os caracteres dos argumentos que padecem desse defeito. Nem mesmo é claro que exista uma resposta precisa a essas perguntas. Assim, resulta prematuro formular um juízo sobre o êxito final desta estratégia para resolver o problema da consequência.

A linha de resposta que vou propor frente ao problema da consequência tem conexões com a linha de Davies e estou em dívida com ela. Tratarei, no entanto, de evadir suas dificuldades supondo que a petição de princípio é um fenômeno melhor conhecido e mais familiar que a falta de transmissão da justificação em geral. E sustentarei que o argumento que os incompatibilistas põem na boca dos compatibilistas é um caso bastante claro de petição de princípio. Se isto é assim, o compatibilista não teria porque comprometer-se com a possibilidade indesejada de conhecer *a priori* o entorno objetivo. Nos próximos parágrafos tratarei de expor e justificar minha proposta.

A premissa crucial do argumento que nos ocupa é a premissa 1, a premissa externalista, podemos chamá-la, já que constitui uma aplicação do externismo ao caso concreto do conceito *água*. A justificação para admitir essa premissa não vai mais além que a justificação que pode nos levar a abraçar o externismo como tal. E esta justificação não tem a forma de um argumento de cujas premissas se seguiria logicamente ao externismo, ou que aumentaria sua plausibilidade. A principal justificação, como sabemos, são as intuições sobre o significado e o conteúdo intencional geradas por experimentos mentais como o de Putnam com o termo "água" ou de Burge com o termo "artrite" e o conceito correspondente.

O problema que apresenta o argumento que nos ocupa é, como sabemos, o suposto conhecimento *a priori* de fatos substantivos sobre o mundo que se alcança na conclusão. O que tratarei de sugerir é que esse pretendido conhecimento *a priori* é uma ilusão derivada das hipóteses implícitas nos experimentos mentais indicados, nos quais se pressupõe já o enunciado na conclusão.

Pensemos que, se os experimentos de Putnam e Burge haverão de favorecer o externismo, a doutrina segundo a qual os conteúdos intencionais não sobrevêm ao estado interno, neurológico e psicológico, dos indivíduos, se não que se acham também parcialmente determinados pela natureza objetiva do entorno, natural ou social, esses experimentos, digo, haverão de estar projetados de tal modo que exista neles uma separação nítida entre o estado interno dos indivíduos e o entorno objetivo. Há de haver uma diferença no entorno objetivo de ambos sujeitos que não tenha reflexo algum em seu estado interno (individuado de modo não intencional), pois de outro modo, como nos experimentos científicos mal projetados, não haveríamos isolado a variável cuja contribuição a certo resultado queremos averiguar, distinguido-a de outros fatores presentes na situação experimental; não seria possível, no caso de experimentos mentais de Putnam e Burge, mostrar com clareza a contribuição do entorno para a fixação do significado e o conteúdo intencional, distinguindo-a da contribuição da estrutura funcional e psicológica interna do indivíduo. Esta é a razão pela qual Putnam situa seus personagens em 1750, antes do desenvolvimento da Química moderna. Na atualidade, que a água é H_2O é uma crença bastante geral, como o seria, na imaginada Terra Gêmea, o conhecimento da composição química da água gêmea, XYZ. E assim, se o experimento tiver lugar em nossos dias, à diferença objetiva no entorno corresponderia uma diferença nos estados psicológicos de ambos sujeitos, de modo que não poderia se estabelecer com clareza a tese segundo a qual é só a diferença no entorno que explica a diferença entre os estados intencionais de um e outro sujeito.

Assim, pois, os experimentos hão de pressupor uma noção robusta, fortemente realista, do entorno objetivo, um conjunto de traços que este entorno possui realmente, com independência do que os sujeitos envolvidos possam crer ou desejar. É o caso da natureza real da água (e da natureza estipulada da água gêmea) no experimento de Putnam, ou das convenções semânticas efetivamente vigentes na comunidade real e na contrafáctica no caso do experimento de Burge. Digamos que os experimentos mentais em questão devem dar por resolvida a questão do ceticismo sobre o mundo externo, natural ou social, e pressupor que podemos conhecer traços muito específicos do mesmo, para poder levar a cabo sua incumbência. Com efeito, esta incumbência, a geração das intuições que respaldam o externismo, *não se poderia alcançar pressupondo um mundo fenomênico*, um mundo constituído por puras aparências. Pressupondo um mundo assim, não haveria diferença alguma entre o significado e o conteúdo intencional dos sujeitos envolvidos no experimento. Necessitamos assumir, por detrás e com independência da consciência fenomênica, a existência de entidades com uma essência própria, no caso do experimento de Putnam, ou de comunidades sociolinguísticas com convenções semânticas efetivas de certos tipos, no caso do experimento de Burge.

Neste último, Burge (1979, p. 77) começa pressupondo a existência de uma comunidade sociolinguística com regras semânticas determinadas que governam o uso do termo "artrite", e sobre esta base inicial, não questionada, começa a introduzir variações contrafactuais acerca destas convenções semânticas. Putnam (1975, p. 223), por sua vez, com o objetivo de mostrar que o estado psicológico interno de um indivíduo não determina a extensão de um termo, recorre à ficção científica e nos pede que suponhamos a existência da Terra Gêmea, com suas peculiaridades na natureza do que ali chamam "água". Em ambos os casos, os traços, tanto do que considera a situação real como a imaginada, somente poderia conhecer-se empiricamente, *a posteriori*. E o que se considera como a situação real não se põe em questão aos fins do experimento.

Essas hipóteses fortemente realistas, e só cognoscíveis *a posteriori*, não se manifestam, pois, aos experimentos mentais que são a justificação principal para aceitar o externismo e se incorporam assim implicitamente a esta doutrina. E quando esta se aplica a determinados conceitos, estas hipóteses se fazem explícitas nas premissas de argumentos como os que nos ocupamos. Recordemos, com efeito, a premissa 1: "Se possuo o conceito *água* e sou agnóstico sobre as condições de aplicação deste conceito, então estou, ou tenho estado, em um entorno que há água, ou bem pertenço a uma comunidade que possui o conceito *água*, ou talvez ambas as coisas". E, sobre a base da premissa 2, a conclusão manifesta o consequente do condicional e anuncia estas hipóteses como fatos. Mas o pretendido conhecimento *a priori* dos fatos enunciados na conclusão não é, no fundo, mas que o enunciado explícito de estados de coisas que não são *a priori* salvo no sentido de que são pressupostos nos experimentos mentais que conduzem ao externismo e o sustentam. Não há, assim, genuíno conhecimento *a priori* de fatos substantivos sobre o entorno objetivo na conclusão do argumento que nos ocupa, e um externismo com consciência crítica de si mesmo e de seus fundamentos não deveria nem teria porque comprometer-se com a possibilidade de semelhante conhecimento *a priori*. Tampouco, pois, como já insistiu Burge, seria legítimo empregar o externismo para gerar argumentos contra o ceticismo.

Referências bibliográficas

BOGHOSSIAN, P. A. "Content and self-knowledge", in: *Philosophical Topics*, 17, 1989, p. 5-26.
_____. "Externalism and inference", in: E. Villanueva (ed.), *Rationality in epistemology, philosophical issues*, vol. 2, 1992, p. 11-28.
_____."What the Externalist Can Know *A Priori*", in: E. Villanueva (ed.), *Concepts. Philosophical issues*, vol 9, 1998, p. 197-211.
BROWN, J. "The incompatibility of anti-individualism and privileged access", in: *Analysis* 55, p. 149-56. Reimpreso em P. Ludlow y N. Martin (eds.), *Externalism and self-knowledge*. Stanford: CSLI Publications, 1995. (Citamos por esta edição)
_____. "Boghossian on externalism and privileged access", in: *Analysis* 59, 1999, p. 52-9.
BURGE, T. "Indvidualism and the mental", in: *Midwest studies in philosophy*, vol 4, 1979, p. 73-121.
_____. "Other bodies", in: A. Woodfield (ed.), *Thought and object. Essays on intentionality*. Oxford: Clarendon Press, 1982, p. 87-120.
_____. "Individualism and self-knowledge", in: *Journal of philosophy* 85, 1988, p. 649-65.
BURGE, T. "Replies from tyler burge", in: M. J. Frápolli y E. Romero (eds,), *Meaning, basic self-knowledge, and mind. Essays on Tyler Burge*. Stanford: CSLI Publications, 2003, p. 243-96.
DAVIES, M. "Externalism and armchair knowledge", in: P. Boghossian y C. Peacocke (eds.), *New essays on the A Priori*. Oxford: Oxford University Press, 2000, p. 384-414.
_____. M. "Externalism, self-knowledge and transmission of warrant", in: M. J. Frápolli y E. Romero (eds.), *Meaning, basic self. knowledge, and mind. Essays on Tyler Burge*. Stanford: CSLI Publications, 2003, p. 105-30.
FALVEY, K. e OWENS, J. "Externalism, self-knowledge, and skepticism", in: *The Philosophical Review*, 103, 1994, p. 107-37.
MCKINSEY, M. "Anti-individualism and privileged access", in: *Analysis* 51, p. 9-16. Reimpreso em P. Ludlow y N. Martin (eds.). *Exter-

nalism and self-knowledge. Stanford: CSLI Publications, 1998, p. 175-84, 1991. (Citamos esta edição.)

Moya, C. J. "Boghossian's *reductio* of compatibilism", in: E. Villanueva (ed.), *Concepts, philosophical issues*, vol. 9, 1998, p. 243-51.

_____. "Externalism, inclusion, and knowledge of content", in: M. J. Frápolli y E. Romero (eds.), *Meaning, basic self-knowledge, and mind. Essays on Tyler Burge*. Stanford: CSLI Publications, 2003 p. 165-86.

Phillips, I. "Reflections on externalism and self-knowledge", Mind-Grad Meeting 13.06.2006 (texto não publicado), 2006.

Putnam, H. "The meaning of 'meaning'", in: *Mind, language and reality*. Cambridge: Cambridge University Press, 1975 p. 215-71.

Sawyer, S. "An externalist account of introspective self-knowledge", in: *Pacific philosophical quarterly* 80, 1999, p. 358-78.

Wright, C. "Cogency and question-begging: some reflections on mckinsey's paradox and putnam's proof", in: E. Vaillanueva (ed.), *Skepticism, philosophical issues* 10, 2000, p. 140-63.

Conteúdo e autoridade da primeira pessoa

Edgar Marques
Universidade Estadual do Rio de Janeiro

O EXTERNISMO SEMÂNTICO CONSISTE, grosso modo, na concepção segundo a qual a determinação ou individuação do conteúdo intencional de certos termos – e daí das convicções ou crenças que envolvam o emprego desses termos – não pode se dar unicamente com base nas propriedades intrínsecas aos estados internos dos sujeitos que compreendem tais termos ou que entretêm tais convicções ou crenças, sendo indispensável o recurso a propriedades relacionais que tenham sua origem em relações – causais ou de outra natureza – estabelecidas entre o sujeito e o mundo natural e/ou social a ele exterior. Desse modo, a individuação dos conteúdos intencionais associados a esses termos e crenças dependeria do conhecimento, alcançável exclusivamente por via empírica, acerca das configurações concretas do mundo natural e do mundo social bem como dos vínculos causais que ligam o sujeito a eles.

Os experimentos mentais de Hilary Putnam (1975, p. 215-71) e Tyler Burge (1998, p. 21-83) que se encontram nas origens do externismo descrevem situações nas quais a dois sujeitos dotados de estados internos psicológica e fisicamente indiscerníveis são atribuídos significados e crenças distintos em função de diferenças presentes nos meios sociais e naturais nos quais eles se encontram. Assim, repisando o já exaustivamente repisado, $Oscar_1$ e $Oscar_2$, retomando os personagens do já clássico experimento mental de Putnam na versão de Burge (2007, p. 82-99), encontram-se em estados psicológicos absolutamente idênticos, no que diz respeito a suas propriedades internas, quando pensam que a água é úmida. Do fato de seus estados psicológicos no momento em que eles pensam ser a água úmida serem internamente indiscerníveis não se segue, contudo – e essa é a lição principal do experimento mental da Terra Gêmea –, que possamos atribuir a $Oscar_1$ e a $Oscar_2$ o mesmo pensamento, pois enquanto na Terra o líquido transparente, insípido e inodoro encontrável nos mares, lagos e rios tem suas moléculas formadas por dois átomos de hidrogênio e um de oxigênio (H_2O), na Terra Gêmea o líquido transparente, insípido e inodoro presente nos rios, lagos e mares, apesar de possuir exatamente as mesmas propriedades superficiais que a água existente na Terra, possui, tal como é estipulado no experimento mental, uma estrutura química extremamente mais complexa, que podemos por uma questão de economia, batizar como sendo XYZ. Ora, uma vez que a individuação de um pensamento envolve a referência ao objeto do pensamento – isto é, àquilo de que o pensamento é pensamento –, então o fato do pensamento de $Oscar_1$ referir-se a H_2O e o pensamento de $Oscar_2$ tratar de XYZ faz com que o pensamento de que a água é úmida na mente de $Oscar_1$ não seja idêntico, em termos de conteúdo, ao pensamento de que a água é úmida na mente de $Oscar_2$. Quer dizer, se levarmos em conta que faz parte das condições de identidade de um pensamento que ele seja acerca daquilo acerca do qual ele é (um pensamento acerca de X não será idêntico a si mesmo – isto é, não será um pensamento acerca de X – se não for acerca de X), então a $Oscar_1$ e $Oscar_2$ simplesmente não se pode atribuir a mesma crença quando ambos dizem ao mesmo tempo – na Terra e na Terra Gêmea, respectivamente – que a água é úmida, pois enquanto a crença de $Oscar_1$ é acerca de H_2O a crença de $Oscar_2$ é acerca de XYZ. Parece, dessa maneira, que ainda que os estados psicológicos de $Oscar_1$ e $Oscar_2$ sejam intrinsecamente indiscerníveis não podemos dizer que tais estados correspondam a uma mesma crença, já que crer que H_2O é úmido evidentemente não é o mesmo que crer que XYZ é úmido.

A estados psicológicos idênticos nem sempre corresponderão, então, pensamentos e crenças idênticos, já que elementos que não se encontram encapsulados no universo mental do sujeito do pensamento ou da crença – no caso em pauta, a composição química da substância líquida abundantemente presente na Terra e na Terra Gêmea, respectivamente – contribuem decisivamente para a individuação de seus conteúdos intencionais. A determinação daquilo acerca de que versa um pensamento ou crença pode repousar, assim, sobre informações que, em certas circunstâncias, não estão sempre imediatamente disponíveis ao próprio sujeito da crença ou pensamento. Tais informações dizem respeito, em alguns casos, à constituição física de certos objetos ou substâncias, sendo, em outros, relativas a convenções linguísticas vigentes no interior da comunidade de falantes à qual o sujeito em questão pertence. Ao atribuirmos, nesse contexto teórico, um papel de destaque às informações relativas às características naturais próprias dos objetos referidos pelos pensamentos e crenças no que concerne à determinação da identidade desses objetos somos conduzidos ao assim chamado externismo natural, sendo, na via oposta, levados ao externismo social quando pomos em relevo as convenções estabelecidas pelos grupos lingüísticos. Para minha presente investigação, contudo, essa distinção é de menor importância.

O ponto que julgo realmente decisivo aqui diz respeito àquela que considero ser a intuição fundamental do externismo semântico: a de que subsiste um vínculo entre a determinação da identidade dos objetos dos pensamentos e crenças, por um lado, e a individuação dos pensamentos e crenças acerca desses objetos, por outro. A grande lição que se depreende, creio, dos experimentos mentais de Putnam e de Burge é a de que a individuação dos pensamentos e crenças é de alguma maneira dependente dos critérios de determinação de identidade dos objetos dessas crenças e pensamentos, de tal maneira que os sujeitos desses pensamentos e crenças poderiam se equivocar ao tentar definir seu conteúdo preciso. Se $Oscar_1$ e $Oscar_2$, por exemplo, dada sua condição de gêmeos física[1] e mentalmente idênticos, pudessem se comunicar telepaticamente um com o outro, eles não poderiam, lançando mão única e exclusivamente do exame do conteúdo mental de seu *Doppelgänger*, saber que, na verdade, suas crenças não coincidem, pois eles não teriam como saber que os objetos intencionais de suas crenças são distintos. Para atingir esse conhecimento eles teriam de proceder a um exame

---

[1] Sei que, devido às próprias especificações do experimento mental, não pode haver uma identidade física entre eles, pois um tem H_2O em sua composição, enquanto o outro é formado por XYZ. Contudo, podemos considerar que haja uma identidade física no plano das propriedades de superfície ainda que havendo essa distinção, não de pouca monta, no plano das propriedades profundas.

empírico ou das substâncias mesmas acerca das quais as crenças de cada um deles versam ou das convenções linguísticas relativas às determinações dos tipos aos quais as coisas pertencem. De qualquer modo, um exame que não poderia, por uma questão de princípio, se realizar por meio de um escrutínio, ainda que meticuloso, de seus respectivos conteúdos mentais. É por isso que Putnam pode afirmar que os significados não estão na cabeça.

A questão é que, tanto para Putnam quanto para Burge, não são os estereótipos associados pelos falantes às diferentes expressões e empregados por eles para a identificação dos objetos como pertencentes a certos tipos – naturais ou não – que determinam a efetiva identidade das coisas. No caso das expressões relativas a tipos naturais, o que o falante pressupõe é que o pertencimento a um determinado tipo repouse sobre propriedades mais profundas que consistem, no final das contas, na razão para a similaridade constatável no plano das propriedades de superfície. Se alguma coisa for descoberta que se assemelhe aos membros de um certo tipo em função de suas características descritivas aparentes, mas que divirja no que diz respeito às suas propriedades mais profundas, o que se considerará é que ela não pertence ao tipo em pauta, pois é exatamente o compartilhamento de propriedades estruturais profundas que determina a identidade de um tipo natural. É por essa razão que o líquido inodoro, transparente e insípido encontrado na Terra Gêmea não é água apesar de suas semelhanças superficiais com o líquido inodoro, transparente e insípido encontrado na Terra. O simples fato de esses líquidos possuírem estruturas químicas distintas faz com que eles não possam pertencer ao mesmo tipo natural. Do mesmo modo, não é a compreensão interna que o falante associa a termos como "artrite" e "contrato" que determinará a quais entes tais conceitos se aplicam – e, assim, acerca do que são as crenças cuja formulação envolve o emprego de tais termos –, mas sim as regras de emprego convencionalmente estabelecidas pelos membros de uma dada comunidade linguística. Um falante em particular pode ter uma compreensão equivocada ou parcial de um termo sem que se possa dizer por isso nem que ele não possui o conceito em questão nem que a extensão do termo seja determinada por sua compreensão idiossincrática de seu significado. O simples fato, ressaltado por Burge, de que o paciente aceita a correção do médico relativa à sua suspeita infundada de ter desenvolvido artrite na coxa indica tanto que o paciente estava efetivamente falando de artrite, e não de uma outra doença qualquer, quanto que ele reconhece – e todos nós reconhecemos – que é a comunidade linguística à qual pertencemos que determina o que os conceitos significam e quais coisas caem sob eles.

Uma consequência direta dessa concepção semântica externista parece ser a negação do reconhecimento da autoridade do sujeito em relação ao conhecimento dos conteúdos de seus próprios pensamentos, pois o que externismo afirma, em última instância, é que a determinação do significado de certos termos – e, portanto, das crenças cuja formulação envolva seu emprego – depende do conhecimento ou da natureza daquilo a que se tenta referir por meio desses termos ou das convenções socialmente estabelecidas para seu uso. O problema é que esse conhecimento, evidentemente, apenas pode ser adquirido por via empírica, enquanto o pretenso conhecimento que o sujeito tem do conteúdo de seus próprios estados intencionais parece independer de qualquer conhecimento que esse mesmo sujeito tenha acerca do mundo. Assim, por exemplo, se, influenciado pela literatura filosófica recente acerca desse tópico, penso neste preciso momento que a água é úmida, então sei que tenho a crença de que a água é úmida – e não, por exemplo, de que a porta é azul - sem que eu tenha de recorrer a nenhum tipo de experiência empírica efetiva. Isto é, meu conhecimento do estado intencional em que me encontro – a crença de que a água é úmida – parece ser independente de qualquer investigação que eu faça acerca de como o mundo – natural ou social – se encontra realmente constituído. É claro que, para verificar se minha crença é verdadeira ou falsa, eu tenho de recorrer a algum tipo de conhecimento do mundo, mas não é de maneira nenhuma claro que eu tenha de fazê-lo para saber em que estou pensando.

Nada mais razoável, a partir dessas considerações, do que suspeitar que sejam mutuamente incompatíveis a adoção de uma semântica externista e o reconhecimento da autoridade da primeira pessoa no que diz respeito ao conhecimento do conteúdo dos próprios pensamentos e crenças. Não parece, ao menos *prima facie*, ser racionalmente consistente uma posição que advogue ao mesmo tempo que a determinação dos conteúdos dos pensamentos e crenças depende, em algum sentido, de fatos – naturais ou sociais – externos ao sujeito, estando facultado a este sujeito, contudo, o conhecimento desses conteúdos – isto é, o conhecimento daquilo que ele pensa ou no qual ele crê – independentemente da realização de qualquer investigação de natureza empírica.

Creio que o argumento que exibe de maneira mais clara as dificuldades com as quais se defronta quem pretende sustentar ambas as posições foi desenvolvido por McKinsey em seu já celebre artigo "Anti-individualism and privileged access" (cf. MCKINSEY, 1998, 175-184), publicado originalmente em 1991. Nesse artigo, McKinsey tenta mostrar que a tentativa de Tyler Burge, em seu artigo "Individualism and self-knowledge" (cf. BURGE, 1998, 111-28), de compatibilizar o externismo e a autoridade da primeira pessoa fracassa, sendo inconsistente sua posição. McKinsey considera que a concepção defendida por Burge o levaria a concordar simultaneamente com as seguintes proposições:

(1) Oscar sabe *a priori* que ele está pensando que a água é úmida.
(2) A proposição que Oscar está pensando que a água é úmida necessariamente depende de *E*.
(3) A proposição *E* não pode ser conhecida *a priori*, mas somente por meio de investigação empírica.
(...) *E* é a 'proposição externa', cuja pressuposição faz com que o pensamento de Oscar de que a água é úmida seja um estado amplo. MCKINSEY, 1998, 178.

O conjunto formado por essas três proposições é, segundo McKinsey, inconsistente, pois se Oscar sabe o que ele próprio está pensando – isto é, que a água é úmida – sem precisar recorrer à experiência e se a proposição de que ele sabe ser a água úmida depende necessariamente de uma proposição *E,* referente a algo externo ao sujeito que contribui para a individuação da proposição pensada, então Oscar, ao saber *a priori* que ele pensa que a água é úmida, deve conhecer também de forma *a priori* a proposição *E*, visto que a proposição "a água é úmida" depende necessariamente dessa proposição *E*, não podendo, portanto, Oscar saber que está pensando que a água é úmida sem conhecer ao mesmo tempo a proposição *E*. Mas se for assim, então, contrariamente ao afirmado na premissa 3, a proposição *E* deve ser conhecida *a priori*, já que a proposição que necessariamente depende dela é conhecida *a priori*, parecendo óbvio que uma proposição conhecida *a priori* não possa depender necessariamente de uma proposição conhecida através de vias empíricas, pois isso faria com que o conhecimento da primeira dependesse de um conhecimento empírico, o que retiraria dela seu caráter *a priori*.

Em última instância, o que McKinsey tenta sublinhar é que a conjugação da autoridade da primeira pessoa – proposição (1) – ao externismo semântico – proposição (2) – implica a absurda consequência de que o sujeito possa saber *a priori* coisas relativas a fatos do mundo – como, por exemplo, que existe água em seu entorno – pelo simples conhecimento direto dos conteúdos de seus pensamentos e crenças. Dessa maneira, qualquer um que queira evitar a tese segundo a qual pode-se obter um conhecimento acerca de configurações contingentes do mundo através de um mero exame daquilo em que se está pensando deve abandonar, ou a primeira ou a segunda das premissas. Quer dizer, ou deve negar a autoridade da primeira pessoa e o acesso direto do sujeito aos conteúdos de seus próprios pensamentos e crenças ou recusar a tese externalista de que fatores externos ao sujeito estão envolvidos na determinação do conteúdo de suas crenças e pensamentos. McKinsey é favorável à primeira opção, enquanto filósofos internalistas como Searle tomam partido da segunda opção.

Burge, entretanto, assim como a maior parte dos externalistas, busca uma solução compatibilista. Ele considera, dito de outro modo, que a aceitação conjunta da primeira e da segunda proposição não implica a negação da terceira. Para compreendermos como isso pode ser possível devemos refletir um pouco acima das três proposições apresentadas.

Tanto a proposição (1) quanto a proposição (3) parecem possuir um significado totalmente transparente. A proposição (1) simplesmente afirma a tese de que o sujeito possuidor de um pensamento ou crença tem acesso direto ao conteúdo dessa crença ou pensamento, sabendo, portanto, em que pensa ou no que crê sem precisar recorrer a nenhum tipo de investigação de tipo empírico. A proposição (3), por outro lado, expressa unicamente a convicção de que todo tipo de conhecimento acerca de fatos do mundo apenas pode ser obtido através da experiência. Podemos, em um primeiro momento, considerar que tanto os compatibilistas quanto os incompatibilistas concordariam em compreender essas duas proposições dessa maneira, aceitando-as.

O mesmo não se pode dizer, contudo, da compreensão da proposição (2). Nela é afirmada a dependência necessária da proposição de que Oscar está pensando que a água é úmida de uma outra externa E, isto é, de uma proposição relativa a condições contingentes do mundo natural ou social. Essa relação de dependência necessária parece indicar é que há condições a serem satisfeitas para que Oscar possa pensar que a água é úmida, implicando, portanto, o fato de que Oscar pensa que a água é úmida que tais condições tenham sido satisfeitas.

O ponto delicado aqui diz respeito à natureza dessa relação de dependência necessária vigente entre a proposição pensada por Oscar e a proposição E. Chamemos de P a proposição "a água é úmida", que ele sabe *a priori* ser o objeto do seu pensamento. A ideia basilar do externismo é a de que há condições externas a Oscar – expressas aqui pela proposição E – que devem ser satisfeitas para que ele possa pensar e saber que sabe a proposição P. Essa dependência é tal que, se as condições externas fossem outras – se Oscar, por exemplo, habitasse não a Terra, mas sim a Terra Gêmea – então ele certamente não entreteria pensamentos acerca da água (H_2O), mas sim da água-gêmea (XYZ), isto é, ele pensaria não em P, mas em P' ("a água-gêmea é úmida").

Se E é condição de P, então a verdade de P implica a verdade de E. Mas isso significa que Oscar, ao saber *a priori* que P, sabe, de maneira igualmente *a priori*, que E? Isso ocorreria, sem dúvida, se E

estivesse conceitualmente implicada em *P*, isto é, se a compreensão de *P* não pudesse se dar sem a compreensão de *E*. Neste caso, ao saber *a priori* que *P*, Oscar também poderia saber *a priori* que *E*, pois a compreensão de *E* estaria implicada pela compreensão de *P*. Entretanto, não é necessário que as condições a serem satisfeitas para se pensar num certo conteúdo conceitual sejam elas mesmas de natureza conceitual e, portanto, também pensadas quando se pensa esse conteúdo. Se é uma condição necessária para que Oscar pense – e não, por exemplo, na água-gêmea – haver água (H_2O) no seu entorno ou que ele, ou pelo menos um outro membro da comunidade lingüística à qual ele pertence, tenha teorizado acerca de uma substância cuja fórmula química seja H_2O, isso não significa que tais condições sejam conjuntamente pensadas ou sabidas quando Oscar pensa que a água é úmida. O caráter *a priori* do saber que Oscar possui acerca do conteúdo do que ele pensa não é transmitido em direção às condições empíricas de pensamento desse conteúdo. Não sendo de natureza conceitual, isto é, não estando incluídas no pensamento de que a água é úmida, as condições para que se tenha esse pensamento não são conhecidas pelo sujeito da mesma maneira pela qual o pensamento o é. Assim, se a relação de dependência entre *P* e *E*, afirmada na proposição (2) não for lógica, então do fato de que Oscar sabe *P a priori* não se segue que ele saiba ou possa saber e de maneira igualmente a priori o que torna as proposições (1) e (2) novamente consistentes com (3).

A recusa da caracterização da relação de dependência entre *P* e *E* como sendo de tipo lógico não exclui, por si só, a suspeita de McKinsey de que o externismo associado ao reconhecimento de que o sujeito conhece *a priori* seus próprios pensamentos e crenças implica a indesejável tese de que fatos empíricos que expressam as condições de *P* sejam conhecidas *a priori*, pois podemos complexificar a situação descrita se considerarmos que Oscar é um filósofo familiarizado com a semântica externista e que, portanto, sabe que o pensamento de que a água é úmida depende de certas condições externas ao sujeito. Sabendo disso e também sabendo que ele próprio está pensando que a água é úmida, Oscar parece poder concluir, sem recorrer à experiência, que as condições externas necessárias para a constituição de seu pensamento foram satisfeitas, isto é, pode concluir, por exemplo, que existe água em seu entorno. A associação entre o conhecimento *a priori* dos próprios pensamentos e o conhecimento *a priori* filosófico parece conduzir, dessa maneira, à desconfortável ideia de que podemos conhecer fatos empíricos prescindindo da experiência empírica.

A essa altura torna-se indispensável precisar também o sentido da proposição (1), traçando de maneira mais clara os limites da autoridade da primeira pessoa. Oscar sabe *a priori* que está pensando que a água é úmida, mas ele não pode da mesma forma, saber que ele está realmente pensando na água, e não na água-gêmea, uma vez que a distinção entre as duas apenas pode se dar através de um exame das propriedades ocultas – a expressão é de Putnam, e não minha – possuídas por essas substâncias e que determinam sua identidade. Que Oscar esteja pensando acerca da água e não da água-gêmea é algo determinado por condições externas a ele – no caso, ser um habitante da Terra, e não da Terra Gêmea –, que requerem uma investigação empírica para sua determinação. Oscar está pensando na substância líquida transparente, inodora e insípida com a qual sempre teve contato e se, por acaso, for transportado durante o sono para a Terra Gêmea, pensará erroneamente que a substância presente no seu entorno é aquela substância. Isso significa que, em um certo sentido, ele não sabe tudo acerca do que ele pensa. Porém, essa é precisamente a moral da história dos experimentos mentais concebidos por Putnam e Burge. O conhecimento *a priori* que o sujeito possui dos seus próprios pensamentos e crenças não é tal que o habilite a diferenciar seus objetos de pensamento e de crença de todos os contrafactuais fenomenicamente indiscerníveis deles, pois ele não implica um conhecimento da essência das coisas. Quais são as propriedades realmente definidoras do pertencimento de alguma coisa a um tipo é algo determinado, ou por suas propriedades físicas fundamentais, ou pelas regras convencionais da comunidade lingüística à qual ele pertence. De qualquer forma, trata-se de algo que o sujeito não pode saber *a priori*.

A grande tentação aqui é precisamente partir da identificação empírica da essência da água como H_2O, que possibilita diferenciá-la da água-gêmea, e atribuir a Oscar, ao conferirmos a ele o conhecimento *a priori* do seu pensamento de que a água é úmida, também o conhecimento *a priori* do objeto do seu pensamento enquanto individuado a partir de sua determinação essencial. E creio que McKinsey sucumbiu inadvertidamente a essa tentação.

Somente podemos concluir a partir da proposição (1) e da proposição (2) que Oscar conhece a proposição E *a priori* – isto é, sabe, por exemplo, que existe água – se tomarmos o termo "água" por um termo que designa uma espécie natural. Mas esse é precisamente o tipo de conhecimento que não está disponível *a priori* para Oscar. McKinsey parece aqui contrabandear para a proposição (1) o conhecimento empírico que ele posteriormente identificará como sendo produto da conjunção das proposições (1) e (2).

Compreendido de forma mais generosa, seu argumento aponta para a necessidade de uma delimitação mais precisa do escopo do conteúdo de pensamentos e crenças que o sujeito conhece *a priori*. Parece inevitável a adoção de alguma estratégia de estreitamento desse conteúdo. Só não tenho clareza acerca de qual ela poderia ser.

Referências bibliográficas

BURGE, Tyler. "Individualism and the Mental", in: Ludlow, P. & Martin, N. (eds.), *Externalism and self-knowledge*. Stanford: Center for the Study of Language and Information, 1998, p. 21-83.

_____. "Individualism and Self-knowledge", in: *Anti-individualism and privileged access*, in: Ludow, P. & Martin, N. (eds.). *Externalism and self-knowledge*. Stanford: CSLI Publications, 1998, p. 111-28.

_____. "Other bodies", in: *Foundations of mind*. Oxford: Clarendon Press, 82-99, 2007.

McKinsey, M. "Anti-individualism and privileged access", in: Ludow, P. & Martin, N. (eds.). *Externalism and self-knowledge*. Stanford: CSLI Publications, 1998, p. 175-84.

Putnam, Hilary. "The Meaning of Meaning", in: *Mind, language and reality*. Cambridge: Cambridge University Press, 1975, p. 215-71.

QUANDO EXTERNISMO E AUTOCONHECIMENTO SÃO COMPATÍVEIS

Cristina Borgoni
Universidad de Granada, Espanha

1. Introdução

SUPONHAMOS QUE A SEGUINTE tese seja verdadeira: conteúdos mentais são individuados e dependentes de fatores externos à mente[1]. De que forma uma tese como essa poderia colocar qualquer problema para a possibilidade de autoconhecimento privilegiado?[2]

Como Ludlow e Martin (1998, p. 1) sugerem, o externismo é, em um sentido, "a negação da visão tradicional cartesiana que sustenta que os conteúdos dos nossos pensamentos são o que são independentemente do mundo a nossa volta".[3] O que chamamos normalmente de cartesianismo[4] não está comprometido somente com um internismo

---

1 Aqui poderia haver uma imprecisão de definição na medida em que a maioria das posições externistas pretende defender que os fatores externos a uma pessoa constituem o próprio mental, em lugar de serem mantidos ainda como "externos" a tal esfera. De qualquer modo, manterei essa espécie de definição esquemática como ferramenta para o debate no texto, ainda que seja importante levar em consideração esse tipo de observação. A relação entre a definição em questão e o famoso slogan de Putnam (1975) – "os significados não estão na cabeça" – não seria direta. Tal slogan deveria ser modificado para "a mente não está na cabeça".

2 O termo "autoconhecimento privilegiado" será usado com referência à maneira direta e não-empírica segundo a qual adquirimos pelo menos parte de nosso autoconhecimento. É importante ressaltar que ambos os aspectos – aquisição direta e não-empírica – serão importantes para caracterizar este tipo específico de conhecimento.

3 Tradução minha. A não ser que se indique o contrário, todas as traduções do inglês ao português serão minhas.

4 Se Descartes de fato sustentava um individualismo parece constituir uma questão aberta uma vez que Burge, quem já defendeu que o "individualismo enquanto uma teoria da mente deriva de Descartes" (BURGE, 1986, p. 192), passou a

acerca de conteúdos mentais, mas principalmente com uma visão acerca do autoconhecimento de acordo com a qual tal esfera ocuparia um papel fundamental, tanto em epistemologia como em metafísica. Segundo essa abordagem, autoconhecimento é um tipo de conhecimento mais fundamental que os outros e totalmente adquirido por meios privilegiados, no sentido de prescindir de qualquer investigação empírica e de qualquer processo inferencial.

Seguindo esse raciocínio, uma vez que o externismo é incompatível com o cartesianismo, se poderia concluir que o externismo seria também incompatível com a possibilidade de autoconhecimento privilegiado: uma ou outra tese se sustentaria, mas não ambas. Entretanto, cartesianismo não é a única nem a melhor abordagem acerca do autoconhecimento, mesmo se não quiséssemos abrir mão do seu aspecto especial, a sua aquisição por via não empírica e direta.

Este capítulo, assim como os dois outros que o antecederam, trata do debate incompatibilista entre externismo e autoconhecimento, tal como aparece na literatura sob dois contextos privilegiados de discussão: os casos de transferência entre mundos e os argumentos de redução ao absurdo.[5] O objetivo é o de defender uma posição compatibilista, porém com o reconhecimento de algumas exceções. Defenderei, por um lado, que o incompatibilismo alcançado por meio dos experimentos mentais da transferência entre mundos somente se sustenta se mantivermos uma visão específica, porém problemática, acerca do autoconhecimento. E por outro lado, o incompatibilismo alcançado por meio

---

defender que se poderia encontrar, ao contrário, um espírito anti-individualista nos trabalhos de Descartes (BURGE 2003/2006). No entanto, o que normalmente identificamos como sendo o cartesianismo parece constituir uma espécie de caricatura estabelecida e que se compromete tanto com o individualismo sobre conteúdos mentais e com autoconhecimento totalmente adquirido de forma direta e por meios não empíricos. É em referência a tal posição teórica que usarei o termo cartesianismo.

5 Respectivamente chamados por DAVIES (2000, p. 11) de "problema do êxito" e o "problema da consequência".

dos argumentos do tipo redução ao absurdo somente se sustenta se mantivermos uma visão estreita acerca do externismo.

Na primeira parte, discutirei os argumentos incompatibilistas construídos por meio do experimento mental da transferência entre mundo e algumas de suas respectivas respostas compatibilistas. Tratarei também do papel que tais experimentos mentais operam no contexto geral da discussão, ressaltando que uma resposta compatibilista poderia ser dada sem ter que passar por tais contextos. Nessa etapa, compararei as respostas compatibilistas de Tyler Burge e de Donald Davidson. Defenderei que, apesar da maioria das respostas compatibilistas indicar corretamente que o problema se dissolve com o fato do pensamento de segunda-ordem envolver o de primeira-ordem, que por sua vez é individuado de maneira externista, ainda restaria um vestígio incompatibilista se não dissolvêssemos uma imagem específica do autoconhecimento.

Na segunda parte, tratarei dos argumentos do tipo "redução ao absurdo". Defenderei que a premissa acerca dos compromissos externistas sobre o qual o argumento se constrói guarda equívocos com respeito ao que um externista estaria de fato comprometido a aceitar.

2. Casos de transferência entre mundos

O experimento mental que marca o primeiro contexto de discussão a ser tratado é exposto por Tyler Burge em seu trabalho de 1988, no qual defende uma posição compatibilista. É o chamado experimento mental da transferência entre mundos, em que um sujeito, digamos Oscar, é transferido instantaneamente inúmeras vezes, e sem sabê-lo, entre a Terra e a Terra Gêmea. Oscar acaba adquirindo tanto os conteúdos mentais relativos à Terra como à Terra Gêmea, como, por exemplo, água e água$_g$,[6] porém não sabe quando esteve em um ou no outro mundo, nem sequer que existiam dois mundos.

---

6 O subíndice "g" se refere aos conteúdos mentais adquiridos na Terra Gêmea bem como, no caso do experimento mental de Putnam (1975), para indicar o habitante da Terra Gêmea, Oscar.

A leitura de Boghossian (1989) sobre tal experimento originou dois argumentos incompatibilistas: um que enfatiza a questão sobre a discriminação de conteúdos mentais com respeito as suas alternativas relevantes e outro que enfatiza a questão sobre memória.

2.1 Discriminação de conteúdos mentais e alternativas relevantes

O primeiro desses argumentos, conforme WARFIELD (1992, p. 218), se reestrutura da seguinte maneira:

> (P1) Para conhecer por introspecção que p, S deve ser capaz de diferenciar por introspecção p de todas as alternativas relevantes de p.
> (P2) S não pode diferenciar introspectivamente os pensamentos sobre água e água$_g$.
> (P3) Se um caso de transferência entre mundos é atual, então os pensamentos sobre água$_g$ são alternativas relevantes para os pensamentos sobre água.
> (C1) S não conhece por introspecção que p.

O centro desse argumento é a questão de que o sujeito que sofre as transferências é incapaz de distinguir por introspecção entre as situações na Terra e na Terra Gêmea. Intui-se aqui que, para conhecer qualquer conteúdo mental, uma pessoa teria que ser capaz de distingui-lo dos conteúdos alternativos relevantes a ele. Os pensamentos que Oscar tem na Terra Gêmea constituem alternativas relevantes aos que ele tem na Terra, porém Oscar é incapaz de diferenciá-los somente por introspecção.

Uma distinção importante, e que está na base do argumento, é a diferença entre alternativas relevantes a um determinado pensamento e as suas meras alternativas lógicas. No cenário externista padrão, como o que propõe Putnam (1975), os pensamentos de Oscar$_g$ acerca de água$_g$ constituem apenas alternativas lógicas aos pensamentos de Oscar sobre água. E exigir que Oscar fosse capaz de distinguir seus pensamentos sobre água dos pensamentos sobre água$_g$ constituiria uma condição implausível. Nos casos da transferência entre mundos, no entanto, na medida em que as condições do experimento mental incluem a condição de que o indivíduo acabou adquirindo ambos os conceitos, água e água$_g$, diferenciá-los, sim, pareceria ser aceitável.

Segundo o argumento de Boghossian, Oscar não teria conhecimento por introspecção acerca do seu pensamento sobre água porque não poderia distingui-lo também por introspecção do seu outro pensamento sobre água$_g$. Parece que para distingui-los – e portanto conhecê-los – teria que empreender uma busca empírica, o que contaria a favor do incompatibilismo.

Essa primeira versão dos comentários de Boghossian não afeta, no entanto, o que Burge inicialmente expõe em 1988 como sendo sua posição compatibilista. Tal posição consiste em mostrar que há uma classe de autoconhecimento, chamada de básico, que resistiria a todas essas provas. Os elementos dessa classe não necessitariam ser diferenciados das suas alternativas relevantes porque eles teriam o caráter de serem autoverificáveis. Nesse caso, (P1) seria falsa.

Burge argumenta que, apesar da incapacidade de Oscar em distinguir entre os períodos passados na Terra e na Terra Gêmea, ele ainda seria capaz de ter autoconhecimento privilegiado, pelo menos no que diz respeito ao que ele chama de *cogito-like judgements*, que chamarei aqui de "juízos do tipo cogito": um grupo de pensamentos de segunda-ordem autoverificáveis devido a sua forma autorreferencial, como por exemplo, "penso que estou pensando que a água é úmida".

Burge apela aos "juízos do tipo cogito" para garantir que, pelo menos em uma área específica do autoconhecimento, poderíamos manter o aspecto externista dos conteúdos mentais ao mesmo tempo em que não teríamos que abrir mão do modo especial de sua aquisição. A sua posição, na verdade, é um pouco mais forte do que essa, porque Burge toma essa classe de pensamentos como sendo a instância paradigmática do autoconhecimento, que por isso é identificada como "autoconhecimento básico". Apesar de tal classe de conhecimento ter um papel importante na posição de Burge, é crucial perceber que, de acordo com ele, nem toda auto-atribuição de crenças são autorreferenciais ou autoverificáveis. Uma variedade de casos de autoconhecimento cairia fora dos casos básicos (cf. SAWYER, 2002) que, por sua vez, guardariam qualidades epistêmicas especiais. Segundo Burge:

> A fonte do nosso forte direito epistêmico, nossa justificação, no nosso autoconhecimento básico, não se deve a que sabemos muito sobre cada um dos nossos pensamentos que sabemos que temos. Não se deve a que podemos explicar sua natureza e suas condições de possibilidade. Deve-se a que estamos em uma posição de pensar tais pensamentos de uma maneira de segunda-ordem e autoverificável (BURGE, 1988, p. 660).

Burge insiste que os pensamentos de segunda-ordem aos quais se refere são autorreferenciais, e portanto autoverificáveis, em parte porque o pensamento de primeira-ordem, individuado de um modo externista, estaria de alguma maneira contido ou envolvido nos de segunda-ordem. Este ponto em específico tem constituído a resposta mais aceita a esse primeiro problema. Segundo Davies, para sustentar o compatibilismo, diversas posições tem se baseado

> [No] fato de que, quando eu penso que eu estou pensando que a água é úmida, eu emprego em meu pensamento os mesmos conceitos de água e de ser úmida envolvidos no meu pensamento de que a água é úmida. Assim, uma tese de dependência externista que é verdadeira para o meu pensamento de primeira-ordem de que a água é úmida não será menos verdadeira para o meu pensamento de segunda-ordem de que eu estou pensando que a água é úmida. É porque o conteúdo do meu pensamento de segunda-ordem envolve o conteúdo do meu pensamento de primeira-ordem, que meu pensamento de segunda-ordem compartilha a dependência com o ambiente que é característico do meu pensamento de primeira-ordem (DAVIES, 2000, p. 391).

Este elemento será tratado mais adiante, porém é importante entender que apelar a essa espécie de condição dos pensamentos de segunda-ordem não é exatamente o mesmo que seguir a Burge em sua resposta ao problema incompatibilista. Sua resposta é bastante mais robusta e se sustenta sobre o que ele identificou como sendo o autoconhecimento básico.

Por isso, alguém poderia insistir que o grupo de autoconhecimento ao qual Burge se refere não satisfaz totalmente as preocupações incompatibilistas, uma vez que não trata do autoconhecimento em geral. E, mais que isso, que o grupo ao qual Burge chama de *autocohecimento básico* não seria de fato o representante do que gostaríamos de chamar de autoconhecimento. Como uma ferramenta teórica, a solução de Burge será excluída temporariamente para insistirmos um pouco mais nas intuições incompatibilistas.

Ludlow (1995a) oferece uma versão ainda mais forte do argumento exposto inicialmente. Ao argumento estruturado por Warfield (1992), ele adiciona uma premissa extra: "(P4) Os casos de transferência entre mundos são em geral casos predominantes" (LUDLOW, 1995a, p. 227).

Ele argumenta que porque "estamos rotineiramente movendo-nos entre grupos sociais e instituições, e em muitos casos, as mudanças nos conteúdos dos nossos pensamentos não são detectadas por nós" (*idem*, p. 228), estamos sujeitos a situações muito similares às propostas nos casos dos experimentos mentais. Sustenta também que, partindo do que ele identifica como sendo o externismo social, – a saber, que o conteúdo mental é determinado socialmente e que os grupos sociais são altamente localizados – a premissa (P4) seria inteiramente plausível. Ao fazer isso, considera que o argumento de Boghossian poderia ser ainda melhor defendido e exemplifica sua posição com uma palavra da língua inglesa, *chicory*, que designa dois diferentes vegetais com aparências muito similares, na Inglaterra e nos Estados Unidos, e imagina um caso de um viajante inglês que vai constantemente de um país a outro. O viajante permanece o tempo suficiente nos Estados Unidos para adquirir também o conteúdo mental referente àquele ambiente, de tal maneira que teria seus conteúdos mentais trocados cada vez que mudasse de país, permanecendo, porém, ignorante com respeito a isso. Ludlow insiste que, apesar de tal viajante saber que existem importantes diferenças entre o inglês do seu país e dos Estados Unidos, pensa que o vocabulário referente a vegetais em geral coincide. Apesar de sua posição apresentar o interessante aspecto de trazer um experimento mental às nossas vidas diárias, parece que a tese sobre o predomínio de tais casos é errôneo.

Pensemos em outra palavra mais próxima a nós, por exemplo, *lapiseira*. Imaginemos também uma pessoa, Márcia, que viaja constantemente entre sua cidade, João Pessoa, e São Paulo, onde permanece o tempo suficiente para adquirir conteúdos mentais referentes a tal ambiente. Enquanto em João Pessoa, *lapiseira* se refere em geral ao que em São Paulo se chama *apontador*, em São Paulo, *lapiseira* se refere em geral ao que em João Pessoa se chama *grafite*. Poderíamos imaginar que Márcia vai de um lugar a outro, têm seus conteúdos mentais trocados em cada ambiente e, no entanto, se mantêm ignorante com respeito ao duplo significado de *lapiseira*. Porém, para realmente imaginarmos tal situação, parece que teríamos de imaginar também que Márcia permaneceu isolada de qualquer contato social durante as suas viagens. Parece ser muito improvável que pudesse usar a palavra *lapiseira*, ou participasse de uma conversa em que ela aparecesse, sem originar em algum momento uma situação conflituosa. Se, por exemplo, pedisse emprestada uma lapiseira para apontar seu lápis, ou se alguém lhe pedisse emprestado uma lapiseira para escrever uma carta, Márcia aprenderia inevitavelmente o segundo significado dessa palavra.

Assim, não é porque podemos encontrar certas similaridades com os experimentos mentais que poderíamos dizer que nas situações da vida comum estaríamos sujeitos a eles na maior parte do tempo. Além disso, a condição de permanecer em outro ambiente o tempo suficiente para adquirir os conteúdos mentais relativos a tal lugar não é uma simples questão de passagem do tempo. Refere-se, na verdade, a que durante esse tempo houve interações com os objetos de tal ambiente, assim como com as pessoas daquele lugar. E o problema é que Ludlow parece supor que o indivíduo poderia manter-se inerte a tais interações.

O externismo se trata, porém, justamente do contrário disso. Essas interações constituem o próprio indivíduo e suas novas experiências.

Com respeito ao aprendizado das palavras, parece ser inclusive comum que ele inclua o aprendizado de alguns dos diferentes contextos onde são usadas. É por isso que, muitas vezes, nos preparamos para não usar determinadas palavras quando vamos a outros países, outras cidades ou mesmo a outros contextos sociais, exatamente porque muitas vezes sabemos que têm outros significados ali. E parece bastante aceitável o fato de que normalmente somos conscientes de quando estamos entrando em um grupo social diferente ou mesmo quando tomamos parte de um jogo de linguagem diferente. O externismo não requereria nossa total ignorância sobre distintos ambientes.

Voltemos então ao argumento de Boghossian na sua versão original. Parece que uma importante crítica é a que elabora Warfield (1997, p. 232). Ele critica esse argumento dizendo que o máximo que Boghossian é capaz de mostrar é que os indivíduos transferidos falham em conhecer os conteúdos de alguns dos seus pensamentos. Ou seja, concedendo a Boghossian que o experimento mental em jogo funciona, o máximo que ele conseguiria mostrar seria que o externismo era *consistente* com uma instância de falta de autoconhecimento e não que *implicaria* a sua completa ausência.

De acordo com Warfield, para mostrar que o externismo é incompatível com autoconhecimento privilegiado usando o experimento mental da transferência, seria necessário mostrar que cada mundo possível no qual o externismo fosse verdadeiro, seria um mundo no qual os indivíduos não teriam nenhum autoconhecimento privilegiado. O máximo que Boghossian consegue são alguns mundos possíveis onde o externismo é verdadeiro ao mesmo tempo em que um indivíduo não tem autoconhecimento privilegiado sobre um pensamento em específico. E o máximo que Ludlow consegue (se conseguisse evitar as críticas anteriores) é um mundo, o atual, onde o externismo é verdadeiro e alguns indivíduos não têm autoconhecimento privilegiado (WARFIELD 1997, p. 233). Para essa última versão, a conclusão requerida para o incompatibilismo teria que ser a seguinte: ao considerar o externismo como verdadeiro, todos nós falhávamos em conhecer cada um de nossos pensamentos através de uma maneira privilegiada.

Neste momento, a impressão é que o argumento funciona contrariamente ao suposto por Boghossian ou mesmo por Ludlow. Mostrar alguns casos onde o externismo é tomado como verdadeiro enquanto os indivíduos não têm autoconhecimento privilegiado parece corroborar apenas com a ideia de que há uma compatibilidade entre o externismo e instâncias de ausência de autoconhecimento privilegiado. Uma conclusão não só aceitável, mas bastante adequada. Parece que temos muitos dados favorecendo a ideia de que não conhecemos tão facilmente todos os nossos pensamentos. Falhas de autoconhecimento, tais como auto-engano ou *akrasia*, são apenas os casos extremos onde isso se mostra claramente. Por um lado, o autoconhecimento privilegiado parece ser algo muito íntimo, que deveríamos aceitar como verdadeiro, mas por outro lado, parece que ainda devemos reconhecer que alguma medida importante de autoconhecimento é adquirida por outros meios que não o acesso privilegiado.

Dessa maneira, poderíamos dizer que haveria, sim, um caso onde o incompatibilismo de Boghossian funcionaria: se insistíssemos que qualquer instância de autoconhecimento teria que ser potencialmente adquirível por uma via direta e não empírica. Nesse caso, uma compatibilidade entre o externismo e uma falha de autoconhecimento, como acontece nos experimentos mentais, não seria admitida. Oscar teria que ser *sempre* capaz de conhecer seus próprios pensamentos de um modo direto e não empírico.

Essa concepção de autoconhecimento é, no entanto, totalmente dispensável e em muitos sentidos inaceitável. Várias vezes nos damos conta indiretamente sobre o que pensamos, seja porque alguém nos chamou a atenção para determinados aspectos do nosso comportamento, seja porque nós mesmos nos colocamos em uma posição de analisar determinados eventos dos quais participamos.

Portanto, o experimento mental em jogo – em que supostamente a manutenção do externismo é razão da falha do autoconhecimento privilegiado – somente sustentaria o incompatibilismo no caso em que estivéssemos falando de uma concepção muito específica de autoconhecimento, a saber: o que seja que faça parte de tal esfera deve estar inteiramente disponível para ser conhecida direta e não-empiricamente. Porém, parece ser amplamente aceitável que tal visão incorre em falhas com respeito às nossas próprias experiências. Muito do que sabemos sobre nós mesmos aprendemos de pessoas a nossa volta, assim como muito do que sabemos sobre nós mesmos descobrimos depois de alguma reflexão.[7]

2.2 Memória

A segunda interpretação dos comentários de Boghossian (1989) ao experimento mental da transferência entre mundos sugere, segundo Burge (1998, p. 356), a seguinte estrutura argumentativa pró-incompatibilismo:

(P1) Se S não esquece nada, então tudo que S sabe no tempo t1, S sabe no tempo t2.

(P2) Nos casos estipulados pelo experimento mental em questão S não esquece nada.

(P3) S não sabe que p no tempo t2.

(C4) Portanto, S não sabe que p no tempo t1.

Lembremos de Oscar, o sujeito do nosso experimento que era transferido sem sabê-lo. Suponhamos que logo depois de uma das transferências, em que um conjunto de conceitos gêmeos fosse substituído por um conjunto de conceitos relativos à Terra, por exemplo, a dupla de conceitos artrites e artrites$_g$, alguém perguntasse a Oscar se ele teve recentemente algum pensamento envolvendo conceitos parecidos, porém distintos de artrites. Muito provavelmente Oscar responderia

---

[7] Esse tipo de resposta compatibilista não constitui uma abordagem específica acerca do autoconhecimento, porém, sugere uma condição importante para uma abordagem que queira manter, ao mesmo tempo, o externismo: Ela teria que ser capaz de dar lugar a ambos os métodos de aquisição do autoconhecimento.

que não (BOGHOSSIAN 1989, p. 160). De acordo com uma externista, no entanto, Oscar teve pensamentos envolvendo ambos os conceitos. Como explicar então que Oscar conheça tão mal seus próprios pensamentos passados? A sugestão de Boghossian é dizer que Oscar, em realidade, nunca chegou a conhecer nenhum conceito. Este é o centro do argumento exposto acima.

Boghossian defende que, apesar de Burge ser capaz de sustentar que em t1 Oscar sabia o que pensava naquele momento (ao apelar à classe de autoconhecimento básico), deveríamos aceitar que em t2, Oscar falharia em saber o que ele pensou em t1. Justamente porque o pensamento em t2 se refere ao pensamento tido em t1, ele não caberia dentro da classe de pensamentos autorreferenciais e, portanto, autoverificáveis, que usa Burge para sustentar seu compatibilismo. Boghossian entende que:

> Pelo critério de Burge, portanto, [o sujeito S] conta como tendo conhecimento direto e autoritativo em t1 sobre o que ele está pensando naquele momento. Porém é bastante claro que amanhã ele não saberá o que pensou em t1. Nenhum juízo autoverificável a respeito do seu pensamento em t1 estará disponível para ele então (BOGHOSSIAN 1989, p. 171).

Novamente, parece que a fim de conhecer seus próprios pensamentos em t1, Oscar teria que descobrir características do ambiente em que ele estava naquele momento.

Burge responde a essa formulação do desafio incompatibilista, negando a premissa (P3). A ideia fundamental de Burge é insistir que "o conteúdo da memória é fixada pelo conteúdo de pensamento que ele recorda" (BURGE, 1998, p. 357), uma ideia desenvolvida da seguinte forma:

> A memória não precisa ser de modo algum *sobre* um conteúdo ou evento passado. Ela pode simplesmente ligar o pensamento passado ao presente, preservando-o. Tais casos envolvem um tipo e função particular da memória – a memória preservativa – que preserva os conteúdos e atitudes proposicionais sobre eles, em lugar de *referirem-*

> se a objetos, atitudes, conteúdos, imagens ou eventos (BURGE, 1998, p. 357).
> No caso da memória, o conteúdo e o referente do material lembrado não seriam distintos do conteúdo do pensamento antecedente (...) (BURGE, 1998, p. 358-9).

Por um lado, Burge defende existirem instâncias da memória que não têm como objeto um pensamento passado, e por outro, insiste que, não por isso, os conteúdos de nossas memórias deveriam ser fixados pelos fatores externos presentes no momento da lembrança.

A sutileza da posição de Burge se encontra na diferença entre a "memória preservativa" e a "memória por diferenciação", revelada na dupla interpretação de se um indivíduo "sabe o que ele estava pensando ontem" (BURGE, p. 1998, 362). Segundo Burge, se um sujeito S se baseia na memória para identificar um objeto ou um evento passado, – incluindo um pensamento passado – tal sujeito estará sujeito a errar; entretanto, se S pensou ontem que alumínio$_g$ está ao seu lado, ele está numa posição, baseando-se na memória preservativa, de lembrar o que ele pensou na ocasião (BURGE, P. 1998, 367n). A diferença entre ambas as situações está no fato de que, entre um conteúdo fixado por um pensamento passado e lembrado no presente e outra situação, onde o pensamento presente se refere ao pensamento passado. A função preservativa da memória é ilustrada apenas pela primeira ideia.

Seguindo tal raciocínio, (P3) é falsa na abordagem de Burge. S não saberia o que ele estava pensando ontem apenas se estivesse em jogo a função de diferenciação da memória. Nesse caso, S seria incapaz de diferenciar entre duas possibilidades relevantes (BURGE, 1998, p. 362). Porém, se pensamos na função preservativa da memória, S sabe que *p* no tempo t2. Segundo Burge (1998, p. 357), "a memória preservativa normalmente conserva os compromissos de pensamentos anteriores com respeito ao conteúdo e a atitude, através de conexões causais a pensamentos passados".

Outra questão importante sobre a qual Burge insiste é acerca de como a segunda premissa deveria ser defendida. Boghossian supõe que, quando as transferências acontecem, um grupo de conceitos é também substituído por outro, enquanto Burge entende tal situação de uma maneira bem diferente. Para Burge, em nenhum caso Oscar esquece um grupo de conceitos substituído por sua contrapartida. Sua proposta é pensar acerca de um cenário onde "o indivíduo tem, depois das transferências e sem se dar conta, tanto o conceito original como o novo conceito" (BURGE 1998: 368). Nesse sentido, a premissa (P2) está plenamente justificada para Burge, porém por motivos bastante diferentes dos de Boghossian. Os pensamentos originais não foram esquecidos, mesmo que se falhe em acessá-los em alguma circunstância.

Burge afirma que:

> Substituição nunca fez parte dos casos de transferência, pelo menos no meu entender acerca deles. Coexistência foi sempre o caso assumido. Eu não considerava e não considero o modelo de substituição (como um modelo geral para os casos de transferência) uma abordagem plausível.

Com isso em mãos, ele oferece outra crítica ao argumento de Boghossian, afirmando que se a substituição estivesse sustentando tal argumento, parece que a premissa (P2) se veria abalada. Burge indica que "se uma pessoa perde um conceito quando é substituído por um novo, e por tal razão ela não tem acesso às crenças que um dia teve, uma pessoa poderia perder o conhecimento que um dia teve" (*idem*, p. 369). O argumento parece, assim, falhar dentro do próprio esquema de Boghossian.[8]

---

8 Um caminho alternativo para responder ao incompatibilismo é usado por Ludlow (1995b), ao insistir que a premissa (P1) é falsa. Ele argumenta que Boghossian estaria correto em indicar que o sujeito do experimento não conhece em t2 o que ele conhecia em t1, porém estaria errado em supor que a única explicação para isso seria a do sujeito nunca ter conhecido anteriormente os próprios pensamentos (LUDLOW, 1995b, p. 309). Para Ludlow, seria totalmente consistente com a visão externista social acerca da memória que eu não tenha esquecido nada, e, no entanto, os conteúdos da minha memória tenham mudado. Segundo sua argu-

Dessa maneira, parece que a estrutura do argumento dificilmente se sustentaria: por um lado, se insistíssemos que existe algo como a

mentação anterior, dada a prevalência dos casos de transferência entre ambientes, tal situação deveria ser aceita como um estado comum de coisas.

Porém, a intuição de Ludlow é algo problemática. Ele afirma que o argumento de Boghossian depende de uma suposição individualista sobre a natureza da memória. De acordo com Ludlow, os conteúdos de nossas memórias estariam sujeitos às mesmas condições externas que qualquer conteúdo mental está, e ele entende que tais condições devem ser as condições externas atuais. Um dos problemas sérios de Ludlow é uma concepção equivocada acerca do que ele toma como sendo a abordagem externista mais apropriada acerca da memória.

Ludlow sustenta que "o externismo social consistente está obrigado a dizer que o conteúdo de memória se fixa no momento em que a lembrança acontece" (*idem*, p. 308). De outra maneira – ele sustenta – deveríamos aceitar que tais conteúdos são totalmente inertes a todas as mudanças de ambiente, e isso seria contrário ao externismo (Ludlow, 1995b, p. 309). Ludlow vê um problema em considerar o conteúdo de memória de alguma forma "congelado" até um momento posterior de lembrança coexistindo com uma tese de que tais conteúdos são fixados por nosso ambiente social.

No caso dos conteúdos mentais de memórias, porém, parece que não deveria haver nenhum problema em aceitar-se que os fatores de individuação estejam no passado. Parece que a memória é justamente sobre isso. É sobre lembrar um pensamento passado, com seu conteúdo passado, não importando em geral qual seja a situação atual. Não há nada problemático em ser externista e aceitar isso. A questão é que o externismo não está comprometido com a ideia de que os conteúdos mentais são fixados pelos fatores externos atuais, basta com que falemos de fatores externos. E a história desta relação de dependência importa aqui.

Parece que, se a solução de Ludlow se sustentasse, transformaria o fenômeno da memória em uma faculdade completamente vazia e absurda. Memória é sobre lembrar os mesmos pensamentos que se teve em alguma circunstância no passado. Uma vez que o conteúdo da memória é tomado como sendo individuado por fatores externos atuais, a memória não faz mais o que se esperava dela. Dentro dessa concepção, uma pessoa dificilmente poderia lembrar o pensamento que teve antes.

Ludlow parece não ter muitos recursos para evitar esse tipo de críticas. E parece claro que seu erro está em supor que o externismo estaria comprometido com uma concepção de memória como a que ele descreve, uma concepção que dificilmente poderia ser identificada como memória.

memória preservativa, estaríamos aptos a negar a premissa (P3); e, por outro lado, se insistíssemos na própria visão de Boghossian, de que Oscar tem seu conteúdo mental substituído de acordo com o mundo em que está, e por isso, ele não sabe se pensa em água ou água$_g$, as premissas (P1) e (P2) se veem abaladas. Essa espécie de dilema poderia servir-nos para recusar tal argumento como um risco real para o compatibilismo.

3. Compatibilismo e experimentos mentais: Tyler Burge e Donald Davidson

Vistas as duas instâncias incompatibilistas que sugerem o experimento mental da transferência entre mundos, poderíamos perguntar-nos acerca do privilégio teórico que ganhou tal contexto filosófico. Não parece ser óbvio como esse tipo de experimento mental se relaciona com o teste da ideia de que "se o externismo se dá, então não se dá o autoconhecimento privilegiado", a não ser que já tivéssemos em mente o seguinte objetivo:

> entender como poderíamos conhecer alguns de nossos eventos mentais de uma maneira direta e não empírica, quando tais eventos dependem de nossas relações com nosso ambiente para a sua individuação (BURGE, 1988, p. 650).

É traduzindo o risco incompatibilista a esses termos que conseguimos entender como o experimento mental em questão dá espaço a essa espécie de *puzzle*.

O que Burge faz é considerar que, mesmo em um cenário extremo, onde os pensamentos de uma pessoa são individuados por fatores externos totalmente desconhecidos ao sujeito do experimento, tal sujeito seria ainda assim capaz de saber, de um modo privilegiado, alguns de seus pensamentos.

Neste momento, parece que outro experimento mental muito conhecido nos vem à mente: o experimento cartesiano do gênio maligno. Lá, o sujeito podia também ter um autoconhecimento direto e não empírico, ao mesmo tempo em que duvidasse completamente da existência do mundo físico. Apesar do ceticismo não estar em questão aqui, é importante ressaltar que parte da estratégia de Burge é insistir que a inferência da abordagem cartesiana acerca do autoconhecimento ao individualismo é equivocada. De fato, o próprio Burge (1988) afirma que a sua intenção é defender seu anti-individualismo ao mesmo tempo que uma concepção cartesiana restrita sobre autoconhecimento.

Suponhamos que parte dessa tarefa fosse provar a desconexão entre individualismo e esse tipo de concepção acerca do autoconhecimento. Se assim fosse, se essa fosse a única questão, talvez não necessitássemos de nenhum experimento mental. Bastaria considerarmos o que ressalta John Heil:

> Se os conteúdos dos pensamentos de uma pessoa fossem determinados inteiramente pelos estados do seu cérebro, porque esse fato sozinho deveria tornar nosso acesso a nossos estados mentais menos indireto ou menos difícil? (Heil, 1988, p. 247).

Está claro que se estivéssemos falando da espécie de "caricatura cartesiana" assumida em diversos contextos filosóficos, internismo e acesso total à minha mente seriam uma e a mesma posição. Mas se partimos da questão acerca da natureza e da individuação de conteúdos mentais, nos damos conta que internismo não é equivalente ao acesso total à nossa mente; é simplesmente uma posição que defende que os estados mentais de um sujeito são individuados por fatores internos à sua cabeça, como por exemplo, estados do cérebro. Assim, parece que não haveria um ponto claro em insistir que somente teorias externistas sobre conteúdo mental poderiam motivar dúvidas sobre a possibilidade de acesso privilegiado.

De tal maneira, a inferência em jogo poderia ser facilmente desconstruída se tivéssemos em conta que o internismo é muito mais amplo que o cartesianismo. Existem, no entanto, outras questões envolvidas na empresa compatibilista. Como o próprio Burge ressalta (1998, p. 651), "uma coisa é indicar as falhas em inferir o individualismo desde o autoconhecimento [segundo a concepção cartesiana]. Outra é livrar-se da sensação de que há um *puzzle* aqui". E os casos que Burge trata lidam com outra importante questão: a dependência entre tipos de conhecimento.

Parece que, para Burge, responder uma questão como: "Por que o nosso conhecimento não-empírico de nossos pensamentos não é minado pelo fato de que tais pensamentos são individuados através de relações com o ambiente que conhecemos somente empiricamente?" (1988, p. 651-2) envolve argumentar pela independência entre tipos de conhecimento; o autoconhecimento e o conhecimento de mundo. Ao interpretar os casos de transferência entre ambientes em seu favor, em lugar de considerá-los como casos anormais, Burge parece localizar-se perigosamente próximo ao cético. Ele prefere defender que uma parcela do autoconhecimento se mantém intacta – ao mesmo tempo em que se poderia ser completamente ignorante sobre o ambiente em que se está – a simplesmente dissolver tais contextos.

Davidson (1988, p. 665), que concorda com Burge com respeito a ser compatibilista, "não considera os experimentos mentais de Burge tão persuasivos como ele considera", talvez porque Davidson defenda que o autoconhecimento e o conhecimento do mundo são interdependentes. Mais do que isso, eles são interdependentes também do conhecimento das outras mentes. Assim como Burge, ele sustenta a ideia de que "os conteúdos de nossos pensamentos são individuados em parte sobre a base de fatores externos dos quais o pensador pode ser ignorante, e tais pensadores são autoritativos com respeito aos conteúdos dos seus pensamentos" (*idem*, p. 664). Mas parece que para Davidson, a preocupação acerca de como podemos conhecer nossos pensamentos sem ter que conhecer o mundo deveria ser antes dissolvida que respondida. A questão é que necessitamos ter conhecimento de mundo (bem como conhecimento das outras mentes) a fim de conhecermos nossos pensamentos, e o mesmo ao revés. Não deveria, assim, haver aqui qualquer questão sobre prioridade, nem qualquer problema acerca de se informação do mundo é requerida como uma condição de possibilidade para o autoconhecimento de um sujeito. Nesse cenário, autoconhecimento também é um requisito para conhecimento de mundo.

Davidson afirma que a sua razão básica para defender o compatibilismo é que "o que determina os conteúdos dos pensamentos também determina o que o pensador pensa que os conteúdos são" (*idem*, p. 664). Isso coincide com parte da posição de Burge, porém é uma ideia mais fraca que apelar para um grupo de pensamentos autoverificáveis como base de tal ideia. Como já ressaltado anteriormente, a resposta compatibilista mais amplamente aceita têm se baseado no fato de que o pensamento de segunda-ordem envolve, de alguma forma, os de primeira-ordem. Tal elemento tem sido usado para mostrar que, em realidade, não deveria haver nenhum problema especial com respeito à aquisição do autoconhecimento no fato de que meu pensamento de primeira-ordem esteja sujeito a uma tese de dependência externista (cf. DAVIES, 2000, p. 391).

O compatibilismo de Davidson certamente faz uso de tal elemento; porém, é importante ressaltar que suas teses acerca da interpretação radical, bem como a tese da interdependência dos três tipos de conhecimento têm um papel decisivo, tanto em seu externismo como em seu compatibilismo. Como Heil (1988, p. 247) indica, o compatibilismo davidsoniano sustenta que o problema não está em como o externismo lidaria com autoconhecimento privilegiado, mas sim em uma "imagem da mente" problemática e que precisaria ser dissolvida. É uma imagem onde os pensamentos sobre os estados mentais de uma pessoa são tomados como uma espécie de percepção interna. Davidson (1987) recomenda que abandonemos tal imagem, e uma vez que fazemos isso, removemos pelo menos uma das razões para supor que o externismo poderia colocar algum impedimento específico ao acesso privilegiado.

Apesar de que esta imagem da mente também não é mantida por Burge, as diferenças entre eles realmente parecem estar sobre a questão acerca da dependência ou independência entre tipos de conhecimento. Uma vez que Burge não encontra problemas em aceitar a independência, os casos dos experimentos mentais ganham mais interesse do que para alguém que, como Davidson, não vê como um bom ponto de partida.

Se considerássemos que o experimento mental da transferência tivesse total legitimidade para resolver a questão, Burge deveria ser reconhecido como oferecendo uma resposta compatibilista consistente ao sustentar sua visão externista ao mesmo tempo em que apela para o autoconhecimento básico. Se a questão era acerca da possibilidade de encontrar autoconhecimento privilegiado em um cenário externista, ao oferecer uma classe de casos onde a resposta é positiva, Burge alcança uma boa solução.

Entretanto, em contraste, foi sugerido que o compatibilismo poderia ser mantido sem considerar tais casos como apoio para ele. Seria inclusive dispensável insistir em intuições cartesianas a fim de falar sobre autoconhecimento privilegiado. Burge expressa ser simpático a uma abordagem cartesiana restrita sobre autoconhecimento. Porém, se por "restrito" Burge quer dizer que somente uma parte do autoconhecimento é adquirida de um modo direto e não empírico, não haveria necessidade em insistirmos na etiqueta "cartesiana". Uma tese restrita não parece mais ser uma tese cartesiana, especialmente considerando que as crenças de segunda-ordem herdam parcialmente seu conteúdo de crenças individuadas de uma maneira externista.

Dessa forma, parece que haveria dois caminhos para um compatibilista lidar com os casos de transferência entre mundos: buscar uma resposta ao desafio, aceitando suas condições iniciais, como parece ser a escolha de Burge, ou dissolvendo-o, como parece ser a escolha de Davidson. Ambos os caminhos, no entanto, não parecem ser suficientes para o estabelecimento de uma posição compatibilista, porque existe ainda um segundo contexto de discussão que permaneceria intacto, ainda que solucionássemos todos os possíveis problemas surgidos com o experimento mental em jogo: o contexto do argumento de redução ao absurdo.

4. Redução ao absurdo do compatibilismo

O segundo contexto de discussão, onde o compatibilismo tem sido testado, foi inicialmente indicado por McKinsey (1991), mas apareceu sob uma diversidade de formulações, entre as quais se destaca a de Boghossian (1998, p. 202):
Suponhamos que Oscar seja um compatibilista. Ele estaria em uma posição de argumentar de uma maneira não empírica o seguinte:

> P1. Se eu tenho o conceito água, então água existe.
> P2. Eu tenho o conceito água
> Logo,
> C3. Água existe

Segundo Boghossian, P1 seria conhecida não empiricamente por argumentos filosóficos que sustentam o externismo, enquanto P2 constituiria o autoconhecimento privilegiado de Oscar. C3, portanto, seria uma conclusão que poderia ser alcançada também de uma maneira não-empírica. E este é o elemento inaceitável sobre o qual o incompatibilismo se basearia para refutar ao compatibilismo: conhecer um fato do mundo, como que água existe, não empiricamente seria algo absurdo.

Existe uma variedade de estratégias disponíveis ao compatibilista para tentar evitar o suposto resultado incompatibilista, dentre as quais poderíamos enumerar as seguintes: 1. Rejeitar uma das duas premissas; 2. Defender que a conclusão não é indiscutivelmente inaceitável; 3. Defender que o argumento, apesar de ter uma forma válida, guarda problemas que se revelam em termos das garantias epistêmicas de seus elementos e de como se inter-relacionam.

A segunda estratégia é emblematicamente defendida por Sarah Sawyer,[9] ao argumentar que "inferências desde o conhecimento introspectivo ao conhecimento empírico não necessitam ser consideradas como intrinsecamente inaceitáveis" (1998, p. 528). Considerá-las como tal, uma vez que o ponto de partida é externista, constituiria um

---
9 Warfield (1998) defende uma conclusão similar.

dogma. Não há nada epistemicamente errado com o argumento (cf. SAWYER, 2006), porém, seria necessário entender que, para um externista, não seria um problema conhecer o mundo através de algo como o autoconhecimento, porque os conceitos dessa esfera não estariam desconectados do mundo. Para adquirir um conceito, foi necessária uma conexão causal entre o mundo e o meu pensamento sobre ele (cf. SAWYER, 1998).

A terceira estratégia, por sua vez, tem ganhado uma dimensão muito interessante, e em realidade, se desdobraria em diversas subestratégias,[10] dentre as quais poderíamos destacar as análises de Wright e de Davies.[11] Apesar de guardarem diferenças importantes entre eles, ambos indicariam que, no argumento em jogo, a garantia epistêmica que serve de apoio às premissas não se transmite à conclusão. Segundo Wright (2003, p. 57), apesar do argumento acima ser um argumento válido, não constituiria um argumento convincente, porque a justificação das premissas parece envolver a prévia garantia epistêmica da conclusão. Dessa forma, lhe faltaria ao argumento em questão a característica de levar alguém a "aprender" a verdade da conclusão por meio da justificação das premissas, uma característica típica de um argumento convincente.

Apesar de serem duas estratégias importantes, com destaque para a terceira, que tem suscitado uma grande discussão expandida, inclusive, para além do debate incompatibilista, parece que a primeira estratégia ainda mereceria a nossa atenção. Tal estratégia se constrói justamente sobre os compromissos compatibilistas, pensando, de um lado, sobre o que o externismo nos habilitaria a conhecer, e de outro lado, sobre que tipo de autoconhecimento teríamos. Se a nossa intenção era

---

10 Ver Sawyer (2006) para uma interessante exposição de tais possibilidades. Nesse contexto, o argumento incompatibilista é em realidade estudado como uma instância de um argumento-tipo do qual faria parte também um argumento como o de Moore em resposta ao cético.

11 Tanto Crispin Wright como Martin Davies desenvolvem seus posicionamentos em uma série de trabalhos, entre os quais se encontram: Wright (2000), Wright (2003), Davies (2000) e Davies (2003).

a discussão incompatibilista, parece injustificado prosseguir com um argumento que se constrói, por exemplo, sobre uma concepção equivocada do externismo.

Por isso, meu último esforço é insistir na primeira estratégia, com ênfase na premissa P1, referente ao que uma externista estaria comprometida a sustentar. Se como Sawyer (2006) aponta, "O [argumento] é obviamente problemático, já que nenhuma forma de externismo razoável sustentaria o condicional considerado em [P1]",[12] parece que a urgência está justamente em desmontar o argumento por essa via.

Boghossian (1998) prevê dois modos segundo os quais P1 não se sustentaria: 1. Que água não fosse requerida para a aquisição do conceito de água; ou 2. Que água fosse requerida para adquirir o conceito de água, porém tal fato não seria conhecido *a priori*. Boghossian argumenta que tais possibilidades são facilmente descartadas, o que daria espaço ao incompatibilismo. Burge (2003), entretanto, contra-argumenta insistindo em (1), enquanto Goldberg (2003) insiste em (2). Burge (2003, p. 262) afirma que:

> Apesar do seu caráter extremamente esquemático, este princípio [P1] – ou qualquer instância dele – é falso. Como eu indiquei em "Other Bodies", água não precisa existir no ambiente de um indivíduo para que este pense que a água é de tal e qual maneira.

Burge (1982, p. 98, nota 18) sugere que, se fôssemos precisos, poderíamos introduzir inclusive uma noção de um tipo natural como água sem termos tido qualquer contato causal com instâncias de água. É justamente isso que parece ocorrer algumas vezes na química ou em outras ciências que antecipam tipos naturais antes da sua descoberta na natureza. O externismo não deveria precisar negar isso.

---

12 P1 substitui W2 por motivos de coerência do presente texto. No texto original, W2 é a seguinte premissa: "se eu penso que a água é úmida, então há água em meu entorno" (SAWYER, p. 2006).

Além disso, Burge completa, um indivíduo ou uma comunidade poderia ter estado equivocada em pensar que havia algo como água, sem com isso provocar o esvaziamento completo de tal conceito se isso fosse descoberto (cf. BURGE, 1982, p. 97). É epistemicamente possível que contrariamente ao que se acreditava, água não existisse. Burge insiste:

> Como eu indiquei anteriormente, penso que as atitudes [proposicionais] de Adam cujos conteúdos envolvem a noção de água não implicam a existência de água. Se por uma ilusão coletiva descontrolada, ninguém nunca tivesse realmente visto um líquido relevante nos lagos e rios, ou tenha bebido tal líquido, ainda haveria o suficiente na fala da comunidade para distinguir entre a noção de água da de água$_g$ e de outras noções candidatas. Nós teríamos ainda nossas análises químicas apesar do caráter ilusório dos seus objetos [...]. Eu acredito que a posse das atitudes [proposicionais] relevantes por Adam provavelmente não implique a existência de outros falantes (BURGE, 1982, p. 98).

Goldberg (2003), por outro lado, insiste que o problema com P1 estaria em outra parte. Na instância em questão, água sim poderia ser indicada como necessária para a posse do conceito água, porém, conhecer tal fato não poderia ser *a priori*.

> A conclusão é que os argumentos do estilo McKinsey, que nos levaria a concluir (...) que eu posso saber *a priori* que, por exemplo, água existe, falham ao assumir que todas as declarações que expressam dependências metafísicas entre aquilo que designam são conhecidas *a priori* (2003, p. 40-1).
> Precisamente não, já que a dependência metafísica [do conceito] água com a existência de água (H$_2$O) ela mesma depende da identificação de água com H$_2$O (*idem*, p. 40).

Goldberg oferece, portanto, um argumento bastante convincente para que rejeitemos P1, porém suas observações têm um âmbito de aplicação relativamente estreito. Elas funcionam apenas para um tipo de externismo como o que se deduz dos trabalhos de Putnam (1979), e que estão na base do argumento incompatibilista proposto por Boghossian (1998). Naquele contexto, se o caráter externo do conteúdo mental de Oscar acerca da água devia-se ao fato de que a água causou tal pensamento, parece que a inferência em jogo em P1 estaria de fato disponível a um externista. Se Oscar tem o conceito de água, e é externista, então estaria disponível para ele que água existe. E se, por um acaso, se descobre que estava enganado, que no fim das contas água não existia, o que tinha em realidade era um pseudo-conceito. É justamente aí que residiria a crítica de Goldberg. Um externista seria capaz de chegar a P1 porque além de conhecer argumentos filosóficos que o levou ao externismo, teria também conhecimento de mundo, no caso, acerca da constituição da água. P1 poderia ser a lição putnamiana em 1975, porém não deveria ser confundida com as diversas posições externistas disponíveis.

Essa seria a terceira possibilidade de indicar que P1 guarda sérios problemas: P1 supõe uma posição externista que não é a única nem a dominante. Não é um compromisso necessário ao externista sustentar que o caráter externo dos meus conceitos se deva a que estive em situações em que os objetos relativos a tais conceitos os causaram, pelo menos, não de uma maneira atomista como supõe o argumento em questão.

Uma posição externista claramente enfatiza que a mente é constituída pelo externo às nossas cabeças, porque interagimos com o mundo em que nos encontramos e com nossa comunidade. Algumas posições explicam tais interações apelando à noção de causalidade, explicando que nossa mente se constitui pelo que é externo às nossas cabeças através de relações causais entre eu, meus pares e o mundo. Outras preferem explicar tais interações apelando às nossas capacidades linguísticas e baseadas em uma noção de objetividade, em que nossa mente se constitui pelo que é externo às nossas cabeças porque temos como base de nosso mental uma razoável parcela de conhecimento. Porém, parecem ser poucas as posições explicando que, a cada conceito, se poderia deduzir um objeto correspondente ao qual se poderia voltar para explicar a história da aquisição daquele conceito. Parece que, no âmbito externista, um holismo do mental parece ter mais espaço que um atomismo. Um atomismo parece exigir, inclusive, que alguns dos conteúdos mentais não possam ser identificados de uma maneira externista.

Pensemos em uma posição externista atomista, em que a cada um de nossos conceitos devesse corresponder um item no mundo. Tal posição é obviamente problemática, uma vez que temos conceitos sem "correspondentes" no mundo, como o tão conhecido exemplo do unicórnio. Como tais conceitos seriam individuados então? Se seguimos a linha de pensamento atomista, teriam que ser individuados de uma maneira internista. Se não há um correspondente no mundo, teríamos que explicá-los, se não em termos de pseudoconceptos, em termos de algo interno às nossas cabeças. Dessa maneira, ao mesmo tempo em que um atomista se considera apto a explicar o caráter externo de alguns dos nossos conceitos, somente o consegue sobre a base de que outro grupo amplo de conceitos tenha que ser individuado de maneira internista.

A ambição de várias posições externistas é, no entanto, sustentar que pelo menos parte de todos nossos conteúdos mentais é constituído de maneira externa. A própria ideia de conteúdo individuado de modo internista – os conteúdos estreitos – tem sido descartada por mostrar-se como sendo uma noção insustentável. E essa tem sido também uma crítica à própria posição de Putnam de 1975, na qual seu externismo se sustenta justamente sobre a necessidade de conteúdos estreitos.

Dessa forma, ainda que a crítica de Goldberg constitua uma boa crítica ao argumento de Boghossian, parece que tem seu alcance diminuído porque se dirige a uma condição que em realidade é sustentada por um tipo específico e controverso de externismo. O mais adequado seria indicar que a implicação (P1) não é uma consequência externista, pelos motivos indicados acima, bem como pelas razões que sugere Burge, de modo que o argumento em questão não poderia servir de base a um ataque incompatibilista.

5. Conclusão

Apesar da variedade de questões e argumentos que permearam o texto, defendi uma tese geral da seguinte forma: os desafios incompatibilistas apresentados na literatura, na forma do experimento mental da transferência entre mundos e do argumento da redução ao absurdo do compatibilismo, se sustentam em condições muito específicas. A saber, se assumimos uma abordagem específica acerca do autoconhecimento, no primeiro caso, e se assumimos uma abordagem específica acerca do externismo, no segundo. Quando são outras as abordagens, o compatibilismo consegue resistir.

Na primeira parte do texto, tratei dos casos de transferência entre mundos, como o expõe Burge (1988). Tratei dos dois desafios incompatibilistas inspirados nos comentários de Boghossian (1989) e como poderiam ser respondidos.

A primeira interpretação desses comentários indicava que era problemático entender como o sujeito do experimento poderia ter conhecimento dos seus próprios pensamentos, uma vez que era incapaz de distinguir entre pensamentos de água e de água$_g$. A questão era que tais pensamentos constituíam alternativas relevantes para cada qual. O segundo argumento dirigia uma crítica ao compatibilismo baseado em questões sobre memória. Tomando como ponto de partida a abordagem de Burge sobre autoconhecimento, o argumento indicava que apesar do sujeito do experimento ter autoconhecimento privilegiado sobre seu próprio pensamento no momento que está pensando, ele seria incapaz de lembrá-lo em um tempo posterior.

Baseado nos comentários de Burge, o argumento acerca da memória nos levaria ao seguinte impasse: se, por um lado, aceitássemos que existe algo como a memória preservativa, teríamos que nos desfazer da premissa P3. Porém, se não o fizéssemos, parece que teríamos que nos desfazer da premissa P2. Desse modo, defendi que tal argumento não poderia servir como base para uma posição incompatibilista.

Paralelamente, defendi que o argumento acerca da discriminação entre conteúdos mentais com relação às suas alternativas relevantes somente poderia ser usado de base para um incompatibilismo se insistíssemos na seguinte visão acerca do autoconhecimento: tudo o que é chamado de autoconhecimento é potencialmente conhecido de modo direto e não empírico. Tentei defender, no entanto, que tal visão sobre autoconhecimento seria tão problemática como defender que não existe nenhuma parcela de autoconhecimento privilegiado. Uma boa abordagem acerca do autoconhecimento deveria dar espaço tanto ao modo privilegiado da sua aquisição, como ao modo indireto e empírico segundo o qual conhecemos parte de nossas mentes. Não foi oferecida uma abordagem acerca do autoconhecimento, porém foi defendido que uma boa abordagem deveria dar conta desse duplo aspecto, que por sua vez não é encontrado no cartesianismo.

Na parte intermediária, coloquei em questão o papel que ocupa o experimento mental em jogo na empresa de defender o compatibilismo. Tratei de duas posturas compatibilistas, a de Burge e a de Davidson, que se localizam de um modo distinto com relação a levar o experimento em diante ou dissolvê-lo. Enquanto Burge aceitaria as condições do experimento, oferecendo uma resposta compatibilista a partir daí, Davidson o dissolveria por outro caminho. Tentei defender que Davidson seria igualmente capaz de oferecer uma resposta compatibilista, mas seguindo um caminho distinto, e que dispensaria importantes compromissos de Burge, tais como a referência à classe de autoconhecimento básico e a tese sobre a independência entre tipos de conhecimento. Aqui se encaixaria também a ideia de que os pensamentos de segunda-ordem englobam os conteúdos dos de primeira-ordem, estes, sim, individuados de maneira externista. Desse modo, não deveria haver nenhum problema especial em explicar a aquisição privilegiada de autoconhecimento. O vestígio de *puzzle*, no entanto, teria que ser dissolvido juntamente com a dissolução da abordagem cartesiana do autoconhecimento.

A última parte do texto tratou do segundo grupo de desafios incompatibilistas, que expus na forma do argumento de redução ao absurdo do compatibilismo, tal e como expõe Boghossian (1998). Defendi que se tal argumento se baseasse em uma concepção equívoca do externismo, deveria ser descartado como um bom caminho ao desafio incompatibilista. Levando em conta os motivos de Burge (2003) e de Goldberg (2003) para rejeitarem a premissa P1, foi defendido que o máximo alcance que ela teria seria com respeito ao tipo de externismo que aparece com Putnam (1975). Isto é, desconsiderando a crítica de Goldberg (2003), o único tipo de externismo que se comprometeria com P1 seria um externismo do tipo Putnam (1975), que por sua vez é criticado por ter que comprometer-se com conteúdos estreitos.

Foi defendido que as posições externistas em geral, não precisam e nem se comprometem com a implicação presente em P1. Sustentar que nossos pensamentos são identificados com relação a fatores externos não nos dá direito a inferir a existência de um suposto correspondente do conteúdo mental no mundo. Se existe algum referente no mundo de algum conceito em particular, e se ele teve alguma importância na aquisição do pensamento em jogo, não foi algo independente do próprio sujeito ou da comunidade.

Referências bibliográficas

BOGHOSSIAN, P. "Content and self-knowledge", in: Ludlow, P. & Martin, N. (eds.) (1998) *externalism and self-knowledge*. Stanford: CSLI Publications, 1989, p. 149-73.

_____. "What the externalist can know *A Priori*", in: *Philosophical issues* 9, 1998, p. 197-211.

BURGE, T. "Other Bodies", in: *Foundations of mind*. Oxford: Oxford University Press, 1982, p. 82-99.

_____. "Individualism and self-knowledge", in: *The journal of philosophy* 85 (11), 1988, p. 649-63.

_____. "Memory and self-knowledge", in: Ludlow, P. & Martin, N. (eds.) (1998) *Externalism and self-knowledge*. Stanford: CSLI Publications, 1998, p. 351-70.

_____. "Cartesian Error and the Objectivity of Perception", in: Burge, T. (2007) *Foundations of mind*. Oxford: Clarendon Press, 1986, p. 192-207.

_____. "Descartes on anti-individualism", in: *Foundations of mind*. Oxford: Clarendon Press, 2007, p. 420-39.

_____. "Replies from Tyler Burge", in: Frápolli, M.J. & Romero, E. (eds). *Meaning, basic self-knowledge, and mind*. Stanford: CSLI Publications, 2003, p. 243-96.

DAVIDSON, D. "Knowing one's own mind", in: Ludlow, P. & Martin, N. (eds.). *Externalism and self-knowledge*. Stanford: CSLI Publications, 1998, p. 87-110, 1987.

_____. "Radical interpretation", in: Davidson, D. *Inquiries into truth and interpretation*. Oxford: Clarendon Press, 1984, p. 125-39, 1973.

_____. "Reply to Burge", in: *The journal of philosophy* 85 (11), 1988, p. 664-5.

_____. "Three varieties of knowledge", in: Davidson, D. *Subjective, intersubjective, objective*. Oxford: Clarendon Press, 2001, p. 205-20, 1991.

DAVIES, M. "Externalism and armchair knowledge", in: Boghossian, P. & Peacocke, C. (eds.) *New essays on the* A Priori. Oxford: Oxford University Press, 2000, p. 384-414.

_____. "Externalism, self-knowledge and transmission of Warrant." in: Frápolli, M.J. & Romero, E. (eds.) *Meaning, basic self-knowledge, and mind*: essays on Tyler Burge. Stanford: CSLI Publications, 2003, p. 105-30.

HEIL, J. "Privileged access", in: *Mind* 97 (386), p. 238-51.

GOLDBERG, S. "On our alleged *A Priori* knowledge that water exists", in: *Analysis* 63 (277), 1988, p. 38-41.

LUDLOW, P. "Externalism, self-knowledge, and the prevalence of slow switching", in: Ludlow, P. & Martin, N. (eds.) *Externalism and self-knowledge*. Stanford: CSLI Publications, 1998, p. 225-30, 1995a.

_____. "Social externalism, self-knowledge, and memory", in: Ludlow, P. & Martin, N. (eds.) *Externalism and self-knowledge*. Stanford: CSLI Publications, 1995b, p. 307-10.

LUDLOW, P. & MARTIN, N. (eds.) *Externalism and self-knowledge*. Stanford: CSLI Publications, 1998.

MCKINSEY, M. "Anti-individualism and privileged access", in: *Analysis* 51, 1991, p. 9-16.

PUTNAM, H. "The meaning of 'meaning'", in: *Mind, language and reality*, Philosophical papers. Cambridge: Cambridge University Press, 1975, p. 215-71.

SAWYER, S. "Privileged access to the world", in: *Australasian journal of philosophy* 76 (4), 1998, p. 523-33.

_____. "In defence of Burge's thesis", in: *Philosophical studies* 107, 2002, p. 109-28.

_____. "Externalism, apriority and transmission of Warrant", in: T. Marvan, (ed.) *What determines content? The internalism/externalism dispute*. Cambridge: Cambridge Scholars Press, 2006.

WARFIELD, T. A. "Privileged self-knowledge and externalism are compatible" em: Ludlow, P. & Martin, N. (eds.) *Externalism and self-knowledge*. Stanford: CSLI Publications, 1998, p. 215-21, 1992.

_____. "Externalism, privileged self-knowledge, and the irrelevance of slow switching", in: Ludlow, P. & Martin, N. (eds.) *Externalism and self-knowledge*. Stanford: CSLI Publications, 1998, p. 231-37, 1997.

_____. "*A Priori* knowledge of the world: knowing the world by knowing our minds", in: *Philosophical Studies* 92, 1998, p. 127-47.

WRIGHT, C. "Cogency and question-begging: some reflections on McKinsey's paradox and Putnam's Proof", in: *Philosophical issues* 10, 2000, p. 140-63.

Wright, C. "Some reflections on the acquisition of Warrant by inference", in: Nuccetelli, S. (ed.) *New essays on semantic externalism and self-Knowledge*. Cambridge Mass: MIT Press, 2003, p. 57-77.

Parte III

Do ponto de vista da primeira pessoa e verdade

DA AUTORIDADE SOBRE OS PRÓPRIOS ATOS

Ernesto Perini-Santos
Universidade Federal de Minas Gerais

I

UMA PARTE IMPORTANTE de discussões contemporâneas relativas ao autoconhecimento parte da recusa de algumas ideias associadas a Descartes que deriva da aceitação do externismo em relação à individuação do conteúdo de atitudes proposicionais. A infalibilidade do autoconhecimento – uma pessoa não erra sobre o conteúdo dos próprios pensamentos –, seu caráter constitutivo – estados mentais são definidos pela sua transparência ao sujeito que os possui – e o modelo da consciência como um tipo de percepção, que aparece na metáfora da transparência, parecem dever ser recusados, se se aceita que o conteúdo de nossas atitudes proposicionais são individuados, ainda que parcialmente, por fatos externos ao sujeito.[1] Este ponto foi colocado de maneira particularmente clara por Paul Boghossian: se conteúdos são individuados parcialmente por fatores relacionais, como relações causais ou fatos relativos a uma determinada comunidade de usuários de uma língua, o sujeito não poderá conhecer, por introspecção, todos os determinantes de tais conteúdos, não será infalível, nem terá uma autoridade privilegiada sobre tais fatores.[2]

Mesmo se o externismo que motiva o abandono de uma imagem cartesiana do autoconhecimento é hoje uma posição muito difundida,

---

[1] "It is a familiar point that the special character of self-knowledge was set on a new path by Descartes, a path that is not much trodden these days, but all the same constantly and anxiously visible as a thing to avoid on the maps on which other paths are plotted. As it is read today, it has three broad features: first, it makes self-knowledge or self-awareness play a definitional and therefore *constitutive* role in the very idea of a mental state; second, it makes self-knowledge *infallible*; and third, it makes self-knowledge a form of infallible (inner) *perception* of one's mental states."(BILGRAMI, 1998, p. 207; ver também SHOEMAKER, 1996, p. 25).

[2] Ver a segunda parte de "Content and Self-Knowledge" de Boghossian (1998).

ele vem de par com a recusa também do abandono da assimetria entre o ponto de vista da primeira pessoa e o ponto de vista da terceira pessoa sobre conteúdos de estados mentais.[3] Como diz Boghossian,

> Nossa capacidade para o autoconhecimento não é um componente negociável da nossa autoconcepção usual, uma tese que poderíamos descartar preservando tudo o que realmente importa. Ela é uma parte fundamental desta concepção, pressuposta por alguns dos conceitos mesmos que a constituem (considere a ação intencional) (1998, p. 150).

Talvez não seja tão claro que a aceitação do externismo deva levar ao abandono desta assimetria, nem como ela o faria, mas a mera desmontagem do modelo cartesiano exige uma nova explicação das razões pelas quais o ponto de vista da primeira pessoa sobre os próprios pensamentos é essencialmente diferente do ponto de vista da terceira pessoa, ou ainda, uma nova explicação da capacidade para o conhecimento privilegiado dos próprios estados mentais.

Uma consequência desta via de entrada no tema do autoconhecimento é a de mostrar a importância da elucidação da estrutura do conteúdo de tais estados para uma teoria sobre nossa autocompreensão. A conexão entre o conteúdo de estados mentais e o autoconhecimento e a natureza do impasse a que aparentemente leva o externismo podem ser colocadas a partir da autoatribuição de tais estados. Tomando atitudes proposicionais como centrais e, dentre as atitudes proposicionais, a crença como o caso paradigmático, o problema pode ser exposto do seguinte modo: dada uma crença de S numa proposição p, da qual pelo menos um dos componentes é individuado por fatores externos ao sujeito (pouco importa aqui se este é o caso de boa parte ou de virtualmente todos os componentes proposicionais), a capacidade de S de se auto-atribuir esta crença (por exemplo, dizendo 'eu acredito que

---

[3] Este é o caso, por exemplo, de um dos principais defensores do externismo em relação a conteúdos mentais, Tyler Burge. Ver, por exemplo, "Cartesian Error and Perception" (BURGE, 2007, p. 197).

p') dependerá do seu conhecimento dos fatores que determinam o conteúdo de *p*. Como S não é infalível nem tem uma autoridade especial sobre tais fatores, esta auto-atribuição não tem um estatuto especial nem garante a S o conhecimento acerca de seus próprios estados. Este tipo de argumento é um exemplo do que podemos chamar de pressão externista sobre o autoconhecimento.

Trata-se de um tipo de dificuldade relativa ao autoconhecimento diferente daquela sugerida pela psicanálise ou por resultados nas ciências cognitivas, por exemplo.[4] É bem possível que haja uma conexão entre os diferentes tipos de desafio que uma explicação do autoconhecimento deve enfrentar, talvez seja mesmo um *desideratum* de uma explicação do autoconhecimento que uma tal conexão seja estabelecida. É, no entanto, também interessante, do ponto de vista da organização do debate, a separação entre diferentes elementos do que está em jogo.

Vou explorar a conexão entre o domínio que o sujeito tem das próprias atitudes proposicionais e a estrutura da proposição apreendida. Meu ponto de partida será a consideração de casos em que parece claro que sujeito domina um aspecto crucial de seus próprios estados mentais para, em seguida, isolar, na estrutura proposicional, este elemento sobre o qual não parecem se exercer pressões externistas. A teoria sobre a estrutura de proposições proposta pela semântica de situações é, em mais de um aspecto, compatível com esta assimetria na apreensão de elementos do que é avaliado com verdadeiro ou falso. Vou finalmente examinar em que medida as considerações propostas têm a ver com problemas relativos ao autoconhecimento.

II

Nuno e João estão brincando de super-herói. Nuno envia um raio imobilizador em João, que cai, paralisado, no chão. Nuno aproxima-se lentamente. João então ativa seu mecanismo antirraio imobilizador e envia seu raio congelante em Nuno, que fica por sua vez imobilizado o

---

4 Para a aproximação destas duas fontes de problemas para o autoconhecimento, ver "First-person Access" de S. Shoemaker (1996, p. 51).

tempo suficiente para que seu adversário entre em sua nave espacial e fuja. Para que esta brincadeira ocorra, Nuno e João devem ser capazes de separar o que pertence ao faz-de-conta e o que pertence ao mundo real e coordenar suas ações nestes diferentes domínios.

O que eles precisam para participar desta brincadeira? Segundo Josef Perner (1993, p. 55), três aspectos estão envolvidos em brincadeiras de faz-de-conta:

> a representação que controla a brincadeira deve ser diferente da representação que controla ações no mundo real;
> as representações devem receber etiquetas diferentes, para que possam controlar séries diferentes de ações, na brincadeira e no mundo real;
> deve haver uma correspondência entre entidades nos dois sistemas de representação, os dois modelos devem ser sobre as mesmas entidades.

Na teoria de Perner, crianças passam da capacidade de lidar e atualizar um único modelo, até os dois anos, à consideração de muitos modelos ao mesmo tempo e, em seguida, à construção de modelos de modelos, aos quatro anos. Em torno dos dois anos, diz Perner, a criança se torna um teórico de situações (*situation theorist*): ela passa a ser capaz de lidar com diferentes modelos ao mesmo tempo e de estabelecer relações entre eles.[5] O teórico de situações, que é capaz de fazer jogos de faz-de-conta, não precisa ter a capacidade metarrepresentacional de

---

5 "Somewhere around 1½ years – the first signs occurs as early as 1 year – infants acquire a series of skills the require facility with multiple mental models. They come to understand means-end relationships (Piaget), which require multiple models to project the desired state and the necessary steps to get there. They infer the location of an invisible displaced object, which requires extra models for representing past points in the course of displacement. They start to engage in pretend play, which requires an extra model representing the world as different from the way it really is. They learn to interpret representational media, like picture, language, and mirror images, which requires models for representing the information conveyed in the media." (PERNER, 1993, p. 47).

apreender seus próprios estados, por exemplo, como relativos ao mundo real ou ao mundo do faz-de-conta.[6]

Importa-me menos aqui a ontogenia destas capacidades do que o esclarecimento de dois pontos conceituais.[7] O primeiro deles é a centralidade da capacidade de se entreter mais de um modelo ao mesmo tempo e de estabelecer entre eles relações determinadas. O segundo ponto é a distinção entre este tipo de exercício e a capacidade metarrepresentacional. Antes de voltar ao nosso tema central, vejamos outras situações que motivam estas distinções conceituais.

Nuno conta uma história a João: na história, o Lobo Mau vê o Chapeuzinho Vermelho passeando pela floresta e se apaixona. João pergunta se Chapeuzinho Vermelho gostava também do Lobo Mau, e Nuno responde: 'Claro'. João entende que se trata de uma história e quer saber o que é verdadeiro na história. Ele sabe que o Lobo Mau e o Chapeuzinho Vermelho não existem de fato, que, por esta razão, não podem ser vistos, e assim por diante. Aqui também, João e Nuno devem ser capazes de lidar com diferentes modelos ao mesmo tempo, que recebem diferentes etiquetas e são manejados segundo estas etiquetas.[8]

---

6 Um elemento crucial aqui é a capacidade de coordenação de ações em diferentes níveis em brincadeiras de faz-de-conta – um tipo de *joint pretense*, no vocabulário de H. Cark (1996) Deve-se comparar os diferentes níveis de ações coordenadas em Clark e os modelos com os quais lida um indivíduo em Perner. Voltarei a este ponto abaixo.

7 Um argumento central de Perner para a separação, na ontogenia, dos diferentes níveis de representação (primário, secundário – do *situation theorist* – e meta) está no surgimento tardio da capacidade metarepresentacional, segundo o teste da crença falsa (em torno dos 4 anos), bem posterior às capacidades que demandam a manipulação de muitos modelos, tais como as descritas na nota 5 acima (cf. capítulos 4 e 5 de PERNER, 1993).

8 Mais uma vez, o paralelo com Clark e sua noção de *joint pretense* é iluminador: "Layering is a feature of all types of stories – from jokes and anedoctes to novels, plays, and operas. When you tell a friend a joke, for example, you describe an episode that didn't really happen. You get your friend to join you in imagining the fictional world, the secondary domain, in which the events you describe actually happened. The two of you create that world as a joint pretense. All fiction is a

Há ainda outros usos de representações que demandam distinções deste tipo. Se eu acredito que *p*, ajo considerando a verdade de *p* e o que se segue do fato de *p* ser verdadeira. Eu posso, no entanto, considerar uma proposição *p* sem a tomar como verdadeira, por exemplo, como o antecedente de um condicional, ou como parte de um raciocínio contrafactual. Para que eu possa me engajar num raciocínio deste tipo, devo distinguir a situação na qual eu suponho que *p* é verdadeiro do mundo efetivo, no qual não considero que *p* é verdadeiro (ou pelo menos não no exercício de um dado raciocínio).[9] Mais uma vez estão envolvidos os aspectos identificados por Perner na brincadeira de faz-de-conta: o sujeito lida com diferentes modelos ao mesmo, que recebem diferentes etiquetas que permitem estabelecer adequadamente as relações de um a outro modelo.

O sujeito não pode se engajar com sucesso nestas atividades sem saber a que modelo diz respeito cada enunciado, ou, de maneira mais geral, cada ação. Podemos fazer aqui uma volta sobre o tema do artigo: pode uma pessoa se enganar acerca do modo como toma cada enunciado, ou como utiliza cada modelo, como real ou imaginário, presente ou passado, hipotético ou efetivo? A resposta parece dever ser negativa: eu não posso pensar que tomo de maneira hipotética um enunciado que considero de fato como verdadeiro, já que o fato de eu o considerar como verdadeiro é o meu comportamento como se este enunciado fosse verdadeiro. De maneira análoga, eu não posso tomar uma representação como relativa a uma situação passada sem o saber: que eu considere uma situação como passada é, para mim, agir de um determinado modo – por exemplo, procurar um objeto num determinado lugar. Nos dois casos, não há nada mais básico em relação a que este comportamento poderia aparecer como um erro.

Isto não significa, evidentemente, que eu não possa mentir acerca do modo como tomo uma determina representação, que não possa ha-

---

joint pretense." (CLARK, p. 1996, 360). Veja-se a ideia de *Meinongian pretense* em Recanati (2000, p. 213-26).

9 Para uma análise de condicionais segundo este modelo, ver Recanati (2000, p. 51-7).

ver engano acerca do modo como o enunciado de outra pessoa deve ser compreendido, ou acerca da verdade mesma de uma dada representação. No entanto, nestes casos, o modo como o sujeito toma o enunciado não é passível de engano. Colocado à maneira de auto-atribuição, poder-se-ia dizer o sujeito tem autoridade especial sobre a distinção entre frases do tipo 'eu acredito que p', 'eu espero que p', 'eu faço a hipótese que p', 'eu finjo que p', 'eu me lembro que p'[10] e assim por diante. Sobre este tipo de autoridade não se exercem pressões externistas, por razões que não tem relação alguma com um recuo internista, mas antes com o fato de o sujeito saber, ao se comportar de um determinado modo, a relação que uma dada representação tem com uma outra representação – de maneira central, a relação que uma dada representação tem com a representação do mundo real, como, por exemplo, anterior no tempo e composta das mesmas entidades, ou relativa a um desdobramento possível da situação factual, ou ainda como uma história inventada.

Este seria um modo de certa forma enganador de se apresentar o que está envolvido: a capacidade de agir tomando p como verdadeiro, como fictício, como um estado desejado etc., é independente da capacidade de auto-atribuição. O tipo de autoconhecimento que buscamos é aquele que se manifesta em diferentes tipos de ação, e apenas de maneira secundária na auto-atribuição de atitudes que explicam estas ações. De certo modo, embora esta precisão seja importante, ela não é tão crucial para nosso argumento. Podemos nos concentrar em sujeitos com mais de quatro anos, já dotados de capacidades metarrepresentacionais, de maneira que não parece haver um obstáculo importante para considerar a auto-atribuição como um teste para a apreensão de conteúdos proposicionais.

---

10 Sobre este exemplo, dado o caráter factivo do verbo 'lembrar' – uma pessoa só pode se lembrar que p de p de fato ocorreu –, é sempre possível o erro, por razões que não são especialmente externistas, mas que têm a ver com a exigência da verdade de p para a felicidade do uso de tais locuções e com o fato da verdade ser ela mesma uma noção relacional. Seria necessário fazer um recuo aqui análogo ao que leva de 'eu sei que p' a 'eu acredito que p'.

Mesmo concedendo este ponto, ainda assim deve-se distinguir entre o saber que se manifesta na apreensão de uma proposição e aquele que pode ser testado em eventuais autoatribuições. Um resultado que devemos colher de Perner é justamente a distinção entre estes dois exercícios cognitivos, distinção que se mantém em indivíduos capazes de metarrepresentações – tais indivíduos podem se engajar em jogos de faz-de-conta, em diferentes tipos de *pretense*, em raciocínios contra-factuais e assim por diante, sem se autoatribuir a atitude que explica tais atividades. O ponto mais importante para nós se situa no primeiro momento.[11]

A resposta negativa, isto é, a autoridade do sujeito sobre o modo como toma o conteúdo de seus próprios atos, deve ser corrigida para admitir casos de autoengano, que podem dizer respeito ao modo como um enunciado é considerado. Voltarei a este ponto. Trata-se do conhecimento acerca da proposição associada a uma dada atitude proposicional que parece não ser afetada por argumentos de natureza externista. Mas trata-se aqui efetivamente da apreensão de uma proposição?

---

11 O mais importante aqui talvez seja distinguir entre a ideia que se um sujeito que tem uma atitude ϕ relativa p, então acredita que tem esta atitude ϕ relativa a p (a transparência de atos mentais), e a exigência de uma autoatribuição explícita, i.e., um ato de fala da forma 'eu ϕ que p'. Esta última tese é implausível, não apenas porque na grande maioria das situações tal ato de fala simplesmente não ocorre, sem que, por esta razão, sejamos levados a duvidar que sujeito acredita que tem determinada atitude, mas também porque atos de fala envolvem outras determinações relativas à sua motivação mesma – por que dizer tal coisa, a quem, quando etc.– e à sua interpretação. Note-se ainda a distinção entre o exercício de capacidades metarrepresentacionais não implica a atribuição explícita de atitudes a si mesmo ou a um outro. Gibbs argumenta que a ironia, um tipo de *staged communicative act* de Clark, demanda capacidades metarrepresentacionais, o que não implica uma metarrepresentação explícita, tanto assim que a dimensão metarrepresentacional é estabelecida por pesquisas empíricas que desvelam processos inacessíveis por introspecção (cf. GIBBS, p. 2000).

III

O modelo psicológico do *situation theorist* de Perner tem uma estrutura semelhante ao postulado pela semântica de situações, que François Recanati apresenta do seguinte modo:

> A ideia básica é que cada enunciado é interpretado em relação a uma situação particular a que ela 'diz respeito' (*concerns*) (no sentido de Perry). O conteúdo completo de um enunciado, deste modo, é uma 'proposição austiniana', que consiste em dois componentes: o fato que o enunciado explicitamente apresenta (a proposição que ele exprime, no sentido usual) e a situação a que este fato ou esta proposição diz respeito. Um enunciado que é usualmente construído como exprimindo uma proposição *p*, deste modo, exibe um conteúdo mais rico <*s,p*>, onde *s* é a situação a que o enunciado diz respeito (RECANATI, 2000, p. 63-4).[12]

Neste quadro teórico, a apreensão de uma proposição é a apreensão de uma estrutura complexa. O fato apresentado por um dado enunciado diz respeito a uma situação determinada, em relação à qual é avaliado; esta situação não é parte do que explicitamente representado na proposição.

A situação em relação à qual um enunciado é avaliado deve figurar de alguma forma na explicação destes comportamentos. Ela é parte da descrição do modo como sujeito toma o enunciado, mesmo se não é necessariamente parte daquilo que o sujeito se representa – Perner procura mostrar que um indivíduo não deve ser capaz de representar uma outra representação para utilizar diferentes formas ao mesmo tempo. A semântica de situações sugere que uma proposição é uma estrutura com elementos heterogêneos, os fatos explicitamente apresentados pelo enunciado, ou pela representação, e a situação a que diz respeito o enunciado – o modelo e sua etiqueta, segundo o vocabulário de Per-

---

12 Perner (1993, 281) se refere a Barwise e Perry, mas de maneira pouco informativa.

ner.¹³ A distinção entre situações, situando-se fora do conteúdo proposicional, não é necessariamente representada pelo sujeito.

A teoria de Perner apresenta um quadro geral de compreensão e uso de representações no qual a compreensão e uso de enunciados aparece como um caso particular. Vou me concentrar doravante em exemplos relativos ao uso de enunciados, ou, mais precisamente, na estrutura de proposições expressas por enunciados. A mesma assimetria da apreensão do que é apresentado por um enunciado – que sobre o modo como um sujeito toma um dado enunciado não se exerçam pressões externistas –, talvez seja um ponto a favor de uma estrutura assimétrica da proposição apreendida. É claro que é possível adotar diferentes estratégias para acolher este tipo de fato, estratégias que podem elas mesmas se dividir em diferentes mecanismos – por exemplo, com operadores modais, aléticos e temporais, como componentes da proposição expressa, por um lado, e com indicadores de força, externos à proposição, por outro, que podem escapar, por razões diferentes, a pressões externistas. Meu objetivo não é, no entanto, argumentar a favor da semântica de situações, mas ver como um traço da apreensão de proposições parece ser particularmente bem acolhido neste quadro teórico.¹⁴ Esta compatibilidade aparece em um outro tipo de exemplo, importante na semântica de situações.

João e Nuno estão observando um jogo de pôquer. João diz 'Clara tem o ás de espadas'. Vamos supor que Clara esteja jogando pôquer, que de fato tenha o ás de espadas no momento do enunciado, mas que não esteja na mesa para a qual João está olhando. O enunciado de João parece ser falso: ele deve ser verdadeiro sobre a situação à qual o enunciado diz respeito. Talvez aqui tenhamos intuições conflitantes. Se concordarmos com o julgamento que este enunciado é falso, diremos que ele diz respeito a uma situação específica, aquela que João e Nuno

---

13 Há uma enorme literatura sobre a *situation semantics*. Para a apresentação e defesa de uma teoria deste tipo e sua conexão com a teoria de Perner – de onde tiro boa parte da inspiração para este artigo –, ver Recanati (2000, p. 45-110).

14 Para uma breve defesa da *situation semantics* por um dos seus fundadores, ver "Situations and Small Worlds" de Barwise (1989, p. 79-92).

observam. Podemos, no entanto, pensar que o enunciado é verdadeiro em relação a uma situação mais ampla, ou melhor, à situação total, i.e. o mundo no qual eles encontram.[15] Vamos imaginar uma história um pouco diferente. João e Nuno estão num cassino, onde há várias mesas de pôquer. João olha para uma mesa e diz 'Clara tem o ás de espadas'. Nuno vê a mesa para a qual João está olhando e vê também que, em uma outra mesa, Clara está jogando pôquer e tem um ás de espadas. Ele diz a João que Clara está em outra mesa e que, de fato, tem o ás de espadas. Se pensarmos que o enunciado primeiro de João é verdadeiro, ele poderia responder: 'Foi o que eu disse, Clara tem o ás de espadas'. Talvez se pudesse acrescentar que ele havia dito algo verdadeiro por acidente, que lhe faltava justificativa, mas que isto não tem relação com o valor de verdade do que foi dito. Mas a reação mais natural parece-me ser outra: João disse algo sobre a mesa para a qual está olhando e portanto sua asserção deve ser corrigida – uma correção sobre o que é dito, e não o acréscimo de uma justificativa a uma mesma asserção verdadeira. O que João disse era falso sobre a situação em relação à qual deve ser avaliada – esta situação continha uma mesa na qual Clara não se encontrava. Deve-se distinguir este enunciado de João de um enunciado que fizesse referência à mesa através de um demonstrativo, por exemplo, 'Clara, que esta nesta mesa [apontando para uma determinada mesa], tem o ás de espadas'. Neste último caso, o demonstrativo é um componente da proposição, que, no caso proposto, é simplesmente falsa.

O sujeito tem uma autoridade particular sobre a situação a que diz respeito seu enunciado? No caso acima, parece que claro que João sabe a que situação diz respeito seu enunciado – uma situação que contém a mesa para a qual João dirige sua atenção. Esta é uma razão pela qual parece inadequado que ele responda: 'Foi isto que eu disse'. Como ele poderia estar enganado sobre a situação a que diz respeito seu enunciado? É possível imaginar histórias nas quais o sujeito se engana sobre a situação a que diz respeito seu enunciado. Imaginemos que João olhe para a mesa *A*, pense reconhecer Clara e veja que a pessoa que ele

---

15 Para uma acomodação destas duas intuições, ver Recanati (2007, p. 50).

acredita ser Clara está com o ás de espadas. Ele se volta para Nuno e, no momento que olha novamente para a direção em que estava a mesa *A*, ela foi substituída pela mesa *B* sem que ele se dê conta. Ele não consegue mais ver o jogo da pessoa que ele pensa ser Clara, mas acredita que ela ainda tem as mesmas cartas na mão. Ele então diz: 'Clara tem o ás de espadas'. Talvez não seja claro se a situação sobre a qual ele fala contém a mesa *A* ou a mesa *B*. Histórias ainda mais estranhas poderiam ser imaginadas, ou talvez situações menos bizarras, mas mais localizadas – como falar sobre uma bandeja de sushi que se encontre sobre uma mesa em movimento, ou sobre um palco de um teatro no qual cenários são constantemente trocados. Sua autoridade é falível, mas se enganos relativos a situações a quem dizem respeito enunciados dependem de histórias deste tipo, ele é uma fonte muito confiável sobre a situação em relação à qual seu enunciado deve ser avaliado – em geral, somos confiáveis em rastrear objetos em situações mundanas, o que significa que somos confiáveis em rastrear situações. Note-se que não há nenhum movimento internista aqui – ao contrário, João pretende falar daquilo que percebe e, por isto, ele é uma fonte confiável, mas não absolutamente segura, sobre a situação visada.

De onde vem a autoridade de João neste caso? Uma fonte é a confiabilidade da percepção. Mas isto não é tudo – nem sempre se pretende falar de tudo o que se percebe, nem sempre se pretende falar do que se percebe. Considerando-se a pluralidade de aspectos de uma cena, há diferentes processos subpessoais e pessoais que irão justamente selecionar, no que se encontra na cena presente ao sujeito, o foco da atenção e, na coordenação de ações, o foco da atenção conjunta. Este último caso é particularmente importante para a compreensão de enunciados: João e Nuno não podem se engajar no processo de ajuste mútuo da atenção sem saber que o fazem e, portanto, sem saber que objeto ou objetos de uma cena, e que aspectos destes objetos, são o interesse de suas trocas conversacionais. Esta é, em última instância, a fonte da autoridade de cada um sobre a situação visada num ato de fala: a coordenação da atenção demanda a compreensão de intenções do outro, e um sujeito que não soubesse sobre que aspecto da cena pretende falar – de maneira que possa ajustar com seu interlocutor o foco da atenção num aspecto específico do que é perceptualmente acessível – não seria capaz de se engajar neste tipo de atividade.[16] A intenção de visar um determinado aspecto da cena, que torna possível o engajamento em interações triádicas explica por que o sujeito tem autoridade sobre a situação sobre a qual quer falar. Esta explicação estende-se naturalmente à coordenação não linguística de ações, assim como às ações de uma pessoa sozinha. É importante ter claro que se trata aqui não dos mecanismos subpessoais que, tanto na coordenação de ações quanto no desdobrar de ações isoladas, determinam o foco da atenção de indivíduos, mecanismos sobre os quais o sujeito não tem evidentemente autoridade alguma. O sujeito sabe em que atividade está engajado, e quais objetos e aspectos de objetos são visados numa determinada cena – por exemplo, ao procurar uma meia vermelha na gaveta, ao comparar a cor de duas superfícies ou o odor de duas taças de vinho –, mesmo se não sabe

---

16 O caráter central da coordenação da atenção e o fato de que se trata da compreensão da intenção de outros foram destacados em particular por Michael Tomasello (2003, p. 25), que descreve do seguinte modo a ontogenia da capacidade de *joint attention*: "The general picture is thus that around 9-12 months of age human infants begin to understand others as intentional agents like the self, which enables them to understand adult intentions on specific occasions in two especially important ways. First, infants begin to monitor intentional states of other persons towards outside objects and so to engage with them in all kinds of joint attentional activities, including relatively extended periods of joint engagement – joint attentional frames – which serve to "scaffold" children's attention and learning. These joint attentional frames create a common intersubjective ground within which children and adults may understand one another's communicative attempts and their current relevance. Second, infants begin to monitor intentional states of adults towards themselves and their own intentional/attentional states, and so to understand the unique structure of communicative intentions." Do nosso ponto de vista, a oposição entre Tomasello e Perner acerca do papel da simulação na aquisição da linguagem, em oposição à necessidade de um quadro teórico mais geral (ou a oposição entre a *simulation theory* e a *theory-theory* da mente) é pouco importante – ver Perner (1993, cap. 11) e Tomasello (2003, p. 25-8).

como a organização da atividade destaca determinados objetos para a percepção e inibe outros.[17]

Como ações são individuadas em parte por objetos mundanos (como falar sobre a mesa que estou percebendo), falhas naquilo que sujeito trata como foco de sua atenção são sempre possíveis (na história das trocas de mesa acima, João erra ao tratar como sendo o mesmo objeto aqueles que, na verdade, são objetos diferentes). Mas como nossa capacidade rastrear objetos em cenas cambiantes é, em geral, confiável, também o é nossa capacidade de rastrear situações.

Este tipo de explicação estende-se também, pelo menos parcialmente, a alguns dos casos que interessam Perner: um sujeito pode não rastrear corretamente, por exemplo, propriedades de um objeto na situação real e na situação de faz-de-conta – digamos, tentar telefonar de fato com um telefone de brinquedo –, ou, talvez de maneira mais plausível, perder o traço do caráter contrafactual de um dado raciocínio. Se tudo isto é certamente possível, é difícil pensar que estas possibilidades minem nossa confiança no rastreamento destas diferenças, se nos engajamos com outros em atividades conjuntas que demandam

---

17 Para o papel de mecanismos subpessoais na coordenação da atenção mútua, ver Hanna e Tanenhaus (2005); para mecanismos subpessoais que determinam o que é percebido, ver Yantis (2000). Aqui estão alguns dos mais notáveis exemplos de pressão sobre autoconhecimento exercidos pelas ciencias cognitivas: que a percepção de elementos de uma cena passe por diferentes tipos de filtragem, que haja uma atividade do aparelho perceptivo que torna contínuo um mundo que se nos apresenta de maneira descontínua e assim por diante. Estas pressões não fazem no entanto que o sujeito não saiba para o que esta olhando, o que está fazendo, sobre o que está falando etc. Yantis descreve do seguinte modo a relação entre o controle *top-down* e o controle *bottom-up* da atenção: "... top-down attentional control cannot *prevent* attention from being captured by the singleton distractor, but rather it allows a fast and efficiently redirection of attention form the distractor to the target location." (YANTIS, 2000, p. 120). Se é claro que o sujeito não tem conhecimento de primeira pessoa sobre estes diferentes mecanismos atencionais, ele sabe em que atividade ele está engajado, e o que esta atividade visa será o alvo da sua atenção.

a capacidade para tais distinções, e nós nos engajamos com outros em atividades deste tipo.

A coordenação de ações não ocorre apenas para o que é acessível pela percepção, mas também em diferentes casos do que Herbert Clark chama de *joint pretense*. Os diferentes modelos de Perner são, no vocabulário de Clark, diferentes níveis nos quais, por exemplo, uma brincadeira de faz-de-conta se desdobra em diferentes domínios de ação (cf. CLARK, 1996, p. 354-60). A mesma coordenação em diferentes níveis vale para diferentes tipos de histórias (piadas, narrativas, encenações teatrais etc.) e para o que Clark chama *staged communicative acts*, como a ironia, o sarcasmo, as questões retóricas etc. Em todos estes casos de *joint pretense*, participantes de uma conversa coordenam suas ações simultaneamente em diferentes níveis, com relações determinadas entre si. Mais uma vez, um sujeito não poderia coordenar estas ações em diferentes níveis simultâneos com seus interlocutores se não soubesse o que visa com cada gesto e cada palavra.

Diferentes tipos de coordenação de ação não podem ocorrer sem que os participantes saibam em que tipo de atividade estão engajados, mesmo se não é necessário que eles se representem explicitamente estas diferenças. A coordenação de ações em diferentes níveis reforça a ideia de que o sujeito conhece estas diferenças de níveis com relações de acessibilidade determinadas, mesmo quando não é dele demandado a representação de tais níveis. Conhecer diferentes níveis é tratá-los de maneira adequada e, de maneira mais geral, o conhecimento da situação a que diz respeito uma ação é organizar a ação de maneira adequada. Este argumento é uma versão do argumento davidsoniano: sem conhecer suas próprias atitudes, um sujeito não seria interpretável, o que significa que não poderia entrar em interações triádicas – que Davidson chama de triangulações –, nem seria possível vê-lo como um agente (cf. DAVIDSON, 2001, p. 3-15). Note-se como este argumento aplica-se tanto a casos de *joint pretense* quanto à seleção de situações parciais a que dizem respeito enunciados. Não é necessário, no entanto, que o sujeito tenha um conhecimento metarrepresentacional das interações triádicas. Este argumento tem três diferenças em relação ao de Davidson:

não é preciso uma exigência tão forte em relação à exigência da posse de conceitos metarepresentacionais;

a triangulação pode se estender a casos de *joint pretense*, mesmo se estes casos dependem do acerto no nível primário de Clark, eles podem se desdobrar em diferentes níveis;

a coordenação de ações parece se desdobrar em mais níveis e ser menos teoricamente carregada do que a noção de interpretação.

A estas diferenças poder-se-ia acrescentar à conexão com este argumento a semântica de situações. Mais importante, no entanto, é ver como a conexão entre a compreensão de proposições e, mais geralmente, a coordenação de ações, e o problema do autoconhecimento retoma um caminho essencialmente davidsoniano.

Vamos retomar o que foi visto até aqui. Nosso ponto de partida foi identificar uma tensão entre a visão externista da inviduação de conteúdos de atos mentais e o conhecimento que sujeito tem dos próprios atos que organiza boa parte dos debates contemporâneos relativos ao autoconhecimento – há uma pressão externista que parece se exercer sobre o conhecimento que o sujeito pode ter daquilo que pensa, quer, imagina etc. O caminho proposto foi o de buscar um elemento na apreensão que o sujeito tem dos próprios atos sobre o qual tal pressão não se exerce. A distinção entre a capacidade do sujeito de lidar com representações que se reportam a diferentes situações ao mesmo tempo (presente e passada, real e imaginária, factual e contrafactual etc.) e sua capacidade metarrepresentacional nos permite identificar este elemento: um sujeito tem um saber falível, mas confiável, sobre a situação a que se reportam seus enunciados e, mais geralmente, suas ações. Ele tem autoridade sobre o componente atitudinal de seus atos, autoridade que é independente de sua capacidade (ou do exercício da capacidade) de se representar tais atitudes e que se manifesta em interações triádicas. A semântica de situações, postulando proposições com uma estrutura assimétrica, oferece um quadro teórico que parece particularmente compatível com este tipo de consideração, e permite ainda sua extensão à determinação de situações reais parciais a que dizem respeito enunciados e, mais geralmente, ações. A autoridade do próprio sujeito sobre a situação a que diz respeito seu enunciado, ou a que se reportam suas ações, explica sua capacidade de coordenação de suas ações com outros e de organização da própria ação. Mas será que este é realmente um problema relativo ao autoconhecimento?

IV

A suspeita que esta discussão não tenha uma conexão particular com o autoconhecimento pode vir de mais de uma fonte. Inicialmente, o teste da autoatribuição não parece desempenhar um papel importante. De maneira mais geral, a distinção entre o "teórico de situações" e o indivíduo capaz de metarrepresentações, destacado por Perner, tem um papel central no argumento proposto. Ora, a maneira mais natural de apresentar o modo como pressões externistas se exercem sobre o autoconhecimento reside precisamente no teste da autoatribuição, e parece difícil pensar que haja autoconhecimento relativo às representações sem metarrepresentação. Talvez haja uma outra fonte de ceticismo relativo à pertinência desta discussão para o tópico do autoconhecimento, mais geral e que afeta mesmo discussões como as de Burge ou Boghossian: tudo isto parece ter pouco a ver com o que geralmente se entende por conhecimento de si.

Vou propor dois movimentos para amenizar a primeira destas suspeitas. O primeiro deles parte da ideia que a distinção entre diferentes tipos de autoconhecimento favorece a postulação de uma estrutura proposicional como a proposta pela semântica de situações. A passagem de um nível não reflexivo a um nível reflexivo de autoconhecimento parece garantido pela arquitetura cognitiva mesma de agentes. De fato, segundo muitos autores, a autoatribuição está muito próxima de estados não reflexivos e esta proximidade decorre da constituição mesma de um agente racional, de maneira que se meu argumento puder ter estabelecido que o sujeito conhece as situações a que dizem respeito suas ações, uma transição não muito custosa – dada a racionalidade do agente – pode garantir autoatribuições destas atitudes. O segundo movimento será o de me contrapor diretamente à tese segundo a qual o externismo leva ao ceticismo em relação ao componente atitudinal de autoatribuições. Minha posição talvez seja esclarecida por este contraponto.

Há mais de um tipo de autoconhecimento, e o reconhecimento da assimetria na estrutura proposicional – e da assimetria na apreensão de proposições – pode ser útil para discernir os diferentes modos que um sujeito tem de se conhecer. John Perry, que está na origem da semântica de situações, distingue três noções de autoconhecimento: conhecimento relativo ao agente (*agent-relative knowledge*), conhecimento conectado a si (*self-attached knowledge*) e conhecimento acerca da pessoa que cada um é (*knowledge of the person one happens to be*) (cf. PERRY, 1998). O primeiro tipo é o conhecimento da perspectiva de um agente particular, por exemplo, 'isto é uma xícara de café', 'isto é uma mesa', ou 'o café está nesta direção'. O segundo tipo, o conhecimento de frases como 'eu sou brasileiro', 'eu vejo uma xícara de café' ou 'eu estou com dor de cabeça'. O terceiro tipo de conhecimento é análogo ao que se tem de outras pessoas, por exemplo, 'E.P.S. é brasileiro' ou 'E.P.S. está sentado à frente de uma xícara de café'.

O primeiro tipo de conhecimento tem como particularidade não exigir a representação de si mesmo como parte do que é pensado. Ao perceber algo, julgo que está a certa distância e em uma determinada direção em relação a mim mesmo. Não preciso buscar em relação a quem o que percebo é assim localizado – o conhecimento diz respeito a mim, mas não envolve uma representação de mim mesmo. Este é o papel de situações em relações às quais conteúdos são avaliados; eu sou sempre um componente de situações a que dizem respeito enunciados sobre o que percebo, sem que tenha que me representar este fato. Informações assim obtidas não demandam a representação de si mesmo. Elas são, no entanto, imediatamente integradas a informações conectadas a si (*self-attached knowledge*). Embora este segundo tipo de informação inclua a representação de si, ele não precisa de uma identificação posterior e diferente do conhecimento relativo ao agente. Mais precisamente, segundo Perry, a ideia de eu e a ideia do papel relativo ao agente, são idênticas.

A agregação de ideias dos dois primeiros tipos de conhecimento reflexivos, que são conhecimentos irredutivelmente de primeira pessoa, é muito estável, o que torna estável a formação mesma da ideia explícita de agente. Esta estabilidade não é outra senão a da ideia de agente racional. Este parece ser o ponto central da defesa de Shoemaker da autoridade especial que o sujeito tem sobre os próprios estados: a passagem de crenças de primeira ordem para crenças de segunda ordem, que é análoga à passagem do primeiro ao segundo níveis de crenças reflexivas de Perry, é garantida pelo fato mesmo do agente ser um agente racional.[18] Esta linha de raciocínio é desenvolvida ainda por Akeel Bilgrami, a partir de "*Freedom and Resentment*" de Strawson: a estabilidade do autoconhecimento é a estabilidade de nossas práticas avaliativas, nas quais a ideia de agente desempenha um papel central.[19]

A passagem de crenças de primeira ordem a crenças de segunda ordem, isto é, a autoatribuição de crenças, é assim garantida pela racionalidade mesma do agente. A transição para a crença que *p* para a autoatribuição da crença que *p* decorre da "sensibilidade racional" do agente, como argumenta Christopher Peacocke: ela não demanda uma inferência nem é indiferente às exigências de racionalidade do sujeito.[20] A passagem de um estado mental ɸ com o conteúdo *p* à autoatribuição deste estado é análoga ao tratamento do conteúdo perceptual como um conteúdo perceptual e não como resultado da imaginação, diz Peaco-

---

18 Ver, por exemplo, "On knowing one's own mind" e "First-person access" em Shoemaker (1996).

19 "Self-knowledge is necessary for responsibility *for no other reason* (and this is what shows it to have what I call a 'subsidiary position') than that our *evaluative* justifications of the practices of assigning punishment and blame seem to be apt only when self-knowledge is present." (BILGRAMI, 1998, p. 215; cf. também BILGRAMI, 1999).

20 "The intermediate view will hold that the first-order beliefs produced judgements which, in someone with minimal rationality and suitable conceptual capacity, will rationalize the self-ascription of the first-order state." (PEACOCKE, 1998, p. 84).

cke.²¹ Não é necessário uma metarrepresentação que trataria um conteúdo como sendo perceptual e não imaginado, mesmo se é preciso saber quando se trata de um caso ou de outro. Minha proposta é que a distinção entre conteúdos perceptuais e da imaginação, assim como a transição da posse de estado para a autoatribuição deste estado, revelam o conhecimento dos próprios estados, e são portanto casos de autoconhecimento.

De certo modo, parece que voltamos à aceitação do teste de autoatribuição, ou que pelo menos estamos a um passo de o fazer, por ser tão barata a passagem a um nível metarrepresentacional. Sem aumentar o preço desta passagem, não me parece interessante ignorar a distinção entre o *situation theorist* e o nível metarrepresentacional proposto por Perry. O contraponto com uma outra posição sobre o tema pode fazer aparecer mais claramente o que pretendo mostrar. Um artigo de Sven Bernecker, que estende o desafio externista aos componentes atitudinais do autoconhecimento, vai nos servir de contraponto (cf. BERNECKER, 1996).²² Segundo Bernecker, a autoridade da primeira

---

21 "Another pertinent case is that of beliefs reached by endorsing the content of one of the thinker's perceptual experiences. Here too the thinker makes a transition – and this time not an inferential transition – from one state with a certain content to a belief with an overlapping, or an appropriately related, content (depending on your views about the nature of perceptual content). Again, the sensitivity does not involve merely some grasp of relations of content between the two states involved in the transition. The thinker is also sensitive to which kind of initial state it is that has the content. He will not be prepared to take the content of imaginings, for instance, at face value in the same way.

"In cases of consciously based self-ascription of attitudes and experiences, a thinker similarly makes a transition not only from the content of some initial state, but also because the initial state is of a certain kind." (PEACOCKE 1998: 73)

22 Note-se que Bernecker remete Perner (1993) de uma maneira não inteiramente justa com seu trabalho, ao que me parece. Bernecker (1996, p. 266) diz que "the belief concept entails the distinction between reality and appearance" e acrescenta, no mesmo parágrafo, que crianças de antes dos três anos "lack the concept of belief since they take their thoughts as directly and correctly mirroring the world.". Talvez Bernecker tenha uma posição compatível com a de Gopnik, que cita diretamente, mas não com o Perner, que distingue justamente a capacidade de distinguir diferentes modelos da posse de conceitos relativos a estes modelos.

pessoa sobre a distinção entre frases como 'eu penso que *p*', 'eu espero que *p*' ou 'eu duvido que *p*' pode ser posta em dúvida por um argumento análogo ao de Burge em relação ao conteúdo de tais atitudes.

Imaginemos, propõe Bernecker, Oscar, um sujeito que tem uma concepção um tanto genérica de crença, segundo a qual 'acreditar', 'supor', 'decidir' e 'considerar' são sinônimos. Na sua comunidade de falantes, estes conceitos são distintos. Um dia, Oscar pensa 'eu acredito que artrite é dolorosa'; seu estado mental, no entanto, seria descrito por outros membros de sua comunidade como de suposição.

> Por tudo o que ele sabe, seu estado mental poderia ser um exemplo de suposição, decisão ou consideração. Para saber que ele *acredita que p*, Oscar teria que saber que o estado mental em que se encontra é do tipo que tem aspectos que são constitutivos de 'crença', como os membros de sua comunidade utilizam o termo. Mas ele não pode saber disto sem investigar seu meio social. Segue-se que Oscar é incapaz de saber, com autoridade, qual o componente atitudinal de seu pensamento. E como a identificação da atitude é um aspecto necessário do autoconhecimento, Oscar é incapaz de possuir um autoconhecimento privilegiado sobre sua condição mental. (BERNECKER 1996, p. 269-70)

O que é necessário para que Oscar saiba que seu estado é de crença e não de suposição, por exemplo? Em que reside a diferença entre os dois estados? A diferença está nos comportamentos diferentes entre uma e outra situação. Vamos partir de um outro exemplo: Oscar e seu irmão Bertie estão brincando de astronauta (estão viajando para a Terra Gêmea, buscando uma cura para a artrite). Eles sobem em uma mesa que fingem ser a nave espacial – suas ações se coordenam em dois níveis, como descrito por Clark. O que significa para Oscar não conhecer a diferença entre crença e imaginação? Para Oscar, não conhecer esta diferença é não distinguir os dois níveis nos quais a ação se organiza, por exemplo, ficar decepcionado ao constatar que a mesa não sai do chão, ou não subir na mesa alegando que é apenas uma mesa. Não é necessário ter os conceitos crença e imaginação para se engajar nestas atitudes – esta é a lição de Perner –, mas a distinção entre os tipos de estados mentais que se manifesta na coordenação adequada das ações é um conhecimento relativo aos próprios estados. Se Oscar não souber como coordenar os diferentes níveis, não souber a que se reportam seus diferentes estados, não poderá entrar em interações de *joint pretense*. Isto é certamente possível, mas não é uma falha do tipo imaginado por Bernecker – não tem a ver com variações de comunidades linguísticas, nenhuma variação em comunidades linguísticas, o resto permanecendo o mesmo, faria com que Oscar passasse a dominar a distinção entre acreditar e imaginar.

Oscar está assistindo uma aula de filosofia e seu professor diz: 'suponha que haja uma Terra Gêmea, na qual há um sujeito chamado 'Oscar', exatamente como você'. Se ele não conhecer a diferença entre suposição e crença, ele também não poderá seguir o raciocínio de seu professor – ele dirá talvez que não acredita que haja uma terra gêmea. Mais uma vez, sua incapacidade de lidar com a distinção está na incapacidade em entrar em interações de um determinado tipo. Nenhuma mudança em práticas linguísticas faria com que um sujeito incapaz de seguir um raciocínio deste tipo passasse dominar o conceito de suposição – ele tem uma falha no domínio das próprias representações.

É possível que uma pessoa seja capaz de lidar com raciocínios deste tipo e de participar de *joint pretenses* sem dominar inteiramente o aparato verbal que descreve tais atividades – este é o caso, claro, de crianças que brincam, realizam raciocínios contrafactuais e se engajam em outros tipos de *joint pretense*, mas adquirem progressivamente os termos para descrever tais atividades. Pelo critério de Bernecker, um tal sujeito não teria um conhecimento acerca dos próprios estados. Se pensarmos que o conhecimento acerca dos próprios estados reside em coordenar suas ações de maneira a rastrear corretamente as relações entre eles, este indivíduo tem um conhecimento acerca dos próprios estados, mesmo se ignora algumas práticas sociais relativas aos nomes de diferentes níveis de ação. Mas não basta dizer que um tal sujeito não conhece esse ou aquele termo. Seria preciso imaginar em que situação, a quem, por que Oscar diria a frase 'eu acredito que a artrite é dolorosa', ou ainda, a quem, em que situação, por que ele diria 'eu acredito que estas cadeiras são naves espaciais'. Se ele disser a alguém, seu ato de fala terá provavelmente o objetivo de coordenar ações, e ele poderá então ser corrigido – não sobre o que é imaginar, mas sobre o sentido do termo 'imaginar'. Se ele disser a si mesmo esta frase, deve-se responder por que ele o fez.[23] É claro que uma pessoa brincando de nave espacial não se diz 'eu acredito/finjo etc...' a não ser que tenha uma razão para tanto.

Este é o autoconhecimento exigido para a entrada em interações triádicas. Mesmo estando muito próximo da autoatribuição, esta é secundária para a compreensão do conhecimento dos próprios estados que são exigidos para a entrada em diferentes tipos de triangulação. Seria preciso ainda descrever de maneira um pouco mais exata as interações entre pessoas numa comunidade que não tivessem tais conceitos e, sobretudo, as interações linguísticas de um sujeito que não teria estes conceitos – para ver como, na medida em que o sujeito é capaz de entrar em tais interações, ele terá os conceitos que as descrevem. O paralelo com os argumentos usuais para o externismo parecerá um tanto superficial.[24]

V

Não sei em que medida estas considerações servem para convencer que existe um autoconhecimento no nível do *situation theorist* de Perner. Elas provavelmente nada farão para diminuir o desconforto daqueles que vêem pouca relação entre discussões relativas ao autoconhecimento teorias acerca da apreensão de proposições. Não vou propor algum argumento para fazer uma ponte destinada a cobrir suspeitas

---

23 Para uma descrição de situações nas quais um indivíduo fala a si mesmo, ver Gofman (1978). Esta fina análise de Goffman deve ser comparada com a postulação que o sujeito diga 'eu acredito que *p*' sem nenhuma razão particular.

24 Um desafio mais profundo para o autoconhecimento vem da crítica de Williamson (2000, p. 93-134) à transparência de estados mentais. Para uma interessante resposta a Williamson sobre este ponto, ver Dokic e Égré (no prelo).

tão vagamente definidas. Há, no entanto, uma consideração que pode diminuir este desconforto.

Se pensarmos que diferentes formas de autoengano revelam falhas no autoconhecimento, exemplos clássicos destes fenômenos se situam precisamente no componente atitudinal do autoconhecimento – de uma maneira que, significativamente, não demanda autoatribuições. Considere-se a seguinte descrição de Davidson de como a leitura de romances leva Emma Bovary a seu triste destino. O que a leva a se autoenganar é, inicialmente,

> ... seu desejo ilimitado por lugares e experiências que ela imagina que outros tenham, e que ela acredita merecer. Em segundo lugar, este desejo engendra imagens vívidas daquilo que ela quer e espera. Em terceiro lugar, ela age mais e mais como se aquilo que ela quer fosse o caso. Finalmente, comportando-se de acordo com seu mundo dos sonhos, ela passa gradualmente a tomá-lo como real (DAVIDSON, 2004, p. 227).

Este caso de autoengano situa-se inteiramente no componente atitudinal e, se o autoengano leva à admissão de limites no autoconhecimento, um elemento do autoconhecimento situa-se na coordenação correta de ações segundo seus diferentes níveis. Disse acima que o sujeito tem uma autoridade especial sobre a situação a que se reportam seus pensamentos – sobre o componente atitudinal de seus próprios atos, se quisermos colocar o problema na forma da autoatribuição, com as precauções já indicadas. O limite desta autoridade aponta para problemas clássicos do autoengano, da *akrasia* e de outros indicadores da inconsistência do sujeito, que devem ser de qualquer modo admitidos. Mas a hipótese de que situações como a de Emma Bovary sejam pervasivas, de maneira que nunca saberíamos se estamos ou não diante de um caso de confusão entre a ficção e o mundo real, nos privaria de uma distinção que é central nas nossas práticas relativas a histórias e, em geral, em *joint pretenses*; perderíamos as ferramentas conceituais para compreender justamente histórias nas quais ocorre uma tal confusão.[25]

Estas distinções não se perdem, porque enganos acerca das situações em relação a nossos enunciados devem ser avaliados e, de maneira mais geral, em torno das quais se coordenam nossas ações, são marginais. Isto é claro pelo fato mesmo de nos engajarmos em diferentes interações nas quais conceitos que descrevem e também servem a ajustar tais coordenações – como real e imaginário, presente e passado, etc. – ganham sentido e estabilidade. Esta também é a estabilidade de conhecimento de cada sobre seus próprios aquilo que é visado por cada uma de suas ações.

Referências bibliográficas

BARWISE, Jon. *Situation in logic*. CSLI Publications, 1989.
BERNECKER, Sven. "Externalism and the attitudinal component of self-knowledge", in: *Noûs*. 30, 1996, p. 262-75.
BILGRAMI, Akeel. "Self-knowledge and resentment", in: Wright, C. (ed.) *Knowing our own minds*. Oxford University Press, 1998, p. 207-42.
_____. "Why is self-knowledge different from other kinds of knowledge?", in: Hahn, L. E. (ed.) *The philosophy of Donald Davidson*. Chicago, 1999, p. 211-24.

---

25 Pode-se pensar também que, ao colocar um peso menor na autoatribuição, eu perderia o componente propriamente epistemológico do problema do autoconhecimento – afinal, se autoatribuições não são centrais, o que é propriamente conhecido? Seria mais uma vez longo procurar uma resposta a esta pergunta, que, de qualquer modo, não estou certo de ter. Parece-me, no entanto, que se pensarmos que um dos aspectos do conhecimento é lidar adequadamente com diferentes conteúdos, na organização de inferências, mas também na maneira como se toma tais conteúdos – citação de Peacocke na nota 21 acima –, então a manipulação correta de etiquetas, para retomar o vocabulário de Perner, é parte de uma teoria epistemológica.

BOGHOSSIAN, Paul. "Content and self-knowledge" in: Ludlow, P. e N. Martin (eds.) *Externalism and self-knowledge*. CSLI Publications, 1998, p. 149-73.

BURGE, Tyler (2007). *Foundations of mind*. Oxford University Press.

CLARK, Herbert. *Using language*. Cambridge University Press, 1996.

DAVIDSON, Donald. *Subjective, intersubjective, objective*. Oxford University Press, 2001.

_____. *Problems of rationality*. Oxford University Press, 2004.

DOKIC, Jérôme e Paul Égré (no prelo). "Margin for error and the transparency of knowledge", in: *Synthese*.

GIBBS, Raymond. "Metarepresentations in staged communicative acts", in: In Sperber, Dan (ed.) *Metarepresentations: a multidisciplinary perspective*. Oxford University Press, 2000, p. 389-410.

GOFFMAN, Erving. "Response Cries", in: *Language*, 54, 1978, p. 787-815.

HANNA, Joy E. e Michael Tanenhaus. "The use of perspective during referential interpretation", in: Trueswell, John C e Michael K. Tanenhaus. *Approaches to studying world-situated language use*. MIT Press, 2005 p. 133-52.

PEACOCKE, Christopher. "Conscious attitudes, attention, and self-knowledge", in: Wright, C. (ed.) *Knowing our own minds*. Oxford University Press, 1998, p. 63-98.

PERNER, Josef . *Understanding the representational mind*. MIT Press, 1993.

PERRY, John. "Myself and I", in: Stamm, Marcelo (ed.) *Philosophie in syntheticher absicht*. Klett-Cotta, 1998, p. 83-103.

RECANATI, François. Oratio obliqua, oratio recta – *an essay on metarepresentation*. MIT Press, 2000.

_____. *Perspectival thought: a plea for (moderate) relativism*. Oxford University Press, 2007.

SHOEMAKER, Sydney. *The first-person perspective and other essays*. Cambridge University Press, 1996.

TOMASELLO, Michael. *Constructing a language – a usage-based theory of language acquisition*. Harvard University Press, 2003.

YANTIS, Steven. "Goal-directed and stimulus-driven determinations of attentional control", in: Monsell S. e J. Driver. *Control of cognitive processes – attention and performance* XVIII. MIT Press, 2000, p. 73-103.

WILLIAMSON, Timothy. *Knowledge and its limits*. Oxford University Press, 2000.

DE PRIMEIRA PESSOA, PORÉM NÃO PESSOAL:
PENSANDO *DE RE* SOBRE SI MESMO

Hilan Bensusan
Universidade de Brasília

1. DAVID CHALMERS (1996) procurou defender uma posição acerca das propriedades qualitativas acessíveis em primeira pessoa que as entende como partes do mundo – uma vez que os *qualia* não podem ser reduzidos a outros itens de uma ontologia fisicalista e não podemos eliminá-los, eles devem ser partes integrantes do mobiliário do universo. A estratégia não é inaudita; Sellars (1962), por exemplo, julgou que eram as pessoas que não podiam ser nem reduzidas e nem eliminadas de uma ontologia fisicalista e, portanto, precisavam ser incluídas nela. Porém Chalmers não recomendou a inclusão dos *qualia* na ontologia porque eles desempenham um papel explicativo insubstituível, introduzem uma coerência inalcançável sem eles ou completam um quadro do mundo que, de outro modo, seria insuficiente. Bem pelo contrário, os *qualia* não explicam nada, não são coerentes com o resto dos itens postulados por uma ontologia fisicalista e nem completam o quadro traçado por tal ontologia – eles estão próximos de serem epifenômenos. Precisaríamos de tais itens porque, apesar de todas as dificuldades, temos que levar a experiência sensorial em primeira pessoa a sério e ela nos apresenta os *qualia* por *acquaintance*. O acesso de primeira pessoa às nossas sensações revelam este tipo especial de objeto – que não pode ser simplesmente deixado de lado por uma lista do que existe, segundo Chalmers. É certo caráter não-questionável do acesso aos *qualia* – o que não implica que o acesso a eles seja incorrigível – que fazem com que eles se imponham na ontologia.

A ideia é que temos que levar a sério nosso acesso a eles; ainda, talvez, que não possamos conhecê-los por meio de descrições – as descrições não capturam mais do que correlatos funcionais de *qualia*. Por isso, os *qualia* podem estar ausentes sem que se saiba, podem aparecer invertidos, podemos suspeitar de sua presença, ser capazes de descrever estados mentais sem apelar para eles. Eles escapam das descrições, mas, ainda assim, Chalmers pensa que temos acesso suficiente a eles para que tenhamos a obrigação de encontrar lugar para eles na ontologia. Sem eles, nossa ontologia teria as mesmas capacidades explicativas dos outros objetos, eventos e propriedades – outros que não envolvem *qualia* – mas estaria incompleta.

Gostaria de prestar atenção apenas em uma parte da manobra de Chalmers – nem defender seus resultados e nem sequer resgatar parte de seu procedimento. Gostaria de prestar atenção na tentativa de estabelecer que *qualia* são parte do mundo mesmo quando nossas descrições não os capturam. Minha preocupação aqui não é tanto ontológica, é antes acerca do caráter desse acesso a uma parte do mundo que Chalmers apresenta. Trata-se de um acesso por trato[1] com uma parte do mundo – propriedades qualitativas que são independentes do meu acesso cognitivo a elas e exibem uma medida de invariância em relação ao resto de minha vida mental. E trata-se, também, de um acesso de primeira pessoa a tais propriedades. O acesso de primeira pessoa é aquele que temos aos nossos desejos quando não precisamos consultar nossos comportamentos. É o que faz com que minhas crenças sejam transparentemente acessíveis a mim – para descobri-las apenas procedemos minha investigação acerca do mundo; o acesso às crenças (específicas) dos outros não é, pelo menos tipicamente, transparente.[2] Quando temos um acesso de primeira pessoa a objetos acessíveis em terceira pessoa, podemos tentar transformar esse acesso em um conhecimento por descrição ao invés de simplesmente ter um trato com alguma coisa. As descrições colocam os objetos em um contexto de outros

---

[1] A preocupação guarda analogias com aquela que orienta Bensusan (2008): o contato com alguma coisa que não aparece sob a forma de descrições.

[2] Sobre transparência das crenças ver Evans (1982, p. 225), Moran (2001), Bensusan & Pinedo (2007). As crenças dos outros não são tipicamente acessíveis com transparência, se bem que argumentos como os de Davidson (1991) apontam para a necessidade, para que a interpretação seja possível, de que algumas crenças que eu tome como verdadeiras sejam atribuídas aos outros.

objetos, propriedades, estados de coisa: colocam o objeto acessado em um fragmento de visão de mundo. As descrições apresentam objetos de uma maneira que os torna acessíveis a quem não está em uma posição de ter *acquaintance* com eles. Assim, minhas crenças, que podem ter seu conteúdo descrito, são objetos do meu trato, mas podem ser objetos de um acesso de primeira pessoa e de uma apresentação por meio de descrição. Já aquilo que escapa a qualquer tentativa de descrição – como Chalmers pensa que são os *qualia* – não pode ser acessado senão por meio de *acquaintance* sem que tenha, por isso, que ser um objeto interno ou pessoal.

Meu objetivo não é o de ressuscitar o argumento de Chalmers, nem sequer de mostrar que uma parte dele pode ser legítima. Nem sequer tenho qualquer compromisso com a noção de *qualia* – que considero problemática e duvidosa. Porém, interessa-me como a argumentação faz emergir uma conexão entre acesso de primeira pessoa a alguma coisa de um lado e o que é objeto de trato de outro. Tal conexão aponta para a mais interessante conexão entre o que é acessível em terceira pessoa e o que se apresenta de um modo não-indexical e *de dicto*.

2. O acesso de primeira pessoa a certos estados, processos, qualidades não parece ser nem incorrigível – admitindo que enunciados e pensamentos em primeira pessoa são, de fato, um acesso a alguma coisa e não simplesmente meras expressões de prazer, dor, medo etc. – e nem descartável. Falando pela última vez em *qualia*: que eles sejam concebidos frequentemente como incorrigíveis, em princípio indica apenas que eles são concebidos da maneira problemática, que invoca a sugestão de que eles não sejam muito mais do que modos de apresentação. A impressão de que não se pode descartar *qualia*, por outro lado, é o que move a intuição de que o problema de Chalmers é o problema difícil acerca da consciência. Consideremos o caso da tortura sádica e tecnológica de Crispin Wright (1998). Em uma sala de tortura, há um equipamento que possui uma maneira de medir (ou estimar) a intensidade da dor que a pessoa torturada sente e que exibe gráficos em uma tela enquanto a tortura acontece. Parece razoável considerar que quem está sob tortura

pode comparar os dados da tela com o que está acessando em primeira pessoa. O comportamento da pessoa torturada é função, dentre outras coisas, dos dois acessos a sua dor: ela pode compará-las, pode virar a cabeça para não ver a tela porque o gráfico torna demasiado explícito aquilo que ela está sentindo, pode-se persuadir de que a dor não é tão forte quanto ela está sentindo tanto quanto pode se persuadir de que a tela tem falhas. O acesso de primeira pessoa – aquilo que eu posso me dar conta – pode ser cotejado e contrastado de diversas maneiras com aquilo que pode ser acessado desde fora. Se o objeto não é privado, ele pode ser acessado em primeira e em terceira pessoa – pelo menos em princípio. No caso do acesso de primeira pessoa à dor, ele permite que eu seja capaz de descrever sua qualidade e sua intensidade de uma maneira que pode ser acessado por algum outro meio.

Richard Moran (2001) tentou nos acostumar com a ideia de que diferentes acessos a nossas próprias crenças podem conflitar – como em casos próximos às variedades de paradoxos de Moore (como em *p mas não creio que p*, *p mas creio que não-p*) – e não podemos, pelo caráter normativo das crenças, abrir mão da transparência do nosso acesso de primeira pessoa a elas – aquilo que torna possível determinar nossas crenças apenas investigando o mundo. Em alguns trabalhos recentes[3], eu procurei defender a ideia de que nossas crenças podem ser acessadas de duas maneiras que podem conflitar e considerar alguns aspectos deste duplo acesso. A imagem que emerge é a de um autoconhecimento por duas vias em que não há garantia de que qualquer eventual *diaphonia* vai poder ser dissipada. No caso das crenças – dos conteúdos de pensamento em geral – podemos cotejar o resultado dos dois acessos; acessamos objetos publicamente disponíveis. De alguma maneira, conquanto conteúdos estejam em questão, não há muitos elementos incomensuráveis e conteúdos acessíveis em primeira pessoa, publicamente examináveis, podem ser considerados e questionados por

---

3 Em Bensusan & Brea 2006, consideramos as consequências do duplo acesso para a visão de terceira pessoa. Em Bensusan 2007, Bensusan & Pinedo 2007 e Bensusan (2008: 270-83) alguns aspectos da relação entre transparência e as variedades de paradoxo de Moore são investigados.

quem os compreenda. Ambiguidades e uma impressão de vagueza podem se insinuar pela interpretação; por exemplo, quando a crença que eu acesso em primeira pessoa contém expressões indexicais. Em alguns casos, pelo menos, encontramos uma diferença de caráter – no sentido de Kaplan e Perry – entre a crença acessada pelas duas vias. Um cotejamento das duas vias pode ser central para a interpretação das nossas crenças – mesmo das minhas crenças acessadas em primeira pessoa – e para a explicação do meu comportamento – como no caso da tortura sádica e tecnológica de Wright. Por exemplo, uma crença acessada em primeira pessoa e expressa por meio de demonstrativos pode parecer coincidir com uma crença invocada para explicar comportamentos e, posteriormente, descobrimos – ou quem teve as crenças pode descobrir – que elas têm conteúdos distintos. Imaginemos que uma pessoa em Mossoró se dá conta – por meio de uma investigação da região – de que *aqui tem petróleo*. Ela compra uma certa quantidade de terra e a perfura sistematicamente. A crença *aqui tem petróleo* é acessada em primeira pessoa e a crença de que na *região há petróleo* é a melhor explicação do comportamento da pessoa de comprar terras e perfurar em busca de petróleo. As terras perfuradas estão em torno do lugar onde a pessoa originalmente se deu conta de que *aqui tem petróleo*; de modo que há uma certa ambiguidade quanto a se o conteúdo acessado pelas duas vias é o mesmo. Quando o petróleo é encontrado, descobrimos que ele não estava onde a pessoa acreditou que ele estivesse, o que fica claro considerando a investigação da região que fora empreendida pela pessoa. Ou seja, podemos descobrir que o conteúdo da crença acessada em primeira pessoa – expressa com o auxílio de demonstrativos – não é o mesmo conteúdo da crença que explica o comportamento. Além disso, o acesso de terceira pessoa pode fazer revisar o que tomamos como sendo aquilo de que nos damos conta.

A ideia de um acesso de primeira pessoa a conteúdos de pensamento pode invocar a ideia de uma distinção entre conteúdos largos e conteúdos estreitos – sendo os últimos relativos ao nosso ponto de vista. A distinção se ergue sobre a possível diferença entre conteúdos acerca do que me parece e conteúdos acerca do que é; e, portanto, sobre a imagem que McDowell (1982) classicamente batizou de Máximo Fator Comum (MFC) – o conteúdo estreito é o máximo fator comum entre os possíveis cenários de conteúdos sancionados pelo mundo. A ideia de MFC nos permite dizer que conteúdos estreitos não podem ser corrigidos – como não posso ser corrigido acerca do que me parece, ainda que esteja enganado sobre como são as coisas. No caso da percepção, a concepção que McDowell propõe para substituir MFC permite que o conteúdo de nossas percepções possa ser especificado por meio de uma disjunção – podemos, portanto, especificar em terceira pessoa um conteúdo percebido sem apelar para nenhum MFC, enquanto apelamos para não mais que uma disjunção para especificar em primeira pessoa o conteúdo percebido. A ideia de uma linguagem dos conteúdos estreitos não decorre da concepção das duas vias em direção ao conteúdo – quem aceita as duas vias não precisa postular conteúdos estreitos. Os conteúdos de pensamento podem ser entendidos como sendo publicamente inspecionáveis e capazes de serem os mesmos – e de se corrigirem mutuamente – quando em primeira ou em terceira pessoa; dois acessos para o mesmo conteúdo.

3. John Perry (1979) nas sugestivas últimas linhas escreve acerca de proposições que podem ser acessadas de uma maneira *de re* ou *de dicto*, com ou sem expressões indexicais:

> Qualquer um em qualquer momento pode ter acesso a qualquer proposição. Mas não de todo modo. Qualquer um pode acreditar de John Perry que ele está fazendo uma confusão. E qualquer um pode estar no estado de crença classificado pela frase "eu estou fazendo uma confusão". Mas apenas eu posso ter a crença por estar em tal estado. Há espaço nesse esquema para proposições *de dicto*, para caracterizações dos estados de crença de alguém que não incluam nenhum elemento indexical.

A mesma proposição, dois modos distintos de acessá-la. Uma maneira associada à posição e, portanto, indexical e *de re* e uma maneira *de dicto* em que os elementos indexicais são interpretados de modo a termos uma descrição que não deixe traços da relação de posição em que se apresentou a proposição acessada em um dos seus modos. Se considerarmos os diferentes modos como tendo uma diferença de posição – desde onde a proposição é contemplada – teremos uma diferença de acesso ao mesmo objeto. E o objeto é a proposição que pode ser especificada por meio de frases que não incluam elementos indexicais – nem se trata necessariamente de privilégio da apresentação *de dicto* da proposição – da descrição que não faça uso de expressões indexicais. A proposição pode ser acessada de maneiras distintas. Perry segue escrevendo:

> Uma proposta mais radical seria eliminar os objetos de crença inteiramente. Pensaríamos em crenças como um sistema de relações de vários graus entre pessoas e seus objetos. Ao invés de dizer que eu acredito na proposição *de re* que consiste de mim e de uma proposição aberta, x está fazendo uma confusão, nós diríamos que eu estou na relação, acreditar que uma confusão está sendo feita, comigo mesmo. Há várias maneiras de estar em uma tal relação comigo, isto é, uma variedade de estados de crença em que eu posso estar. E estas maneiras seriam classificadas por frases com indexicais. Nesta visão, crenças *de dicto*, já retiradas de seu papel central na filosofia da crença, seriam vistas como meramente uma ilusão, engendrada pelo caráter implícito de muita indexicalidade.

Se as crenças não têm um objeto com uma apresentação privilegiada, elas podem ter um caráter irredutivelmente *de re*, implicitamente indexical. Trata-se de uma proposta de dissolver o objeto de uma crença em um conjunto de relações entre quem acredita e o objeto acerca do qual há crença independentemente do que sabemos sobre tal objeto. Nessa proposta, a crença não é pensada mais como tendo um conteúdo isento de indexicalidade, mas como uma relação entre quem tem a crença e uma parte do mundo. Aqui me interessa considerar, sobretudo, que conteúdos não tenham uma formulação privilegiada baseada em descrições sem elementos indexicais – ou há duas vias para o mesmo objeto, como no caso do acesso de primeira e terceira pessoa a um conteúdo pensado, ou há um caráter irredutivelmente indexical em todas as crenças. Em ambos os casos, não há um privilégio da apresentação *de dicto* do conteúdo de pensamento.

A ideia de duas vias nos leva a considerar as relações entre acessos *de re* e *de dicto*, de um lado, e acessos de primeira e de terceira pessoa, de outro. Crenças acessadas em primeira pessoa podem ser apresentadas de uma maneira *de re* ou *de dicto* – posso me dar conta de que *estou em Salvador-Bahia* ou de que *não há anéis nos meus dedos*, mas também de que *faz sol*. Dependendo de outras opções em filosofia da crença, posso ter razões para (acreditar que posso) formular todas essas crenças de uma maneira *de dicto*. Posso então atribuir essas mesmas crenças a alguém em terceira pessoa – e talvez até em suas formulações *de re* (X acredita que acredita que *em seus dedos não há anéis*). Porém, nem todas as crenças de que eu me dou conta em primeira pessoa podem ser apresentadas em uma forma *de dicto* – e algumas dessas crenças talvez nem possam ser atribuídas a mim em terceira pessoa. Podemos estar às voltas com uma indeterminação, em terceira pessoa, entre as crenças de que *a criança que tiver a melhor educação para a audácia na próxima década será a primeira a fazer fusão nuclear doméstica* e *a criança que tiver a melhor educação em física atômica na próxima década será a primeira a fazer fusão nuclear doméstica*, atribuíveis a uma pessoa, que promove tanto a educação em física atômica quanto a educação para audácia nas crianças – tendo em vista o desenvolvimento de tecnologia de fusão nuclear em escala doméstica. (Ou, compare, *a pessoa que está fazendo uma confusão no supermercado não é a pessoa que está se vendo no espelho* e *a pessoa que está fazendo uma confusão no supermercado não deve fazer nada a respeito*.) Pode haver casos em que nos damos conta de crenças em uma apresentação *de re* que dificilmente seriam atribuídas em forma *de dicto* em terceira pessoa. Fica parecendo que crenças acessadas em primeira pessoa *de re* podem exibir uma opacidade em relação ao seu modo de apresentação que pode gerar indeterminação quando tentamos determinar a crença em terceira pessoa.

A insistência de Chalmers no problema difícil da consciência sugere que há itens acessados em primeira pessoa apenas e que escapam de descrições só podendo ser acessíveis por *acquaintance*. Não precisamos considerar propriedades meramente qualitativas de estados mentais, nem precisamos considerar a experiência como tendo um caráter intransferível em princípio. Talvez seja suficiente que consideremos acessos de primeira pessoa de modo *de re* que, ou por não poder ser expresso de maneira *de dicto*, ou por não ser acessível em terceira pessoa, seja um elemento que não possa ser considerado senão em primeira pessoa e de um modo que dependa de um acesso por trato. Note que a *acquaintance* requer que seu objeto não seja apresentado de modo *de dicto*, não seja mostrado como uma descrição – ainda que nem toda apresentação *de re* de um objeto, por outro lado, requer uma relação de *acquaintance*. Então, podemos dizer que Chalmers nos convida a considerar objetos no mundo que sejam acessíveis apenas por trato e em primeira pessoa. Não se segue que eles sejam incorrigivelmente acessados – e nem sequer que possamos ter certezas acerca delas. Mas a ideia é que parte do mobiliário do universo requer um acesso em primeira pessoa e *de re*. Eis a ousada tese de Chalmers: há partes do mundo que são indexicais até a medula e que não podem ser acessadas senão em primeira pessoa.

Acredito que esta tese é falsa. Mas trata-se de uma falsidade interessante – se posta em termos de acesso de primeira pessoa e de indexicais. Pode ser que não apenas o pensamento, mas também itens do mundo sejam irredutivelmente indexicais – e essa é uma tese metafísica interessante. A ideia de que tais itens possam ser também acessíveis apenas em primeira pessoa parece menos plausível e, de alguma maneira, remete a uma concepção de conteúdo tributária da ideia de que certos conteúdos são estreitos – e acessíveis apenas por introspecção. Talvez o interesse da tese falsa de Chalmers seja então a ideia de que haja itens indexicais no mundo – que o mobiliário do universo contenha itens, por assim dizer, posicionais sem ser por isso mesmo projeção de um sujeito. Independência e indexicalidade parece ser a combinação que merece ser explorada de uma maneira mais cuidadosa. Gostaria de concluir apenas explorando brevemente um sentido em que tais itens possam ser não-subjetivos: o sentido em que eles possam ser não-pessoais.

4. Algumas vezes fala-se de um eu mínimo em contraste com o eu narrativo (por exemplo, Gallagher, 2000). O primeiro seria um eu menos associado a uma consciência unificada. Entendo essa ideia como uma concepção de eu em que a identidade pessoal não estivesse pressuposta. Ou seja, não haveria em pensamentos e estados atribuídos a mim mais do que um eu que os agrega, que compõe cada um desses estados. Não haveria um eu integrador substantivo que fosse a autoria dos meus estados mentais – e nem um sujeito que seja o objeto do auto-conhecimento, um eu que eu conheço na medida em que acesso meus estados mentais. Os estados mentais seriam meus apenas em um sentido mínimo: são aqueles postos em meu quinhão. Assim, a cada um destes estados que eu conheço, eu não amplio meu conhecimento de um objeto do autoconhecimento – eu – e nada suporta minhas induções acerca dos estados mentais que eu ainda não acessei. Toda unidade entre minhas crenças, desejos, medos e dores não é produto de uma pressuposição de base, mas antes é uma conquista; a identidade pessoal não é dada senão como tarefa – tarefa que pode fracassar ou mesmo ser abandonada.[4] Um eu mínimo é um eu em que a identidade pessoal não é uma suposição de base e, assim, não há um sujeito da dor, medo ou crença que seja um constituinte inarticulado de expressões como "dói meu braço" ou "dou-me conta da crença de que faz sol". Há um braço que dói, há uma crença de que faz sol – e

---

4 Talvez uma analogia interessante aqui é com a posição de Michael Williams (1991) acerca do ceticismo acerca do conhecimento do mundo externo: ele diagnostica que se rejeitarmos a suposição de que há um objeto unificado a ser chamado de "conhecimento do mundo externo" o ceticismo perde muito de sua força. Analogamente, a ideia aqui é rejeitar que haja um objeto unificado para o conhecimento de mim mesmo (ou de meus próprios estados e processos mentais).

disso posso saber por uma autoatribuiçao (em terceira pessoa), mas posso também acessar por um *avowal* – posso me dar conta. O acesso de primeira pessoa, que pode ser explicitamente indexical, não requer mais do que um eu mínimo. Ou seja, não precisamos supor uma noção de identidade pessoal senão para descrever de quem é a dor ou quem acredita – e podemos conhecer nossos próprios estados e processos mentais passando ao largo dessas descrições.

Trata-se da tese que poderia ser apresentada como subsidiária da de Chalmers, mas que certamente é vizinha dela, de que o acesso de primeira pessoa pode ser levado a sério mesmo sem a ideia de que haja tal primeira pessoa. Quando identifico uma dor no braço por um acesso de primeira pessoa, estou tendo contato com um braço que é meu apenas no sentido de que está no meu quinhão – está dentro do escopo do que eu posso ter contato em primeira pessoa. Talvez a primeira pessoa não seja mais do que uma posição; talvez não seja mais do que o que é demonstrado nos demonstrativos. Não é preciso um eu no sentido forte, substancial, para que *avowals* possam ser mais do que expressões – eles podem indicar um acesso a alguma coisa que não precisa ter uma identidade definida. O autoconhecimento não precisa ter um grande objeto único. E o acesso que tais *avowals* inauguram não precisa ser um acesso diferente daquele que temos quando fixamos o caráter demonstrativo de uma expressão – seu uso referencial. Nossos dispositivos de acesso de primeira pessoa podem ser não mais do que aqueles que nos permitem referir sem poder oferecer descrições daquilo a que nos referimos. E tal acesso não requer capacidades alheias às capacidades de pensamento – pensamos sobre nós, ainda que não seja em termos de nossas pessoas. Talvez nosso acesso de primeira pessoa possa ser genuíno e, ainda assim, ter como objeto algo múltiplo, incoerente e apenas palidamente contemplado. Podemos nos dar conta de coisas que não incluímos em nossa explicação de nós mesmos, em nossa imagem consciente de quem somos ou em nossa descrição de como estamos. Nesse caso, podemos ter muitas surpresas ao seguir a insígnia "conhece-te a ti mesmo". Talvez saibamos mais do que podemos encaixar em uma narrativa de nós. Pode ser que haja muito mais auto-conhecimento em nós do que supõe nossas vãs descrições *de dicto* acessíveis em terceira pessoa de nós mesmos.

Referências bibliográficas

BENSUSAN, H. "O pensamento sem luz própria", in: Smith, P. J. & Silva Filho, W., *Ensaios sobre o ceticismo*. São Paulo: Alameda, 2007 p. 245-58.

_____. *Excessos e exceções – por uma ontologia sem cabimento*. Aparecida: Ideias e Letras, 2008.

_____. e Brea, G. "Ist meine eigene Weltanschauung third-personal enough?", in: *Proceedings of the 29th International Wittgenstein Symposium*, vol. 29. Kirchberg: Austrian Wittgenstein Society, 2006, p. 50-2.

BENSUSAN, H. e PINEDO, M. "When my own beliefs are not first-personal enough", in: *Theoria*, 58, 2007, p. 35-41.

CHALMERS, D. *The Conscious mind: in aearch of a fundamental theory*. Oxford: Oxford University Press, 1996.

DAVIDSON, D. "Three varieties of knowledge", in Griffiths, A. P. (ed.), *A. J. Ayer memorial essays*. Cambridge: Cambridge University Press, 1991, p. 153-66.

EVANS, G. *The varieties of reference*. Oxford: Clarendon Press, 1982.

GALLAGHER, S. "Philosophical conceptions of the self", in: *Trends in cognitive science*, 4, 1, 2000, p. 14-21.

MCDOWELL, J. "Criteria, defeasibility, and knowledge", in: *Proceedings of the British Academy*, 68, 1982, p. 455-79.

MORAN, R. *Authority and estrangement*. Princeton: Princeton University Press, 2001.

PERRY, J. "The problem of the essential indexical", in: *Nous* 13(1), 1979, p. 3-21.

SELLARS, W. (1962). "Philosophy and the scientific image of man", in: Colodny, R. (ed.) *Frontiers of science and philosophy*. Pittsburgh: University of Pittsburgh Press, 1962, p. 35-78.

WILLIAMS, M. *Unnatural doubts*. Princeton: Princeton University Press, 1996.

WRIGHT, C. "Self-knowledge: the Wittgensteinian legacy", in: Wright, C.; Smith, B.; Macdonald, C. (eds.), *Knowing our own minds*. Oxford: Oxford University Press, 1998, p. 13-46.

Expressivismo, verdade e conhecimento

Alexandre N. Machado
Universidade Federal do Paraná

1. Introdução

A EXPRESSÃO "AUTOCONHECIMENTO" é usada em filosofia da mente para designar o fenômeno do conhecimento que uma pessoa tem da sua própria mente. Não há muita controvérsia sobre se há ou não autoconhecimento. Não há muita dúvida que uma pessoa pode saber se, por exemplo, ela acredita ou não em Deus. Se uma pessoa acreditar em Deus e quiser dizer isso, poderá fazê-lo usando a frase "Creio em Deus". Dado que, nesse caso, a pessoa diz que acredita em Deus por meio de uma frase na primeira pessoa do singular, com um verbo psicológico no presente do indicativo, poder-se-ia pensar que toda frase com essa estrutura gramatical, quando pronunciada sinceramente, veicula autoconhecimento. Chamemos tais frases de "manifestações", uma tradução aproximada do inglês *avowals* e do alemão *Ausserungen*, dois termos introduzidos na discussão por influência dos estudos da obra de Wittgenstein. Disso se poderia concluir que a frase "Sinto dor", por exemplo, quando pronunciada sinceramente, veicula autoconhecimento.

Algumas vezes sabemos que acreditamos nisso ou naquilo refletindo sobre nosso próprio comportamento, verbal ou não verbal, como quando descobrimos, em uma sessão de psicanálise, por exemplo, que temos uma determinada crença sobre uma outra pessoa. Mas então como sabemos que temos dor, dado que não o sabemos por meio da reflexão sobre o nosso próprio comportamento? Que tipo de faculdade permite esse conhecimento, dado que não é a percepção nem a capacidade de inferir?

Parece natural dizer que sabemos ter uma dor porque *sentimos* dor. Todavia, parece que, para que essa seja uma resposta satisfatória, dever haver uma diferença nas condições de verdade de "Tenho dor" e "Sinto dor". E a razão disso é que a justificação para uma alegação de conhecimento não pode ser que o estado de coisas que se alega saber é um fato. Não faz sentido dizer, por exemplo, que sabemos estar a porta aberta porque a porta está aberta. Pela mesma razão, não faz sentido dizer que sabemos estarmos com dor porque estamos com dor. Mas será isso que tentaremos dizer ao dizermos que sabemos que estamos com dor porque sentimos dor, se não houver diferença nas condições de verdade de "Tenho dor" e "Sinto dor". E parece que não há nenhuma diferença aí. Poderia ser o caso que alguém tivesse dor e não sentisse dor? Parece que não. Mas alguém poderia objetar que isso mostra, se mostra, que o fato de alguém ter dor e o fato de sentir não podem ocorrer independentemente, mas não que sejam o mesmo fato. Todavia uma tal objeção supõe, sem explicar, a diferença entre esses supostos fatos.

Mas mesmo que não haja uma diferença entre ter dor e sentir dor, parece que há entre ter dor (ou sentir dor) e saber que se tem dor (ou se sente dor). Mas alguém poderia ter dor e não saber que sente dor? Aqui novamente se poderia objetar que se trata de dois fatos cuja concomitância é necessária. As frases "Tenho dor" e "Sei que tenho dor" expressariam proposições equivalentes, mas as condições de verdade dessas duas proposições seriam diferentes. Aqui também se poderia replicar que isso supõe a distinção sem explicá-la. Entretanto, nesse caso a diferença parece mais intuitiva que no caso anterior. Mas então qual seria as condições de verdade de "Sei que tenho dor"? É claro que, quando sou eu quem pronuncia essa frase, parte dessas condições, necessária mas não suficiente, é o fato que tenho dor, pois o conhecimento é factivo, ou seja, necessariamente aquilo que se sabe é um fato. O que mais, então, é necessário? O que justifica a crença verdadeira de que temos dor?

A formulação do problema da natureza "autoconhecimento" por meio de tais perguntas exclui uma resposta que não supunha que as manifestações, tal como a frase como "Tenho dor", sejam cognitivas, isto é, que descrevam verdadeiramente algo que seu usuário pode ou deve saber. Ela exclui, portanto, o que se costuma chamar de expressivismo, uma teoria geralmente atribuída a Wittgenstein (cf. BAR-ON, 2004; GLOCK, 1996, p. 153ss; HACKER, 1997, p. 298) segundo a qual as manifestações têm uma função meramente expressiva, assim como "Ai!", por exemplo, não sendo, por isso, apofânticas, isto é, não sendo nem verdadeiras, nem falsas, muito menos cognitivas.[1] Poder-se-ia pensar que essa exclusão é bem-vinda, dado que o expressivismo é *prima facie* implausível e enfrenta dificuldades aparentemente insuperáveis.

Dorit Bar-On (2004) concorda com esse diagnóstico do expressivismo, que ela denomina "expressivismo simples". Entretanto, ela apresenta e defende uma versão do expressivismo, denominada "neoexpressivismo", que alegadamente é compatível com o caráter cognitivo e, portanto, apofântico das manifestações. No que se segue, argumentarei que (1) é errado atribuir a Wittgenstein o expressivismo simples, (2) que o expressivismo de Wittgenstein é compatível com o caráter apofântico das manifestações e (3) que o neoexpressivismo de Bar-On possui uma conseqüência inaceitável. Devo frisar que não vou defender que o expressivismo é a melhor teoria das manifestações.

2. O ponto de Geach

Peter Geach elaborou um argumento contra o não-cognitivismo em ética (cf. GEACH, 1969) que pode ser adaptado contra o expressivismo simples. De acordo com uma versão do não-cognitivismo em ética, as frases morais são usadas apenas para expressar aprovação e desaprovação e não de modo apofântico. Uma primeira objeção a essa teoria consiste em mostrar que *há* contextos em que as frases morais são usadas de modo apofântico. Trata-se dos casos em que elas estão embebidas em frases complexas, como condicionais. Esse é o caso

---

[1] A expressão "apofântica" tem origem nos textos de Aristóteles. O logos apofântico, segundo Aristóteles, é o discurso verdadeiro ou falso. Não uso o habitual "assertivo" porque isso obrigaria a dizer de uma frase que aparece como antecedente ou consequente de uma condicional que está sendo usada de modo assertivo sem que se esteja asserindo o que ela diz, o que soa paradoxal.

da frase "Mentir é errado" embebida na frase complexa "Se mentir é errado, então levar seu irmão mais novo a mentir é errado", por exemplo. Se uma condicional é uma função de verdade, então a frase "Mentir é errado" deve ser verdadeira ou falsa. Para evitar essa objeção, o expressivista pode argumentar que sua tese vale apenas para as frases morais não embebidas em frases complexas. Mas ao responder à primeira objeção desse modo, o expressivista terá que negar a validade da seguinte inferência:

    1. Se mentir é errado, então levar seu irmão mais novo a mentir é errado.
    2. Mentir é errado.
    3. Logo, levar seu irmão mais novo a mentir é errado.

Na premissa (1), a frase "Mentir é errado" aparece embebida em uma frase mais complexa, mas na premissa (2) ela aparece não embebida. Por isso, o expressivista terá que dizer que o conteúdo dessa frase não é o mesmo em (1) e (2). Mas se não for, então a inferência acima é uma falácia por equivocação, tal como a seguinte:

    4. O fim de algo é o que lhe dá sentido.
    5. A morte é o fim da vida.
    6. Logo, a morte é o que dá sentido à vida.

Uma objeção análoga pode ser feita ao expressivismo simples. Se o expressivista argumentar que sua tese vale apenas para manifestações não embebidas em frases complexas, ele terá que admitir que a seguinte inferência é uma falácia de equivocação:

    7. Se tenho dor, quero ir ao médico.
    8. Tenho dor.
    9. Logo, quero ir ao médico.

Mas, tanto a inferência 1-3 quanto a inferência 7-9 parecem ser perfeitamente válidas. Além disso, mesmo que 7-9 não fosse uma falácia de equivocação, como o expressivista poderia explicar a validade de

7-9, dado que (8) não é nem verdadeira nem falsa? A mesma dificuldade ocorre com relação à inferência 10-12:

10. Ele tem dor.
11. Eu tenho dor.
12. Logo, há pelo menos duas pessoas que têm dor.

O expressivista não poderia explicar a validade de 7-9 e 10-12, dizendo que são válidas porque é impossível que suas premissas sejam *verdadeira* e suas conclusões sejam *falsasi*, pela boa razão que, segundo ele, suas premissas não são nem verdadeiras nem falsas. Essa é uma dificuldade que o expressivista parece não ter como superar.

3. Wittgenstein

A principal justificação oferecida para se atribuir o expressivismo simples a Wittgenstein é a interpretação de certas passagens das *Investigações Filosóficas*. Em §244 Wittgenstein diz:

> Como as palavras se referem às sensações? – Parece não haver nenhum problema aqui; não falamos sobre as sensações todos os dias e lhes damos nomes? Mas como a conexão entre nome e coisa nomeada se dá? Essa questão é a mesma que essa: como os seres humanos aprendem os significados dos nomes das sensações? – da palavra "dor", por exemplo. Eis uma possibilidade: as palavras estão conectadas com as expressões naturais, primitivas da sensação e usadas no seu lugar. Uma criança se machucou e chora, então um adulto fala com ela e a ensina exclamações e, depois, frases. Ele a ensina um novo comportamento de dor.
> "Sendo assim, estás dizendo que que a palavra 'dor' realmente significa o choro?" – Pelo contrário: a expressão verbal de dor substitui o chorar e não o descreve (WITTGENSTEIN, 1958, p. §244).[2]

---

[2] Todas as traduções no presente texto são minhas.

Alguns intérpretes, como Gordon Baker (1998), chamam atenção para o fato de Wittgenstein dizer "Eis *uma possibilidade*...", aparentemente deixando em aberto que haja outras possibilidades. Isso significa que Wittgenstein não estaria defendendo uma teoria sobre as manifestações, mas apenas chamando atenção para uma possibilidade negligenciada. Em 2001, eu argumento que interpretar o texto dessa forma torna ininteligível a estratégia terapêutica de Wittgenstein. Mas aquilo para o qual desejo chamar atenção nessa passagem é o fato de nada nela implicar que as manifestações não são apofânticas. Mesmo que, nessa passagem, Wittgenstein esteja defendendo que manifestações são expressivas, disso não se segue que elas não são nem verdadeiras nem falsas. É claro que exclamações não são apofânticas. Não faz sentido dizer "É verdade que ai!". E se exclamações são expressivas e manifestações as substituem, então manifestações são expressivas. Mas disso não se segue que manifestações não são apofânticas. Isso somente seria o caso se houvesse uma incompatibilidade entre o caráter expressivo de uma frase e seu o caráter apofântico. Mas, como procurarei mostrar, isso não é o caso.

Por vezes se diz que Wittgenstein está negando que manifestações sejam *descrições*. Mas isso tampouco é o caso. Em §290-1, Wittgenstein diz:

> O que faço não é, naturalmente, identificar minha sensação por meio de critérios, mas repetir uma expressão. Mas isso não é o *final* do jogo de linguagem: é seu começo.
> Mas o começo não é a sensação – que eu descrevo? – Talvez a palavra "descrever" nos confunda aqui. Eu digo "Descrevo meu estado mental" e "Descrevo minha sala". Você precisa se recordar as diferenças entre os jogos de linguagem.
> O que chamamos "*descrição*" são diferentes instrumentos para usos particulares. [...] Pensar na descrição como uma figura em palavras dos fatos tem algo de enganador [*Irreführenders*]: tende-se a pensar apenas das figuras penduradas nas nossas paredes, que parecem simplesmente retratar como as coisas parecem, como elas aparentam.
> (WITTGENSTEIN, 1958, p. §§290-1)

Nessa passagem Wittgenstein está chamando a atenção para o fato de nem tudo aquilo que chamamos descrição compartilhar os mesmos aspectos salientes. Mesmo que haja descrições cuja função seja "*simplesmente* retratar como as coisas parecem, como elas aparentam", disso não se segue que todas assim o sejam. Ele admite que podemos dizer que descrevemos nosso estado mental quando dizemos "Tenho dor". O erro consiste não em pensar que dizemos algo verdadeiro ou falso por meio dessa frase, mas em pensar que isso é tudo que fazemos ao proferí-la. Quando digo "Tenho dor", digo algo verdadeiro ou falso, mas também expresso minha dor, tal como quando digo "Ai!".

4. Expressão e asserção

Um caso análogo ao das manifestações pode ajudar a ver que não há nada intrinsecamente incompatível entre o caráter apofântico e o caráter expressivo de uma frase. Quando pronunciamos uma frase claramente apofântica de forma sincera, também expressamos um crença. Por exemplo: ao dizer "Chove" sinceramente, expresso a crença que chove. É por isso que a frase "Chove, mas não acredito nisso", quando pronunciada sinceramente, é paradoxal (como Moore corretamente notou). Nela se expressa sinceramente a crença que chove e depois se diz sinceramente que não se tem a crença que se acabou de expressar.

Mas por que o defensor do expressivismo simples acredita que o caráter expressivo e o caráter apofântico de manifestações são incompatíveis? Ele acredita nisso porque acredita que as manifestações não são cognitivas e, mais importante, acredita que o caráter apofântico de uma frase implica seu caráter cognitivo. O expressivista acredita que, se ele admitir que "Tenho dor" diz algo verdadeiro ou falso, então, para não cometer uma contradição, tem de admitir que aquilo que ela diz é algo que seu usuário pode saber (ou deixar de saber) se é verdadeiro ou falso. Mas o caráter apofântico de uma frase implica o seu caráter cognitivo? O simples fato de uma frase dizer algo verdadeiro ou falso implica que ela possui um determinado caráter epistêmico?

Isso somente seria o caso se o conceito de verdade tivesse um conteúdo substancial, isto é, se seu conteúdo não fosse esgotado, como pensa um deflacionista, pelo esquema trivial

(V) "p" é verdadeira se e somente se *p*.

Se o deflacionista está correto,[3] então o conceito de verdade é apenas um recurso lógico-sintático que aumenta o poder expressivo da nossa linguagem e pode ser inteiramente explicado por meio do esquema V. Portanto, dizer que uma frase diz algo verdadeiro ou falso não implica nenhuma tese epistêmica ou metafísica sobre o conteúdo dessa frase. Dizer que é verdade que sinto dor é equivalente a dizer que sinto dor, e mais nada, não implica que "Sinto dor" é verdadeira porque descreve um fato que o seu usuário pode ou deve saber.

Em §136, Wittgenstein diz:

> No fundo, oferecer "Tal e tal é como as coisas são" como a forma geral da proposição é o mesmo que dar a definição: uma proposição é o que quer que possa ser verdadeiro ou falso. Pois em vez de "Tal e tal é como as coisas estão", eu poderia ter dito "Tal e tal é verdade". (Ou, novamente, "Tal e tal é falso".) Mas temos que
>
> 'p' é verdadeira = p
>
> 'p' é falsa = não-p
>
> E dizer que uma proposição é o que quer que seja verdadeiro ou falso equivale a dizer: chamamos algo de uma proposição quando, *em nossa linguagem*, aplicamos o cálculo das funções de verdade a ele. (WITTGENSTEIN, 1958, p. §136)

---

[3] Para a versão minimalista do deflacionismo, ver Horwich (1990). Para uma discussão substancial de várias versões do deflacionismo, ver Armour-Garb & Beall (2005).

E mais adiante ele diz:

> ...uma criança poderia ser ensinada a distinguir entre proposições e outras expressões ao se dizer a ela "Pergunte a si mesmo se podes dizer 'é verdadeira' depois dela. Se as palavras se ajustam, então é uma proposição".
> (WITTGENSTEIN, 1958, p. §137)

Parece claro, a partir dessas passagens, que Wittgenstein tinha uma concepção deflacionista da verdade. Sendo assim, para ele, dizer que o que uma frase diz é verdadeiro ou falso não implica nenhuma tese epistêmica sobre o que essa frase diz; portanto, não implica que o seu usuário pode ou deve saber que aquilo que diz é verdadeiro. Além disso, parece claro que as palavras "Tenho dor" e "é verdadeira" *se ajustam*. Faz pleno sentido dizer que "Tenho dor" é verdadeira (ou que é verdade que tenho dor). Portanto, a frase "Tenho dor" passa no teste de Wittgenstein para se decidir se uma frase é uma proposição; se ela diz algo verdadeiro ou falso ou não.[4]

---

4 Uma consequência interessante do teste de Wittgenstein é que juízos éticos também passam nele. "José é bom" se ajusta a "é verdadeira". Faz sentido dizer "'José é bom' é verdadeira" (ou que é verdade que José é bom). Para um estudo detalhado das reflexões de Wittgenstein sobre a verdade, ver Ellenbogen (2003). Ellenbogen não concorda com a suposição de deflacionismo segundo a qual "porque 'é verdadeira' não é usado para atribuir a entidades linguísticas um tipo ordinário de propriedade, não podemos especificar as condições gerais de aplicação desse predicado. É essa suposição que leva [o deflacionista] a dizer que a verdade não pode ser explicada por meio de outros conceitos." (ELLENBOGEN, 2003, p. 13) Eu concordo com ela sobre esse ponto. E ele poderia ser formulado assim: embora não se possa definir o conceito de verdade analiticamente em termos de outros conceitos e, assim, exibir a natureza intrínseca da verdade, pode-entender sua natureza extrínseca entendo sua relação com outros conceitos. É por essa razão que, embora os deflacionistas estejam corretos ao afirmar que a controvérsia sobre o realismo nada tenha a ver com a natureza intrínseca da verdade, ela diz respeito, sim, à natureza extrínseca da verdade, tal como essa é exibida na relação entre o conceito de verdade e o conceito de conhecimento.

5. Neoexpressivismo

Dorit Bar-On aceita a crítica geachana do expressivismo. Mas ela parece acreditar que isso é razão para pensar que uma teoria correta das manifestações deve reconhecer o seu caráter cognitivo. Mas ela quer evitar o que ela chama de teorias epistêmicas das manifestações (que apresentarei mais adiante). Ela apresenta uma teoria, o neoexpressivismo, que é uma síntese do expressivismo e das teorias epistêmicas, procurando combinar as virtudes e evitar os vícios de ambas as teorias.

O principal problema do expressivismo, segundo Bar-On, é que ele não dá conta da "continuidade semântica" entre manifestações e frases análogas em outras pessoas e tempos verbais, tais como "Ele sente dor", "Eu sentido dor", etc. A frase "Eu sinto dor", dita por mim, e a frase "Ele sente dor" dita por outra pessoa referindo-se a mim por meio de "ele" expressam a mesma proposição. Ambas atribuem o mesmo estado mental à mesma pessoa. É por não respeitar a continuidade semântica que o expressivismo enfrenta a crítica geachana.

Além de respeitar a continuidade semântica, uma teoria correta das manifestações, segundo Bar-On, deve dar conta da assimetria epistêmica entre as manifestações e as demais atribuições de estados mentais e outras proposições empíricas: manifestações são epistemicamente muito mais seguras. Mas é nesse ponto que algumas teorias epistêmicas deixam a desejar, segundo Bar-On.

Uma teoria epistêmica das manifestações incorpora duas teses: (1) manifestações são juízos que alguém faz sobre si mesmo e (2) tais juízos são justificados por meio de um modo especial de acesso a um certo domínio de entidades. De acordo com a versão cartesiana dualista dessa teoria, enquanto temos acesso aos objetos materiais do mundo exterior por meio da percepção, temos acesso ao que ocorre na mente por meio de uma espécie de percepção interior: a introspecção. Assim como posso julgar o estado de uma cadeira e verificar meu juízo por meio da percepção, posso julgar o estado da minha mente e verificar isso por meio da introspecção, que propicia a infalibilidade desse juízo.

Mas como a introspecção propicia essa superioridade epistemológica das manifestações? O que, na introspecção, corresponde aos sentidos da percepção? O que é e como funciona o "sentido interno"?

A versão materialista da abordagem epistêmica rejeita o dualismo e o caráter infalível manifestações, mas preserva a ideia de sentido interno. As manifestações seriam baseadas em uma suposta capacidade que o cérebro tem de perceber suas próprias atividades; uma capacidade não inferencial, não baseada em evidências. Essa capacidade é pensada como uma relação causal entre um estado mental de primeira ordem (crer que chove, p.ex.) e um estado mental de segunda ordem (saber que se crê que chove, p.ex.). Bar-On argumenta que o materialista não pode diferenciar manifestações do que ela chama de *propriocepções*, a saber, relatos de estados corporais que, tal como as manifestações fenomênicas, normalmente não se baseiam em evidência, não são inferenciais. Um exemplo de tais relatos é a frase "Eu estou sentado". Embora propriocepções e manifestações, segundo Bar-On, compartilhem o aspecto de não serem baseados em evidências, não serem inferenciais, as manifestações são epistemicamente muito mais seguras que as propriocepções. Mas qual seria a explicação do materialismo introspeccionista para essa diferença? Além disso, se o acesso aos estados mentais se dá por meio de uma relação *causal* entre um estado mental de primeira ordem e um estado mental de segunda ordem, então esse acesso é contingente. Mas a segurança epistêmica das manifestações não parece ser contingente. Não parece ser uma questão contingente que alguém saiba que está com dor, por exemplo. Se fosse, o erro bruto, a má-identificação, seria possível. Bar-On de fato admite que a falsidade das manifestações sinceras seja possível.[5] Mas isso não pode ser porque

---

5 "...mesmo em casos de manifestações dos assim chamados estados fenomenais, a possibilidade de uma auto-atribuição sincera, mas falsa, não está fora de questão. Por exemplo: sentado na cadeira do dentista e tendo um longo histórico de trabalho dentário doloroso, eu posso exclamar 'Isso dói!' exatamente antes de a broca atingir o dente infectado. Pode ser duvidoso que eu realmente sinto dor, mesmo diante da minha manifestação sincera. Dadas as circunstâncias, há uma explicação perfeitamente boa de como eu poderia produzir uma

alguém confunde um estado mental com outro, como se pudesse haver uma diferença entre o estado mental e a percepção desse estado, como há entre uma cadeira e nossa percepção dela. Não há distinção entre dor e aparência de dor. Por isso, não há erro por má identificação da dor. Nem mesmo o erro global estaria excluído se o acesso aos estados mentais fosse contingente. Poderíamos, todos nós, de uma hora para outra, passar a acreditar que estamos com cócegas quando na verdade estamos com dor. Por fim, uma outra consequência dessa teoria seria que alguém que pudesse escanear meu cérebro poderia saber que eu estou com dor do mesmo modo que eu sei, o que contradiz a tese da assimetria epistêmica.

Bar-On examina uma versão não dualista, não introspeccionista da abordagem epistêmica. Trata-se da tese da *transparência para o mundo*, de Gareth Evans (1982). De acordo com essa tese, quando enunciamos uma manifestação, tal como "Creio que vai chover", nossa atenção está dirigida ao mundo, não a nós mesmos. Nós levamos outros a conhecer o estado da nossa mente ao exibir nossa capacidade de considerar como o mundo está. Quando dizemos que acreditamos que vai chover, não justificamos nossa afirmação realizando uma introspecção, mas destacando aspectos do mundo acerca do qual acreditamos. O problema dessa abordagem, segundo Bar-On, é que ela não dá conta da assimetria epistêmica, embora respeite a continuidade semântica.[6] Como essa abordagem pode explicar o caráter mais seguro das manifestações? Além disso, como ela se aplica a manifestações fenomênicas, que não possuem conteúdo proposicional (não são intencionais)?

Em suma, as condições de adequação para qualquer teoria das manifestações são, segundo Bar-On, as seguintes:

> 1. Dar conta do fato de as manifestações gozarem de segurança epistêmica.

---

auto-atribuição sincera de dor, embora eu não tenha realmente nenhuma dor." (BAR-ON, 2004, p. 7)

6 Bar-On examina uma versão não epistêmica da tese da transparência para o mundo, defendida por Moran (2001).

2. Dar conta do fato de essa segurança epistêmica não ter paralelo.
3. Dar conta do caráter intransferível dessa segurança epistêmica.
4. Aplicar-se a manifestações intencionais e não intencionais.
5. Acomodar a continuidade semântica entre manifestações e demais atribuições de estados mentais.
6. Não atribuir infalibilidade ou incorrigibilidade às manifestações.
7. Evitar o dualismo cartesiano.
8. Incorporar a tese que as manifestações veiculam autoconhecimento privilegiado.

As condições 1-4 representam a exigência de se acomodar a assimetria epistêmica. A condição 6 baseia-se, segundo Bar-On, no nosso modo ordinário de tratar as manifestações. Por fim, 8 representa uma rejeição das abordagem deflacionárias do autoconhecimento.

Bar-On acredita que apenas o neoexpressivismo pode satisfazer todas essas exigências. O problema das teorias epistêmicas, seja na sua versão cartesiana, seja em uma versão materialista, é que elas procuram explicar o caráter epistêmico das manifestações, independentemente da sua relação com o seu caráter expressivo, através do modelo de explicação do caráter epistêmico das demais atribuições de estados mentais. É por isso que tais teorias não conseguem dar conta sua assimetria epistêmica. Essa assimetria deveria ser explicada por meio do caráter expressivo das manifestações. Elas não deveriam ser entendidas como juízos que alguém faz de si mesmo, mas como asserções expressivas, cujos aspectos epistêmicos não podem ser explicados por meio de uma suposta faculdade que nos dá acesso especial à mente e nos permite justificar juízos que fazemos sobre ela. Manifestações não estão baseadas no reconhecimento de estados ou indivíduos que estão nesses estados. Elas são imunes ao erro por má-identificação. Tais aspectos epistêmicos, argumenta Bar-On, deveriam ser explicados pelo caráter expressivos das manifestações.

Não vou entrar nos detalhes da teoria de Bar-On, que é muito sofisticada e complexa. Essa teoria enfrenta várias dificuldades. Algumas dessas dificuldades foram bem formuladas por Brueckner (s.d.) e respondidas por Bar-On (cf. BAR-ON, no prelo). Tampouco vou entrar nos detalhes desse debate. Vou apenas expor uma tese da teoria de Bar-On sobre o autoconhecimento que acredito ser problemática.

A teoria do autoconhecimento de Bar-On visa enfrentar o que ela chama de desafio deflacionista:

> Na medida em que as manifestações, como ações expressivas, estão protegidas da dúvida e da correção epistêmica porque não são feitas sobre nenhuma base epistêmica, elas não podem representar nenhuma espécie de conhecimento, muito menos uma forma especialmente segura de conhecimento (BAR-ON, 2004, p. 342).[7]

Para enfrentar esse desafio, Bar-On procura mostrar o que justifica a autoatribuição dos estados mentais. Ela o faz por meio da ideia de *causa racional* de uma ação (não de uma crença) (*idem*, p. 249-50). Uma causa racional para uma ação é aquilo que permite racionalizar a ação, isto é, explicá-la como uma ação racional. De acordo com Bar-On, o que justifica as manifestações, que constituem um comportamento expressivo, é uma causa racional desse comportamento e a causa racional desse comportamento é o próprio estado mental atribuído. O que justifica a manifestação "Tenho dor", por exemplo, é o fato de aquele que manifesta dor ter dor. Embora Bar-On enfatize que se trata da causa racional de uma ação, não de uma crença, se se trata de conhecimento e conhecimento é crença verdadeira justificada, então a causa racional do comportamento expressivo é o que justifica a crença expres-

---

[7] Uma crítica semelhante foi feita por Boghossian às teorias externistas do autoconhecimento: elas apresentam algo que está aquém do conhecimento, tal como o autoconhecimento mínimo de Burge, a tese segundo a qual não podemos não saber que pensamos o que pensamos quando julgamos saber que pensamos algo, dado que quando julgamos saber que pensamos algo, o pensamos no ato de julgar isso, tonando nossa alegação de conhecimento verdadeira.

sa na manifestação. Mas, nesse caso, há um problema bem apontado por Brueckner, mas formulado de um modo fraco (cf. BRUECKNER, p. 17-8). Se perguntássemos a alguém o que justifica sua alegação de saber que a porta da sala está fechada, normalmente não aceitaríamos com resposta a afirmação "Sei que a porta está fechada porque a porta está fechada". Isso é assim porque, normalmente, acreditamos que uma tal resposta estaria baseada na tese aparentemente falsa que uma alegação de conhecimento é verdadeira simplesmente porque aquilo que se alega saber é o caso. E essa tese parece falsa porque perece que o fato de se ter uma crença verdadeira não implica que se sabe que ela é verdadeira. Mas essa parece ser uma consequência do neoexpressivismo de Bar-On. Se o que justifica a manifestação "Tenho dor" é o fato de eu ter dor, então eu sei que *tenho dor* porque *tenho dor* (cf. BAR-ON, 2004, p. 393). Como diz Brueckner, nesse caso o fator de verdade (*truth-maker*) da manifestação seria também o seu justificador.[8] Essa me parece uma objeção grave, e não apenas uma mera "consequência contraintuitiva", como diz Brueckner.

Bar-On responde a essa objeção:

> Brueckner está preocupado com a peculiaridade dessa teoria [*view*], a saber, que o fator de verdade da manifestação "é o mesmo que seu justificador" (p. 18). Todavia, eu me pergunto por que Brueckner considera isso como exclusivo da visão em questão. Ele próprio menciona a teoria conhecida como disjuntivismo sobre estados perceptuais (que eu brevemente discuto nas p. 390ess.). No meu entendimento, ao menos alguns disjuntivistas sobre a percepção consideram que o justificador de uma crença perceptual ["O gato é preto", por exemplo] é não o estado do perceptor [seu estado mental durante a percepção, suas sensações], mas o estado de coisas percebido [o gato preto] (BAR-ON, no prelo, p. 9).[9]

---

8 Uma consequência adicional seria que nenhuma manifestação poderia ser justificada e falsa. Se ela fosse falsa, então aquilo que a justificaria, o estado mental que o sujeito atribui a si mesmo, não é o caso.

9 Disjuntivismo sobre a percepção é a tese segundo a qual não há nada de

Em primeiro lugar, essa é uma justificação *condicional*, digamos assim. *Se* o (ou algumas versões do) disjuntivismo sobre a percepção é verdadeiro e possui essa consequência, então o fato de o neoexpressivismo ter essa conseqüência não pode ser evidência de que ele é falso. Mas Bar-On não faz nada para justificar o disjuntivismo. Além disso, a objeção apresentada contra o neoexpressivismo poderia ser apresentada contra o disjuntivismo sobre a percepção. Supondo-se que a consequência é falsa, como intuitivamente parece ser, então não apenas o neoexpressivismo é falso, mas também o disjuntivismo sobre a percepção. E uma razão adicional para pensar que a consequência, no caso do disjuntivismo sobre a percepção, é falsa é a tese intuitiva que o estado mental do perceptor, embora não seja o fator de verdade *total* da crença perceptual, é seu fator de verdade *parcial*. Por isso, o fator de verdade da crença perceptual que o gato é preto, *o gato preto*, não é o mesmo que o justificador da crença, *o estado mental do perceptor & o gato preto*.

6. Conclusão

Argumentei que, na medida em que o expressivismo simples incorpora a tese que as manifestações não são apofânticas, é errado atribuir o expressivismo simples a Wittgenstein. Também defendi que o expressivismo de Wittgenstein é compatível com o caráter apofântico das manifestações, na media em que, de acordo com o deflacionismo sobre a verdade implicitamente corroborado por Wittgenstein, dizer de uma frase que ela é verdadeira ou falsa não implica nenhuma tese epistêmica específica sobre essas frases e, por isso, não implica dizer que essas frases são cognitivas, isto é, potenciais veiculadoras de conhecimento. Por fim, argumentei que a teoria do autoconhecimento contida no o neoexpressivismo de Bar-On enfrenta uma problema aparentemente sem

---

epistemicamente comum entre o bom caso de percepção, em que o objeto percebido está presente, e o mau caso, em que o sujeito está simplesmente alucinando. É intuitivo pensar que há algo em comum, a saber, aquilo que a tradição chamou de dados dos sentidos.

solução. Somando-se isso às suas críticas as teorias epistêmicas do autoconhecimento, temos uma motivação adicional para pensar que, no final, as manifestações não são mesmo cognitivas, ou seja, temos uma motivação adicional para pensar que o expressivismo de Wittgenstein é superior ao neoexpressivismo e que o desafio deflacionista continua em pé. Mas não argumentei que o expressivismo de Wittgenstein é a melhor abordagem das manifestações. Essa abordagem enfrenta seus próprios problemas, como o fato de não haver expressão natural para certos estados mentais.[10]

Referências bibliográficas

ARMOUR-GARB, Bradley P. & Beall, J.C. *Deflationary truth*. Chicago: Open Court, 2005.

BAKER, Gordon P. "The private language argument", *Language and communication*, 18, 1998, p. 325-56.

BAR-ON, Dorit. *Speaking my mind: expression and self-knowledge*. Oxford: Clarendon Press, 2004.

_____. (no prelo). "Neo-expressivism: Avowals' security and priviledged self-knowledge (reply to Brueckner)", em: A. Hatzimoysis (ed.). *self-knowledge*. Oxford: Oxford University Press. Em: http://www.unc.edu/~dbar/papers/Bar-OnAvowalsSecurity.pdf. Acessado em 26.10.2008.

BRUECKNER, Anthony (s.d.). "Neo-expressivism". Em: http://www.unc.edu/~dbar/papers/Brueckner_Review_SpeakingMyMind.pdf Acessado em 26.10.2008.

---

10 Agradeço pelos comentários a uma versão anterior do presente texto recebidos no *IV Colóquio Temático de Filosofia Analítica*, realizado em Salvador. Agradeço a Jônadas Techio por importantes comentários e sugestões. Por fim, agradeço Waldomiro Silva Filho, pelo estímulo para voltar a lidar com as questões abordadas no presente texto e pelas rápidas, porém agradáveis, discussões matinais sobre o assunto.

ELLENBOGEN, Sara. *Wittgenstein's account of truth*. Nova Yok: State of New York University Press, 2003.

EVANS, Gareth. *The varieties of reference*, John McDowell (Oxford: Oxford University Press), 1982.

GEACH, Peter. *Logic matters*. Berkeley: University of California Press, 1969.

GLOCK, Hans-Johann. *Dicionário Wittgenstein*. Rio de Janeiro: Jorge Zahar Editor, 1996.

HACKER, P.M.S. *Insight and illusion: themes in the philosophy of Wittgenstein*. Bristol: Thoemmes Press, 1997.

HORWICH, Paul. *Truth*. Oxford: Basil Blackwell, 1990.

MACHADO, Alexandre N. "The private language problem", não publicado, 2001.

MORAN, Richard. *Authority and estrangement: an essay on self-knowledge*. Princeton: Princeton University Press, 2001.

SOAMES, Scott. *Understanding truth*. Oxford: Oxford University Press, 1999.

WITTGENSTEIN, Ludwig. *Philosophical investigations*. G.E.M. Anscombe & Rush Rhees (eds.). Tradução de G.E.M. Anscombe, Oxford: Blackwell, 1958.

Parte IV

Conteúdo, referência e normatividade

O CONTEÚDO EXÍGUO SEGUNDO UMA ÓTICA ANTI-INDIVIDUALISTA

Roberto Horácio de Sá Pereira
Universidade Federal do Rio de Janeiro

1. Introdução

UMA DAS QUESTÕES EM aberto na filosofia da mente é a legitimidade do assim chamado conteúdo exíguo (*narrow content*). Encontramos na literatura, duas definições independentes de conteúdo exíguo. Ora ele é compreendido como o conteúdo cuja determinação não pressupõe a existência de nada além do que a própria pessoa que se encontra em um determinado estado mental, ora, como o conteúdo que sobrevém localmente às propriedades físicas do agente, ou seja, como o conteúdo se mantém inalterado em indivíduos fisicamente idênticos, ainda que situados em ambientes diversos. A mesma ambiguidade está presente na forma como o conteúdo amplo é compreendido usualmente. Este também é entendido ora como o conteúdo determinado em parte pelo ambiente externo, ora como o conteúdo que não sobrevém localmente às propriedades físicas do agente.

Hoje parece claro para alguns nomes proeminentes na filosofia da mente que a determinação parcial do conteúdo por referência ao ambiente não deve ser identificada à rejeição da sobreveniência local do conteúdo a propriedades físicas do cérebro. Burge, por exemplo, desautoriza essa identificação sugerida por "algumas formulações pouco cuidadosas nos meus trabalhos mais antigos implicando erroneamente que o anti-individualismo seria a rejeição da tese da sobreveniência local" (cf. BURGE 2007, p. 153). Também Dretske desautoriza tal identificação, claramente sugerida nas suas preleções do Instituto Jean Nicod (cf. DRETSKE, 1995, p. 125), ao dizer recentemente que "um conteúdo poderia ser amplo, poderia ser uma propriedade relacional genuína, e no entanto, poderia sobrevir a propriedades físicas dos objetos que possuem esse conteúdo" (*idem*, p. 4).

Pela mesma razão, a sobreveniência local do conteúdo às propriedades físicas do cérebro não deve ser identificada à determinação completa do conteúdo pelo que se passa na cabeça do indivíduo, no sentido de não pressupor nada além do próprio sujeito que se encontra em um determinado estado mental. Recanati (1993), por exemplo, nega essa identificação ao reconhecer dois sentidos em que conteúdos seriam exíguos: "há um sentido em que o conteúdo pode ser independente do ambiente do agente – por conseguinte 'exíguo' – sem que seja individualista", ou seja, sem nada pressupor além do próprio agente. De modo similar, Kriegel também distingue conteúdos que seriam exíguos no sentido em que seriam "plenamente determinados pelo que se passa na cabeça", na medida em que as condições de instanciação da propriedade relacional são plenamente determinadas pelas condições de instanciação das propriedades não-relacionais do cérebro, dos conteúdos que seriam exíguos no sentido em que seriam "plenamente constituídos pelo que se passa na cabeça" (cf. KRIEGEL, 2008, p. 310).

Essa ambiguidade é o resultado de duas questões intrinsecamente relacionadas, embora independentes, a saber, a questão acerca do paradeiro do conteúdo e a questão da sua determinação ou constituição. Se o individualismo é o ponto de vista segundo o qual o conteúdo seria plenamente determinado pelo que se passa na cabeça, sem pressupor nada além do próprio indivíduo, o anti-individualismo constitui a perspectiva oposta segundo a qual o conteúdo é determinado ou constituído em parte por referência ao ambiente externo. Por outro lado, se o internismo exprime a perspectiva segundo a qual o conteúdo se localiza "na cabeça", no sentido ou de ser idêntico ou ao menos de sobrevir localmente a propriedades físicas do cérebro, o externismo constituiria o ponto de vista segundo o qual o conteúdo estaria sempre "fora da cabeça" em que jamais seria idêntico ou menos de jamais sobreviria às propriedades físicas do cérebro.

Há pelo menos dois pontos de vista duais do conteúdo na literatura reconhecendo que um mesmo estado mental poderia possuir tanto um conteúdo amplo quanto um conteúdo exíguo. Denomino aqui de "abordagem dos dois componentes" a perspectiva segundo a qual um mesmo estado mental possuiria um conteúdo amplo, determinado e constituído por referência ao meio ambiente externo, e um conteúdo exíguo que nada pressuporia além do próprio agente portador de tal estado. Isso seria possível uma vez que o conteúdo exíguo nada mais seria do que a contribuição interna ao conteúdo amplo. De acordo com a contribuição original de Fodor (1987), o conteúdo exíguo seria uma função que mapeia pensamentos e contextos aos valores de verdade que tais pensamentos assumem em cada contexto. A segunda visão dual do conteúdo será denominada aqui de "perspectiva descritiva do conteúdo exíguo". Ao se assimilar a oposição entre conteúdos amplos e exíguos à oposição semântica entre proposições singulares e gerais (na acepção de Kaplan), o conteúdo exíguo passa a ser concebido como o conteúdo descritivo que não toma nenhuma propriedade ambiental como fixa.

Mas mesmo reconhecendo a ambiguidade crucial na compreensão de conteúdos exíguos e amplos, muitos filósofos da vertente anti-individualista se mostram reticentes em aceitar alguma visão dual do conteúdo. Em primeiro lugar, a perspectiva dos dois componentes se vê às voltas com a acusação de ausência de conteúdo real (*non-real content charge*). Se o conteúdo exíguo é apenas uma "contribuição interna" ao conteúdo amplo, ele dificilmente poderá ser visto como um conteúdo real que coloque seu portador em contato cognitivo com propriedades, relações e tipos de objetos reais do meio ambiente (cf. Kriegel, 2008, p. 305). Ademais, a perspectiva descritiva se vê às voltas com a acusação de indeterminação. Nem os referentes ambientais dos estados mentais que constituem as proposições singulares nem as descrições que constituem as proposições gerais são suficientes para determinar o modo pelo qual o agente representa (cf. Burge, 2007, p. 12).

Este capítulo enseja uma tentativa de desenvolver e defender uma concepção do conteúdo exíguo segundo uma ótica anti-individualista. Embora rejeite a suposição tradicional de que leis intencionais tenham que ser formuladas em termos de conteúdos exíguos, estou convencido da importância e necessidade dos conteúdos exíguos para a explicação da conduta. De acordo com a abordagem aqui proposta, enquanto o conteúdo amplo de ocorrências mentais, digamos de "água", é a propriedade semântica de tal ocorrência de representar *de dicto* H_2O *como água* (i.e., o conceito de água), o conteúdo exíguo da mesma ocorrência mental é a propriedade semântica alternativa de tal ocorrência mental de representar *de dicto* tanto H_2O como XYZ *como* substância aquosa em todos os indivíduos indiscerníveis a respeito de alguma propriedade neurológica relevante dos seus cérebros.

Tendo esse objetivo em mente, procederei da seguinte forma. Primeiro, apresentarei uma breve reconstrução histórica do anti-individualismo na filosofia da mente contemporânea. A minha principal preocupação aqui é distinguir a assim chamada "nova teoria da referência" na semântica da vertente anti-individualista na filosofia da mente contemporânea. Em segundo lugar, ponderarei sobre antigos argumentos e apresentarei um novo em apoio à necessidade dos conteúdos exíguos nas explicações psicológicas do comportamento. Em um terceiro momento, considerarei as duas versões dominantes da perspectiva dual do conteúdo, objetivando mostrar porque ambas são insatisfatórias. Na sequência, apresentarei um breve esboço crítico da explicação de Kriegel. Por fim, apresentarei e defenderei uma abordagem anti-individualista do conteúdo exíguo.

2. Do referencialismo ao externismo: o problema dos conteúdos exíguos em uma perspectiva histórica

O anti-individualismo na filosofia da mente recente tem origem em uma longa tradição semântica, inaugurada com a assim chamada "nova teoria de referência", nos anos sessenta e setenta, cujos maiores expoentes foram inicialmente Donnellan (1966) e Kripke (1972), e posteriormente Kaplan (1979) e Perry (2001). Estes autores argumentaram persuasivamente que nomes próprios e expressões dêiticas, e predicados de espécie naturais referem diretamente, i.e., independentemente de quaisquer descrições ou condições de identificação que por ventura estivessem a eles associados. A função dessas expressões seria introduzir o indivíduo ou propriedade referida no discurso. Assim, o conteúdo ("o que é dito") por um proferimento envolvendo nomes próprios, dêiticos e termos de espécie natural seria uma proposição singular (Kaplan, 1979) constituída pelas próprias entidades nomeadas ou contextualmente designadas, em vez de descrições ou de condições de identificação.

Dois argumentos figuram de forma proeminente na literatura em favor da "nova teoria da referência". O primeiro é o famoso argumento modal de Kripke (1980, p. 48-49). Alega-se que nomes próprios, dêiticos e termos de espécie natural, por um lado, e descrições, por outro, diferem quanto aos seus perfis modais. Nomes, dêiticos e termos de espécies naturais constituem os assim chamados designadores rígidos, i.e., termos cuja intenção (função que mapeia mundos possíveis em extensões) permanece constante em diferentes mundos possíveis. Se em um determinado mundo possível a descrição "o presidente dos EUA em 2009" *poderia designar* alguém distinto de Barack Obama (a extensão da descrição varia com a mudança de mundo possível), o nome "Barack Obama" designa o mesmo indivíduo em todos os mundos possíveis.

O segundo é o argumento do externismo semântico (cf. DONNELLAN, 1966; KRIPKE, 1972, p. 84). O argumento assinala o hiato existente entre os dois planos semânticos reconhecidos por Frege, sentido (*Sinn*) e referência (*Bedeutung*). Compreendido como o significado cognitivo de um termo para um grupo de falantes competentes, o sentido/intenção expresso por uma descrição definida não seria capaz de determinar a referência/extensão de um nome próprio, ou seja, a identidade do sentido/intenção não envolve a identidade da referência/extensão. Kripke nos convida a imaginar uma situação insólita. Suponhamos que Gödel não seja o pai do teorema da incompletude na aritmética. Um sujeito chamado "Smith", cujo corpo foi encontrado em Viena em circunstâncias misteriosas anos atrás, teria feito a descoberta em questão. Entretanto, para todos nós, desconhecedores de tal fato, o significado cognitivo do nome "Gödel" permaneceria sendo o sentido/intenção expresso pela descrição definida "o sujeito que descobriu a incompletude na aritmética". O problema é que a intenção expressa pela descrição "o sujeito que descobriu a incompletude na aritmética" mapeia o mundo possível em questão a Smith a não a Gödel, uma vez que na situação contrafactual imaginada por Kripke teria sido Smith e não Gödel quem teria descoberto a incompletude da aritmética. A conclusão imposta é a de que o sentido/intenção que exprime o significado cognitivo de um nome para um determinado grupo de falantes competentes não determina a referência/extensão do nome em questão. Identidade de sentido/intenção não envolve identidade de referência/extensão.

É um lugar comum que, para Frege, o sentido de uma expressão seria uma entidade pública e abstrata e não uma entidade mental. Entretanto, como Putnam salienta, ninguém duvida – nem mesmo Frege – que o sentido só poderia ser "apreendido" por alguém ao se encontrar em algum estado mental. O primeiro passo na extensão do externismo semântico de Donnellan e Kripke para o domínio mental toma a seguinte forma em Putnam: se o sentido/intenção não determina a referência/extensão dos nomes próprios, dêiticos e predicados de espécies naturais, tampouco os estados mentais necessários para a apreensão do sentido. Cenários contrafactuais nos quais a constituição física intrínseca dos agentes permaneceria invariante frente à variação dos ambientes nos quais tais agentes se situam dariam apoio a essa tese. O *loccus classicus* desses cenários é o famoso experimento mental de Putnam.[1]

---

[1] Embora experimento mental de Putnam seja bastante conhecido, convém relembrá-lo nesta nota de rodapé brevemente. Putnam nos convida a imaginar um planeta (Terra Gêmea) idêntico à nossa terra em todos os aspectos mais sutis. O ambiente físico seria idêntico em todos os aspectos. A história local também seria paralela à nossa história. Além disso, os habitantes da Terra possuiriam duplicatas moleculares na Terra Gêmea com histórias que se duplicam no plano macrofísico, das experiências, e das disposições comportamentais.

A diferença fundamental entre os dois planetas seria que o líquido preenchendo os oceanos, lagos e rios, frequentemente muitas vezes caindo do céu como a chuva etc. não seria H_2O, mas uma substância química complexa, abreviada como XYZ, embora com as mesmas propriedades fenomenais que H_2O, a saber, líquido, incolor, insípido e inodor. As comunidades científicas na Terra e na Terra Gêmea já conheceriam, as estruturas químicas dos respectivos compostos dos

A conclusão que Putnam extrai de tal experimento é a seguinte. Embora as extensões dos respectivos termos homofônicos "água" sejam diferentes na terra e na Terra Gêmea, os terráqueos e os seus gêmeos poderiam ser duplicatas exatas em "sensações, pensamentos e monólogos interiores". "Estados psicológicos em sentido exíguo" seriam então aqueles estados mentais envolvidos na apreensão do sentido cognitivo expresso por descrições que nada pressuporiam além do que o próprio agente encontrado em tal estado. A conclusão de Putnam suscita duas suposições fundamentais. Primeiro, uma vez que os estados psicológicos permanecem constantes em meio à diferença de extensão que a palavra "água" adquire na Terra e na Terra Gêmea, tudo parece indicar que o agente desconhece o que ele próprio estaria pensando ao proferir ou pensar "água". E uma vez que os gêmeos compartilham não apenas de pensamentos, mas também de disposições comportamentais, tudo parece indicar que tais "estados psicológicos em sentido exíguo" seriam justamente as causas intencionais responsáveis pelo comportamento idêntico dos gêmeos nos seus ambientes distintos (cf. PUTNAM, 1975, p. 220).

Digamos então que Oscar, um terráqueo, profira o pense conscientemente a seguinte frase:

>   (1) "Água sacia a sede".
>   Segundo Putnam, o que ele denota é:
>   (2) Que H_2O sacia a sede.

Mas ele denota (2) nos termos do seguinte modo psicológico de apresentação:

>   (3) Que algo que é líquido, inodor, insípido e incolor; preenchendo os rios, lagos e oceanos, sacia a sede.

---

seus planetas. Entretanto haveria inúmeros indivíduos em ambos os planetas que ainda ignoram tais descobertas. A conclusão inusitada que Putnam extrai do seu experimento é a de que embora as extensões do termo homofônico "água" sejam inteiramente distintas na terra e na terra-gêmea, terráqueos e terráqueo-gêmeos ainda poderiam ser duplos exatos em "sensações, pensamentos e monólogos interiores" (PUTNAM, 1975, p. 224).

Agora, se o gêmeo de Oscar é o indivíduo proferindo ou pensando conscientemente a oração (1), ele denota algo inteiramente diverso:

(4) Que XYZ sacia a sede.

Entretanto, ele representa (4) nos termos do mesmo modo de apresentação psicológico expresso por (3), i.e., do conceito de substância aquosa. Na medida em que Oscar e o seu gêmeo são duplos moleculares, e o proferimento da oração (1) feito por Oscar denota (2) enquanto que outro proferimento da mesma oração (1) feito por seu gêmeo denota (4), parece forçoso se concluir que os conteúdos amplos (2) e (4) não sobrevêm às propriedades intrínsecas (físicas ou mentais) dos duplos moleculares. Ademais, uma vez que os "estados psicológicos em sentido exíguo" são supostamente determinados sem se pressupor nada além do que o próprio agente que profere ou pensa conscientemente a oração (1), o sentido exíguo compartilhado (3) é ou idêntico ou sobrevêm localmente a alguma propriedade intrínseca dos gêmeos idênticos.

Duas teses adicionais complementam a visão geral do mental que emerge da interpretação que Putnam faz dos seus experimentos de pensamento. Na medida em que o "estado psicológico em sentido exíguo" (3) estaria na cabeça enquanto os conteúdos amplos (2) e (4) não estariam, apenas o primeiro poderia ser conhecidos *a priori* de uma forma direta em conformidade com a autoridade da primeira pessoa. A visão subjacente é a perceptiva tradicional do conhecimento e da consciência, segundo a qual apenas as entidades perfiladas imediatamente diante do olho interno da mente podem ser conhecidas *a priori* de forma direta, em conformidade com a epistêmica autoridade da primeira pessoa do singular.

Para a maioria dos filósofos, esse quadro geral do mental é insustentável por várias razões. Em primeiro lugar, depois da famosa crítica de Burge, poucos estão dispostos a aceitar a conclusão de Putnam segundo a qual os gêmeos se encontrariam no mesmo estado psicológico em sentido exíguo, embora a extensão do predicado de espécie natural "água" seria distinta na Terra e na Terra Gêmea (cf. Burge, 2007, p. 10). O ponto crucial é que não somos capazes de tipificar nem estados mentais nem comportamentos sem apelar para propriedades, relações e substâncias do meio ambiente que constituem justamente as extensões dos termos de espécie natural como "água". Uma vez que o que induz os terráqueos e seus gêmeos a proferir orações de água são propriedades e espécies naturais bem diversas, eles não podem estar pensando nos termos dos mesmos conceitos quando realizam tais proferimentos. Gêmeos idênticos em ambientes diversos compartilham apenas – se é verdade que compartilham alguma coisa – do veículo da representação, ou seja, ou da oração homofônica (1) ou do seu análogo mental.

Ademais, o estado psicológico em sentido exíguo (3) claramente não satisfaz a condição estipulada de nada pressupor além do agente proferindo ou pensando conscientemente a oração (1). Com efeito, uma vez que (3) exprime uma condição de identificação descritiva e sempre é possível que nada a satisfaça, uma interação com instâncias de substâncias aquosas não é necessária para que possamos pensar em termos do conceito descritivo de substância aquosa. Não obstante, é bastante difícil imaginarmos como alguém poderia pensar em H_2O ou em XYZ os termos do conceito de substância aquosa (3) apenas proferindo ou pensando conscientemente a oração (1) sem ter interagido com mais nada.[2]

---

[2] Segundo o diagnóstico de Burge, o que teria induzido Putnam ao erro de conceber os cenários gêmeos como "buscando nos convencer da possibilidade de diferentes conteúdos amplos a despeito de uma identidade dos estados interno" teria sido sua visão errônea dos termos de espécie natural como expressões dêiticas ou dícticas <token-reflexive>, ou seja, como expressões cuja designação varia de contexto para contexto. Segundo Burge, "o problema é que não há um sentido possível no qual termos de espécie natural como 'água' seriam dêticos". Enquanto termos dêiticos designam diferentes objetos em diferentes contextos semânticos, "água" designa a mesma substância em todos os diferentes mundos possíveis, a saber H_2O. A substância XYZ designada na Terra Gêmea pela palavra homofônica "água" não é água. Em suma, não podemos alinhar os mundos possíveis com os contextos semânticos dos dêiticos.

Distintamente de Burge, contudo, creio que o que induziu Putnam ao erro foi a sua concepção dêitica dos termos de espécie natural. Creio que o principal

Uma caracterização apropriada dos estados mentais de um agente requer a atribuição de atitudes proposicionais com os termos de espécie natural na posição oblíqua de modo a captar a própria visão que o agente tem do mundo (cf. Burge, 2007, p. 90-91). Essa atribuição exige, por seu turno padrões de relações causais existentes entre instâncias da espécie de estado mental e instâncias de propriedades, relações e tipos de objetos objetivos. Neste particular, a noção de assentimento induzido (*prompted assent*) de Davidson desempenha um papel capital. Só podemos tipificar a crença que o proferimento da oração (1) exprime ao tipificarmos as entidades objetivas do meio ambiente de Oscar que o induzem a proferir (1).

Suponhamos então que L1 é a lei da natureza restringindo as ocorrências de proferimento de orações de água na terra:

> **L1** Instâncias de H_2O causam proferimentos de orações de água nos terráqueos.

Agora, se os proferimentos de Oscar de orações (1) são induzidos por instâncias de água segundo L1, então podemos especificar seu estado doxástico da seguinte forma:

---

problema seja a extensão acrítica do referencialismo semântico de Donnellan e Kripke para o domínio mental. Putnam separa os estados psicológicos em sentido exíguo da referência de uma forma análoga à forma como Donnellan e Kripke separam o sentido cognitivo de um nome próprio expresso por descrições definidas da referência desse mesmo nome. Assim, mesmo que Putnam não tivesse concebido os termos de espécie natural como termos dêiticos, ele não poderia deixar de separar os elementos ambientais dos estados psicológicos. Aliás, muitos filósofos contemporâneos da linguagem continuam a operar a mesma separação. Perry é um dos muitos exemplos:

"The work of Kripke, Donnellan, Kaplan and others on the "New Theory of Reference" showed that our ordinary conceptions of what is said…are broad in the sense that they involve individuals named or contextually indicated, rather than descriptions…The work of Putnam, Burge and others focused on properties… When Elwood and Telwood use the term "water", it is not their ideas or mentalese terms for water that enter into what they say and believe. It is the actual kind of stuff, water or twater, that they are thinking about". (Perry, 1997, p. 2).

(5) Oscar acredita que água sacia a sede (ocorrência oblíqua).

Mas devemos presumir que as ocorrências dos mesmos proferimentos são restringidas na Terra Gêmea por uma lei natural inteiramente distinta:

L2 Instâncias de XYZ causam proferimentos de orações de água nos terráqueos gêmeos.

Agora, se o proferimento do gêmeo de Oscar da mesma oração (1) é induzido por instâncias de XYZ segundo L2, podemos especificar o estado doxástico no qual ele se encontra nos seguintes termos alternativos:

(6) O gêmeo de Oscar acredita que *gágua* sacia a sede (ocorrência oblíqua).

Duas conclusões são normalmente extraídas aqui. Primeiro, se o anti-individualismo estiver correto e só pudermos especificar estados mentais por referência a padrões de relações causais (leis) envolvendo propriedades, relações e tipos de objetos do meio ambiente do agente que o induzem a proferimentos, não pode haver "estado psicológico em sentido exíguo", ou seja, no sentido de nada pressupor além do agente que nele se encontra. Segundo, conteúdos não poderiam sobrevir a propriedades físicas dos agentes uma vez que gêmeos idênticos em ambientes distintos pensam *de dicto* coisas distintas.

Não questiono aqui a primeira suposição. Ela me parece indiscutível. Entretanto, a segunda suposição me parece claramente falsa. Em todo caso, é o que buscarei mostrar ao longo desse trabalho. O objetivo desse trabalho é elaborar uma noção de conteúdo exíguo compatível como o anti-individualismo. Mas antes disso, cabe-nos mostrar a necessidade do conteúdo exíguo nas explicações psicológicas.

3. A necessidade dos conteúdos exíguos

Existem algumas linhas mestras de argumentação em favor dos conteúdos exíguos. O argumento que figura de forma mais proeminente na literatura sustenta que conteúdos amplos, determinados externamente, seriam irrelevantes do ponto de vista causal e explicativo. Como causalidade é uma questão local, os conteúdos que figuram nas leis intencionais explicativas do comportamento deveriam ser exíguos. Fodor é o caso em questão. Seu principal argumento é formulado nos termos de três premissas e uma conclusão. A primeira premissa incorpora a suposição inicial de Putnam de que gêmeos são duplos físicos. A segunda incorpora a suposição adicional de que seu comportamento é idêntico em todos os aspectos relevantes. A terceira premissa estabelece como inferência das premissas iniciais que os poderes causais também são idênticos em todos os aspectos relevantes. A conclusão que Fodor extrai é de que duplos físicos pertencem a uma mesma espécie natural para efeitos de explicação psicológica e, consequentemente, que apenas conteúdos especificados de forma individualista seriam capazes de fornecer explicações psicológicas. Em suma, leis intencionais seriam exíguas.[3]

Nos termos em que é formulado, o argumento não é convincente. As segunda e terceira premissas são altamente controversas à luz dos parâmetros anti-individualistas. Em um artigo recente, Dretske colocou-as em questão. Por mais que se assemelhem, os comportamentos dos duplos moleculares em ambientes distintos definitivamente não são idênticos. Ao erguer um copo d'água, levá-lo aos lábios e bebê-lo, Oscar e seu gêmeo estão se comportando de forma diferente. O que Oscar está fazendo é tomar um copo de H_2O enquanto seu gêmeo um copo de XYZ. Essa distinção é absolutamente relevante na descrição das suas respectivas condutas. Sendo fisicamente idênticos, o que gêmeos idênticos em ambientes distintos compartilham não é o comportamento, mas

---

3 Um argumento semelhante é formulado por Kim (1982).

antes seu produto final, o *movimento corporal*.[4] A distinção capital entre movimento corporal e comportamento repousa sobre a oposição de dois tipos de causas, a saber, a causa deflagratória (*triggering cause*) e a causa estruturante (*structuring cause*). Enquanto o movimento corporal deveria ser visto como um *evento* resultante de *inputs* deflagrando uma série de eventos neurofisiológicos, o comportamento deveria ser considerado como um *processo* a ser explicado por causas estruturantes envolvendo conteúdos determinados, em parte, por referência ao ambiente externo ao agente.

Pessoalmente, tenho grande simpatia pela resposta de Dretske, mas duvido que ela possa mover Fodor da sua posição original. Fodor imagina uma rejeição funcionalista similar de sua segunda premissa. Um funcionalista – ele alega – poderia sustentar que os poderes causais dos gêmeos são distintos uma vez que as consequências comportamentais dos seus estados mentais – individuados funcionalmente – seriam distintas. Mas, segundo Fodor, esse argumento incorreria em petição de princípio. Porque alguém (como Fodor), negando que os poderes causais dos gêmeos são distintos, também negará que o comportamento de Oscar saciando sua sede e o comportamento do seu gêmeo de saciar a sede são condutas de diferentes tipos. Assim a distinção proposta por Dretske parece incapaz de resolver a controvérsia em torno dos poderes causais.

Devemos proceder de forma distinta. Temos que questionar a terceira premissa do argumento, em primeiro lugar, para só então descartarmos as demais. Esse foi o caminho trilhado por Burge. À terceira premissa do argumento de Fodor subjaz a suposição controversa de que você "deve julgar a identidade e diferença dos poderes causais tendo em mente os contrafactuais, a saber através diferentes contextos e não em

---

4 Dretske ilustra essa distinção crucial aludindo à conhecida diferença existente entre uma pessoa movendo sua mão e o movimento da mão. Sendo o resultado do movimento da mão realizado por alguém, o movimento da mão não pode ser idêntico ao próprio ato de mover. Mover sua mão é uma forma de comportamento, i.e., um processo cujo resultado é o movimento corporal de ter sua mão movida (cf. Dretske, 1988, p. 2006).

um mesmo contexto"(cf. FODOR, 1991, p. 8). Ele encontra apoio para sua suposição em uma analogia: "em linhas gerais, nossos bíceps possuem o mesmo poder causal se o seguindo for verdadeiro: para qualquer x e qualquer contexto C, se você é capaz de levantar x em C eu também sou" e vice-versa. O fato, por exemplo, que eu esteja cansado em um determinado contexto e não consiga levantar x você não esteja cansado em outro contexto e não consiga levantar x não prova que nossos bíceps possuem poderes causais distintos, uma vez que estão sendo testados em contextos distintos. Assim considerando a taxonomia psicológica e o poder causal, Oscar se comportaria da mesma fora que ao requisitar "Dá-me água", ainda que com tal pedido ele obtivesse H_2O na terra e XYZ na Terra Gêmea (cf. FODOR, 1991, p. 34-35).

Segundo Burge, o problema dessa suposição de Fodor é que nenhuma decisão acerca da relevância dos contextos para identificar e distinguir poderes causais é independente de uma suposição prévia acerca da individuação das próprias espécies explicativas. Burge ilustra sua questão com um exemplo biológico. Imaginemos que um coração e um órgão que bombeie os dejetos digestivos fossem fisicamente indistinguíveis. Na medida em que não compartilham da mesma história evolutiva os biólogos jamais os considerariam como pertencentes à mesma espécie biológica como os mesmos poderes causais mesmo se bomba de dejetos pudesse bombear sangue (cf. BURGE, 2007, p. 335). Podemos adaptar um exemplo de Dretske para salientar o mesmo ponto. Suponhamos que uma moeda falsa seja indistinguível da verdadeira nos menores detalhes. Mas mesmo que elas sirvam igualmente bem nas máquinas de coca-cola, jamais as consideraremos como pertencentes a um mesmo tipo como os mesmos poderes causais uma vez possuem origens diversas. Poderes causais de gêmeos em diferentes ambientes são distintos uma vez que espécies explicativas também são individuadas de forma distinta em ambientes distintos.

No seu último trabalho sobre o tema, Fodor rejeitou notoriamente a noção de conteúdo exíguo como supérfluo, alegando que "nosso fracasso em distinguir H_2O de XYZ é *acidental*, mesmo se, em um determinado tempo e lugar, aconteça de ser muito geral" (cf. FODOR,

1994, p. 31). Se gêmeos em ambientes distintos não são capazes de distinguir amostras de H_2O das de XYZ, uma psicologia de conteúdo amplo não seria capaz de exprimir generalizações que subsumisse seu comportamento similar (apenas uma psicologia de conteúdo exíguo seria capaz). Entretanto, é acidental que tal fato ocorra, afinal, não é nomologicamente necessário que os gêmeos não possam distingui-los.[5] Mas a questão fundamental para Fodor é a seguinte: "você não deseja uma psicologia que exprima generalizações acidentais; na verdade você deseja ignorá-las" (FODOR, 1994, p. 32).

O problema com esse novo argumento de Fodor é que ele próprio já havia reconhecido anteriormente a existência de uma conexão conceitual entre os poderes causais dos estados intencionais e seus efeitos corporais (1990, p. 22). Com efeito, ao interpretamos o comportamento atribuindo estados mentais ao agente, estabelecemos um elo conceitual entre descrições relevantes da causa intencional e descrições relevantes do efeito comportamental. Parece bastante estranho, portanto, que a incapacidade dos terráqueos de distinguir XYZ de H_2O seja *acidental* embora aconteça *de forma bastante geral*. O que causa estranheza é o seguinte: na interpretação do comportamento, erros nunca são vistos como gerais. Segundo o famoso princípio da caridade interpretativa de Davidson, só tornamos uma forma geral de comportamento compreensível atribuindo ao agente uma forma de conteúdo à luz do qual ele aparece como correto. Assim, mesmo que não exista nenhuma lei que impeça terráqueos de distinguir XYZ de H_2O, o fato de tomarem geralmente XYZ por H_2O constitui um forte indício de que não estão se enganando (o que suscita a suposição natural adicional de que deve haver alguma outra lei natural a nos permitir explicar porque tal conduta é bastante geral).

O mesmo ponto pode ser apreciado a partir da distinção entre movimento corporal e comportamento. Suponhamos que, sem o seu conhecimento, Oscar viaje a Terra Gêmea e lá um copo de XYZ suscite nele o proferimento da oração (1) (ou o seu análogo mental) e estando

---

5 Ele diz: "não há lei que diga que você não pode distingui-los" (Fodor, 1994, p. 33).

com sede ele seja levado a tomar o copo, levar à boca e dele beber. Uma vez que ele não teve tempo de se adaptar ao novo ambiente, é razoável supormos que o conteúdo do seu proferimento ou a crença correspondente não sofreu qualquer alteração e, por conseguinte, o comportamento que ele realiza agora continue sendo inteiramente distinto daquele realizado pelo seu gêmeo. Se o gêmeo de Oscar está pensando no copo de XYZ como um copo de XYZ, Oscar estaria tomando erroneamente um copo de XYZ por um copo de H_2O. A única coisa que teriam em comum seria o movimento corporal.

Mas se ocorrências mentais de "água" são especificadas pela oração subordinada (2), como amostras de XYZ poderiam suscitar nele – e em qualquer terráqueo em situações semelhantes - de forma generalizada o proferimento da oração (1) ou a crença correspondente, fazendo com que ele tomasse o copo de XYZ e dele bebesse? Mas o caso não precisa ser ficcional. Não-especialistas tomam frequentemente pirita por ouro, jadeíta por nefrita, elmos por fainas etc. Eles não podem estar tomando equivocamente XYZ por H_2O nem jadeíta por nefrita, elmo por faina etc. Eles devem estar antes representando indistintamente H_2O e XYZ *como* substância aquosa, jadeíta e nefrita *como* jade etc. Assim, a única explicação razoável é que H_2O e XYZ, jadeíta e nefrita, elmo e faina aparecem da mesma forma a todos os indivíduos indistintos a respeito de alguma propriedade neurológica dos seus cérebros. Mas, se isso for correto, gêmeos idênticos em diferentes ambientes podem compartilhar mais do que o simples movimento corporal. Eles também se comportam da mesma forma ao representarem indistintamente H_2O e XYZ *como* substância aquosa, jadeíta e nefrita *como* jade.

4. Da perspectiva dos dois componentes à concepção descritiva do conteúdo exíguo

Tentativas contemporâneas de se reintroduzir a noção de conteúdo exíguo podem ser caracterizadas genericamente como perspectivas duais do conteúdo. Essas, por seu turno, podem ser desmembradas em duas perspectivas distintas. A primeira concebe o conteúdo exíguo sobre a base da teoria funcionalista da mente como um papel funcional intracraniano (*short-armed functional role*), ou seja, como o papel funcional de um determinado estado que se restringe ao conjunto das causas e efeitos intracranianas típicas. Um tipo de conteúdo exíguo seria então um tipo físico do cérebro com um papel causal característico face a determinados *inputs*, outros tipos de conteúdos exíguos e *outputs*, quando *inputs* e *outputs* são descritos sem menção a conteúdos. Sendo fisicamente indistintos, Oscar e seu duplo seriam também gêmeos funcionais intracranianos. Embora suas percepções e crenças tenham conteúdo bem diverso, eles compartilhariam um tipo de conteúdo exíguo na medida em que seus cérebros se comportam da mesma forma (*output*) na Terra e na Terra Gêmea face aos mesmos estímulos neurofisiológicos (*input*) e face a outros tipos de conteúdo exíguo.

A abordagem funcional intracraniana levanta um problema que esboçamos acima: ela toma equivocadamente o comportamento pelo seu resultado (*output*) (cf. DRETSKE, 1988, p. 36). Com efeito, sendo fisicamente indistintos, gêmeos também são duplicatas funcionais intra-cranianas no sentido em que seus cérebros movem seus corpos da mesma forma (*output*) face aos mesmos estímulos neurofisiológicos e outros estados neuronais típicos. Mas, na medida em que suas percepções e crenças possuem conteúdos inteiramente distintos, seus comportamentos não podem ser idênticos. É difícil entendermos de que modo causas e efeitos intracranianos compartilhados poderiam apoiar alguma noção de conteúdo exíguo.

A segunda abordagem concebe o conteúdo exíguo como uma função (na acepção matemática do termo) que leva do contexto ao conteúdo amplo. O argumento da função seria um par ordenado cujo primeiro elemento seria um pensamento (um estado portador de conteúdo) e o segundo o ambiente (a Terra ou a Terra Gêmea). O valor da função seria então a condição de verdade de tal pensamento em cada contexto específico. Fodor constitui o melhor exemplo da abordagem em questão (cf. FODOR, 1987; STALNAKER, 1990). Ele apresenta sua explicação do conteúdo exíguo como uma generalização da noção de caráter de Kaplan. Nos termos propostos, dois conteúdos exíguos serão idênticos apenas quando efetuarem o mesmo mapeamento de pensamentos e ambientes em condições de verdade. Ainda que proferimentos ou ocorrências mentais de "água" nos gêmeos possuam conteúdos amplos distintos, pois seus ambientes são *de facto* diferentes, eles compartilhariam de um mesmo conteúdo exíguo uma vez que seus conteúdos amplos nada mais seriam do que diferentes valores de uma mesma função cujo argumento seria tais proferimentos ou ocorrências mentais de "água" nos respectivos ambientes.

Para aqueles filósofos movidos pela convicção de que conteúdos são formas reais de representação, a perspectiva dos dois componentes é claramente insatisfatória. Se o conteúdo exíguo não for uma representação completa, mas apenas o "vetor interno do qual resulta o conteúdo amplo", ele só pode ser denominado de conteúdo por cortesia.[6] Segundo a crítica de Evans, a essência da representação consiste na possibilidade de ser avaliada como verdadeira ou falsa. Mas, na abordagem dual de Fodor/Stalnaker, o conteúdo exíguo figura apenas como um esquema que, quando preenchido por informações contextuais, produz um conteúdo.[7] Ademais, é misterioso como uma função mate-

---

6 Essa expressão foi cunhada por Baker (1987).

7 Evans formula sua crítica nos seguintes termos: "The objection is simple. It is of the essence of a representational state that it be capable of assessment as true or false. If a state is a representational state, it represents something other than itself as being thus and so, with that consequence that the state is true if and only if the thing concerned is thus and so. This is reflected in the form which representational states are ascribed: 'S s that *p*'. But a schema is not assessable as true or false, nor is any state whose 'content' can be given only in schematic terms assessable as true or false" (EVANS, 1982, p. 202).

mática poderia estar na cabeça de modo a ser responsável causalmente pelo comportamento[8]. Krigel resume a insatisfação geral dizendo que um estado mental só merece a denominação "conteúdo" quando ele é capaz de colocar seu possuidor em "contato cognitivo" com a realidade (cf. KRIEGEL, 2008, p. 6).

A crítica de inexistência de conteúdo real exige, portanto, o abandono do que estamos denominando aqui perspectiva dos dois componentes. Um caminho possível é sugerido por Perry em muitos dos seus trabalhos recentes. Podemos facilmente transformar funções/caráter em conteúdos reais ao generalizarmos as implicações veritativas das próprias ocorrências (*tokens*) das orações da maneira tradicional díctica (*token-reflexive*) proposta por Reichenbach (1947). Segundo sua sugestão, o proferimento da oração (1) poderia ser expresso nos termos da seguinte oração subordinada:

(7) Que a substância caracterizada como "água" em (1) sacia a sede.

É importante salientar que a oração subordinada não exprime apenas um "vetor interno do qual resulta o conteúdo amplo" tal como o caráter de Kaplan e a função de Fodor que leva de contexto a conteúdo. Em primeiro lugar, a oração subordinada (7) exprime inequivocamente um conteúdo real no sentido de exprimir uma proposição avaliável como verdadeira ou falsa, tal como exige Evans. Esse conteúdo toma forma de uma *proposição geral* na acepção de Kaplan, uma vez que a descrição "a substância caracterizada como 'água' em (1)" e não um indivíduo é parte constituinte do conteúdo. A oração subordinada (7) exprime uma proposição reflexiva no sentido em que tal oração representa as condições de verdade do proferimento da oração (1) ao fazer referência à própria ocorrência (*token*) de (1): o proferimento de (1) é verdadeiro quando a substância caracteriza como "água" em (1) saciar a sede.

---

8 Essa é a crítica de Putnam (1989, p. 42).

Perry toma como caso paradigmático da distinção entre conteúdos exíguos e amplos a distinção de Donnellan entre o uso atributivo o e o uso referencial das descrições definidas. Poder-se-ia dizer que o conteúdo amplo é o que se obtém ao se "carregar" (*loading*) a descrição definida com fatos acerca do ambiente. Assim ao proferimento da oração "o autor de *The Elm and The Expert* gosta de velejar" podem ser atribuído um conteúdo referencial e um atributivo. Se fixarmos o fato que Fodor é o autor em questão, o que obteremos é o conteúdo referencial de que Fodor gosta de velejar. Mas se deixarmos tal fato em aberto, o que obteremos é o conteúdo atributivo de que o indivíduo que é o autor de *The Elm and The Expert* gosta de velejar[9].

Seguindo a mesma linha de raciocínio, ao proferimento de Oscar ou à crença em tal proferimento exprime podem ser atribuídos dois conteúdos distintos. Se deixarmos em aberto o fato que H2O é a substância caracterizada como "água" no proferimento da oração (1), o que obteremos é o conteúdo exíguo reflexivo (7). Mas se tomarmos tal fato como fixo, o que obteremos é a proposição singular na qual a propriedade de ser H_2O é um dos elementos constituintes. Segundo a visão descritiva do conteúdo proposta por Perry, o conteúdo exíguo do proferimento da oração (1) seria a proposição geral tendo a condição de identificação reflexiva de ser a substância caracterizada como "água" em (1) como constituinte, enquanto o conteúdo amplo do mesmo proferimento seria a proposição singular tendo a propriedade de ser H_2O como constituinte.

A concepção descritiva do conteúdo exíguo levanta inúmeras questões. Na medida em que há diferentes formas de se pensar em água *como água* (ou seja, implicando que a água seja a substância denotada), a mera referência à propriedade de ser H_2O como constituinte de uma proposição singular é claramente insuficiente para se caracterizar o modo específico pelo qual o agente está pensando em água (cf. BURGE, 2007, p. 12). A suposição de que ao proferir ou acreditar no que a oração (1) enuncia Oscar estaria pensando sobre a própria ocorrência

---

9 Esse é o exemplo de Perry (1997; 2001, p. 157).

(*token*) é de difícil assimilação. Perry alega que o conteúdo reflexivo não é o conteúdo temático (*subject-matter content*) do proferimento. O conteúdo temático do proferimento da oração (1) é a proposição (2) e não a proposição reflexiva (7). Não obstante, proposições reflexivas mereceriam ser vistas como formas alternativas de conteúdo de proferimentos uma vez que elas "exprimem uma das coisas importantes que um falante competente aprende" (PERRY, 2001, p. 10). Naturalmente, há circunstâncias nas quais a condição de identificação em questão, a saber, de ser a propriedade referida pelo proferimento da frase (1), se torna parte do conteúdo temático. Se *nós* ignoramos, por exemplo, a propriedade a que Oscar se refere ao proferir (1), como intérpretes competentes podemos relatar o que está sendo dito por meio da proposição reflexiva (7). Mas, se na condição de intérpretes, estamos pensando na condição de identificação em questão, Oscar, a rigor, não está falando ou pensando em tal condição. Consequentemente, o estado mental no qual ele se encontra ao proferir ou ao acreditar naquilo que a oração (1) exprime não pode de modo algum ser caracterizado pela proposição reflexiva (7).

5. A explicação indutora de resposta

Em um trabalho recente, Kriegel aceita o desafio de elaborar uma concepção de conteúdo exíguo como uma forma real de representação que nos coloque em contato cognitivo com alguma "propriedade mundana" (cf. KRIEGEL, 2008, p. 310). Sua explicação repousa sobre uma distinção crucial entre "determinado" e "constituído" na definição corrente de conteúdo exíguo. O conteúdo exíguo é definido como aquele plenamente *determinado* pelo que se passa na cabeça, no sentido de sobrevir a propriedades não-relacionais do cérebro: as condições de instanciação do conteúdo exíguo são inteiramente determinadas pelas condições de instanciação de propriedades não-relacionais do cérebro. Mas isso não significa dizer que o conteúdo exíguo seja inteiramente *constituído* pelo que se passa na cabeça no sentido de ser uma propriedade do cérebro. Mesmo quando o conteúdo sobrevém a algo intrínseco, ele permanece inerentemente relacional

A distinção entre "inteiramente determinado" e "inteiramente constituído" é a tentativa de Kriegel de resolver a ambiguidade crucial da definição corrente de conteúdo exíguo. Como vimos, um estado psicológico em "sentido exíguo" seria "independente do ambiente exterior" no sentido "individualista" em que nada pressuporia além do indivíduo que nele se encontra. Mas, um estado psicológico em "sentido exíguo" seria "independente do ambiente exterior", no sentido em que sobreviria localmente a propriedades físicas do cérebro, ou seja, no sentido relevante em que gêmeos idênticos em ambientes diversos compartilhariam de um mesmo conteúdo exíguo. Na medida em que tais sentidos são independentes entre si, mesmo ao rejeitarmos a suposição de que conteúdos seriam exíguos no sentido em que nada pressuporiam além do sujeito em um determinado estado, poderíamos continuar assumindo que alguns conteúdos são exíguos no sentido em que sobrevêm localmente a propriedades físicas do cérebro.[10] O seguinte quadro emerge da nova proposta de Kriegel:

> Whenever a concept M bears the relation R that underlies contentfulness to a twin-earthable property F constituting M's, there is in F's vicinity a non-twin-earthable property G such that M bears R to G. M's bearing R to G constitutes M's the wide content it does, while M's bearing R to G constitutes M's having the narrow content it does (KRIEGEL, 2008, p. 311).

A propriedade *non-twin-earthable property* em questão deve satisfazer pelo menos três condições. Primeiramente, uma vez que o

---

10 Como observamos na introdução desse trabalho, a percepção dessa ambiguidade fundamental teria levado autores como Burge e Dretske a retificarem suas afirmações originais pouco cuidadosas segundo as quais o anti-individualismo seria a rejeição da suposição de conteúdos possam sobrevir a propriedades físicas do cérebro (conferir notas 3 e 4). Que eu saiba, Recanati (1997, p. 214) foi o primeiro a se dar conta de tal ambiguidade.

conteúdo exíguo deve ser "real", colocando seu portador em contato cognitivo com o mundo, ela deve ser uma "propriedade mundana" complexa (ou um complexo de propriedades mundanas) no sentido em que seria uma propriedade das entidades representadas e não uma propriedade dos estados mentais que representam. Ademais, uma vez que gêmeos compartilham do mesmo conteúdo exíguo, ela deve ser uma propriedade de nível superior metafisicamente realizada por ambas as propriedades de nível inferior, a saber, H_2O e XYZ. Mas uma vez que o conteúdo exíguo sobrevém localmente a propriedades físicas do cérebro, ela deve satisfazer uma última condição: se dois indivíduos estão em diferentes relações perceptuais ou cognitivas com tal propriedade, então eles devem diferir a respeito de alguma propriedade neurológica dos seus cérebros.

Segundo Kriegel, a forma mais direta de assegurarmos a sobreveniência local da relevante relação R que um conceito M mantém com uma propriedade mundana G a alguma propriedade física do cérebro H consiste definir G como a propriedade indutora de certas respostas (*response-dependent property*) no sujeito, quando este se encontra uma relação apropriada com ela. Nos indivíduos, essas propriedades são definidas como "indutoras de respostas", entendidas como as disposições de evocar as respostas corretas nos indivíduos sob condições apropriadas (cf. WRIGHT, 1988; JOHNSTON, 1989; PETTIT, 1991). Johnston define a propriedade indutora de resposta por meio do seguinte bicondicional *a priori*:

> X é C if and only if x is such as to produce an x-directed response R in a group of subjects S under the condition K (JOHNSTON, 1989, p. 145).

Mas como Kriegel corretamente assinala, a definição acima é inadequada para o propósito de elaboração da noção de conteúdo exíguo, uma vez que ela não faz distinção entre propriedades indutoras de respostas perceptuais e cognitivas de propriedades indutoras de respostas não-cognitivas (por exemplo, a propriedade de induzir respostas hormonais em touros espanhóis em condições normais; a propriedade de induzir respostas emocionais em adultos escandinavos em quaisquer condições). Para podermos especificar de forma apropriada as propriedades constituidoras de conteúdo exíguo de forma apropriada, temos que restringir a definição de modo que ela abarque apenas as propriedades indutoras de respostas perceptuais e cognitivas. Assim, G é uma propriedade constituidora de conteúdo exíguo em potencial se e só se:

> For any x, x is G if and only if there are intrinsically indistinguishable subjects S1...Sn and perceptual and cognitive responses R1...Rn in normal conditions (KRIEGEL, 2008, p. 313).

Para evitar circularidade, as respostas cognitivas e perceptuais não podem ser caracterizadas nos termos dos seus conteúdos (cf. KRIEGEL, 2008, p. 314). A saída consiste em apelar aos papeis funcionais intracranianos mais uma vez. Entretanto, em oposição à abordagem funcionalista, a ideia não é identificar o conteúdo exíguo como o papel funcional intracraniano. Enquanto nos termos da abordagem funcionalista o conteúdo exíguo C de um conceito M seria a resposta R a uma propriedade disposicional D (C=R), na abordagem proposta o conteúdo exíguo C de M seria, alternativamente, a propriedade disposicional D de induzir respostas R (C=D) (*idem*, p. 317).

Por mais sugestiva e convidativa que seja a explicação indutora de resposta, ela se vê às voltas com um problema anterior. O papel funcional intracraniano é a sua maneira de evitar a circularidade em se apelar para conteúdos, para se explicar a distinção capital entre respostas cognitivas e não-cognitivas a propriedades indutoras de respostas. Considerando que uma mesma propriedade mundana é capaz de induzir tanto respostas perceptuais e cognitivas quanto respostas não-cognitivas, o problema é que não temos como separar as cognitivas das não-cognitivas em termos funcionais puramente intracranianos, uma vez que esses não envolvem nenhuma relação a algo do mudo exterior, como o próprio Kriegel (2008, p. 7) reconhece. Kriegel negligencia o fato que respostas perceptuais e cognitivas a propriedades indutoras de respostas não são meros movimentos corporais, mas antes formas de comportamento baseadas em conteúdos reais. Só podemos separar uma resposta cognitiva típica à propriedade de ser substância aquosa – digamos a intenção de abrir o guarda-chuva quando está chovendo – de uma resposta não-cognitiva típica à mesma propriedade, digamos urinar substância aquosa depois de tê-la bebido – presumindo que no primeiro caso, mas não no segundo, o agente está necessariamente representando substância aquosa como substância aquosa.

6. A proposição

Como observamos, a forma mais direta de garantirmos tal sobreveniência local é definindo a propriedade em questão como sendo aquela que induziria as mesmas respostas perceptuais e cognitivas em todos os indivíduos indistintos relativamente a alguma propriedade dos seus cérebros. Mas isso não é necessário. Poderíamos concebê-la, alternativamente, como uma propriedade fenomenal no sentido de que seria uma propriedade igualmente representada por todos os indivíduos indistintos, relativamente a alguma propriedade neurológica dos seus cérebros. Em ambos os casos, uma explicação dessa propriedade de nível superior só poderá evitar a circularidade se puder fornecer uma explicação causal, não-intencional para a relação perceptual ou cognitiva que os gêmeos mantêm com tal propriedade de nível superior.

Como assinalamos, se terráqueos assentem a orações de água indistintamente em presença tanto de XYZ quanto de H_2O, eles não podem estar tomando equivocadamente XYZ por H_2O quando a substância se relevar XYZ e não H_2O. Pela mesma razão, se terráqueos gêmeos assentem a orações de água indistintamente em presença tanto de H_2O quanto de água, eles também não podem tomar equivocadamente XYZ por H_2O quando a substância em questão se revelar H_2O e não XYZ. Com efeito, a propensão em assentir a orações de água em presença tanto de H_2O quanto de HYZ nos força a conjecturar a existência de uma terceira lei constrangendo as ocorrências de "água" tanto na Terra quanto na Terra Gêmea nos seguintes termos:

> L3: Ou instâncias de H_2O ou instâncias de XYZ causam proferimentos de "água" ou ocorrências (*tokenings*) mentais de "água" em todos os indivíduos indiscerníveis a respeito de alguma propriedade relevante dos seus cérebros.

Assim, se são ou instâncias de H_2O ou instâncias de XYZ que induzem os gêmeos ao proferimento da oração (1) e, ademais, se eles são insensíveis à diferença entre elas, ao proferir a oração (1) eles têm que estar pensando *de dicto*:

> (8) Que substância aquosa sacia a sede.

A conclusão que se impõe é a seguinte. Se o conteúdo amplo é a propriedade semântica de ocorrências mentais de "água" que consiste na representação *de dicto* de H2O *como* água (conceito de água) segundo a conexão nomológica L1, o conteúdo exíguo é a propriedade semântica das mesmas ocorrências mentais em todos os indivíduos indiscerníveis a respeito de alguma propriedade neurológica dos seus cérebros, que consiste na representação *de dicto* tanto de H_2O quanto de XYZ *como* substância aquosa (conceito alternativo de substância aquosa) segundo a conexão nomológica L3.

7. O novo problema da disjunção

A existência de diferentes leis explicando a ocorrência dos mesmos tipos mentais engendra o problema conhecido na literatura como o problema da disjunção. É um lugar comum para todos familiarizados com os desdobramentos semânticos da teoria da informação que um mesmo sinal pode veicular diferentes informações acerca de diferentes objetos, na medida em que a propriedade de ser uma ocorrência do sinal em questão possa covariar nomologicamente com diferentes propriedades segundo diferentes leis naturais. Uma vez que é assim, nem todas as ocorrências de um mesmo sinal podem ser tomadas como expressão do seu significado ou conteúdo.

A solução teleológica de Dretske faz apelo ao indicador de função que um sinal ou um estado mental portador de conteúdo adquire, ou em razão da evolução natural da espécie, ou em razão do aprendizado. Uma vez que os humanos são incapazes de detectar água por meio de sua estrutura molecular, mas o conceito de água tem a mesma extensão na terra que o conceito de substância aquosa, parece razoável presumirmos que a natureza tenha moldado nosso cérebro com a capacidade de detectar H_2O por meio da detecção das propriedades fenomenais de nível superior que ela realiza metafisicamente. Entretanto, uma vez que a existência da espécie depende de H_2O e não de qualquer outra substância aquosa, nossos estados sensoriais adquiriram filogeneticamente a função de indicar H_2O e não substância aquosa. Posteriormente, com o aprendizado do termo de espécie natural "água" na terra, nossos estados doxásticos adquirem ontogeneticamente a função adicional de indicar H_2O *como* água e não como XYZ ou como a disjunção H_2O-ou-XYZ. Se L1 é a lei em vigor, o que é pensando pelo seu proferimento é especificado apropriadamente pela ocorrência oblíqua da oração (2) e não pela ocorrência oblíqua da oração alternativa (4).

A solução conhecida de Fodor faz apelo à tese da dependência assimétrica das leis envolvidas. O que está sendo pensando por Oscar é apropriadamente especificado pela oração subordinada (2) e não pela (4), uma vez que L2 depende assimetricamente de L1. Essa dependência assimétrica entre leis naturais é normalmente definida por Fodor nos termos de um condicional contrafactual: ainda haveria uma conexão causal entre a propriedade de ser H_2O e a propriedade de ser um pensamento de água, mesmo se não houvesse conexão causal entre a propriedade de ser XYZ e a propriedade de ser um pensamento de água. Mas não o contrário: se a conexão causal entre a propriedade de ser H_2O e a propriedade de ser um pensamento de água se rompesse, não haveria mais conexão causal entre a propriedade de ser XYZ e a propriedade de ser um pensamento de água.

Não tomarei posição nessa discussão, uma vez que isso exigiria outro trabalho. O problema é que a explicação proposta do conteúdo exíguo no quadro do anti-individualismo se vê às voltas com a mesmo problema. Para ilustrar minha questão, podemos retomar o caso em que Oscar, sem seu conhecimento, viaja para Terra Gêmea onde um copo da substância aquosa local – XYZ – induz nele o proferimento ou o pensamento consciente da seguinte oração:

(9) "Isso é um copo d'água".

Segundo a explicação teleológica de Dretske, a crença de Oscar é especificada de forma apropriada pela ocorrência oblíqua de uma oração como a seguinte:

(10) Que isso é um copo de H_2O.

Mas, se seu estado doxástico adquiriu a função de indicar H_2O como água e substância na Terra Gêmea é XYZ, então o proferimento de Oscar de (9) tem que ser falso. O problema é que, se o estado doxástico de Oscar não está representando indistintamente, tanto H_2O quanto XYZ como substância aquosa, o fato que terráqueos tomaram sistematicamente XYZ por H_2O e terráqueos gêmeos H_2O por XYZ termina sem uma explicação razoável.

Para podermos tornar casos como esses compreensíveis, temos que interpretar o proferimento da oração (1) em termos exíguos. Temos que presumir que, ao proferir a oração (9), o estado mental de Oscar adquiriu a função de indicar substância aquosa como substância aquosa (conceito de substância aquosa). A seguinte alegação teleológica poderia servir de embasamento a essa suposição. Com efeito, a perpetuação da espécie depende da capacidade dos seus membros em detectar H_2O no meio-ambiente e não qualquer outro substância aquosa. Mas, como na Terra, ambiente no qual nossa espécie evoluiu, os conceitos de água e de substância aquosa são coextensivos, podemos supor que nossos estados sensoriais adquiriram filogeneticamente a função indicar substância aquosa. Posteriormente, ao apreendermos o conceito de substância aquosa, nossos estados doxásticos adquiriram ontogeneticamente a função adicional de indicar substância aquosa *como* substância aquosa. Deste modo, parece razoável supormos que o estado mental de Oscar, ao proferir ou pensar conscientemente na oração (9), também pode ser especificado pela ocorrência oblíqua da seguinte oração:

(11) Que isso é um copo de substância aquosa.

Entretanto, ao assumirmos que o estado mental de Oscar ao proferir ou pensar na oração (9) possui a função alternativa de indicar substância aquosa como substâncias aquosas, acabamos por abandonar a tese que o termo de espécie natural "água" designe rigidamente H_2O em todos os mundos possíveis e, por conseguinte, por trivializar a possibilidade do erro, reduzindo-o a meros casos de ilusões perceptuais e alucinações. Na medida em que "água" se aplica igualmente tanto a H_2O quanto a XYZ, ao proferir ou pensar conscientemente a oração (9), Oscar só poderia se equivocar caso seus órgãos dos sentidos não estivessem em condições ideais ou não estivesse conectado de forma apropriada com a substância em questão.

A dependência assimétrica de Fodor não se encontra em situação melhor. De acordo com a dependência assimétrica de L2 frente a L1, o proferimento ou pensamento consciente da oração (9) é especificado apropriadamente pela ocorrência oblíqua da oração subordinada (10). Mas Oscar se encontra na Terra Gêmea e lá os proferimentos de "água" ou as ocorrências mentais do mesmo termo são causados por instâncias de XYZ segundo a lei L2. Consequentemente, tal proferimento ou pensamento consciente tem que ser falso. Como antes, o problema é que não temos como se explicar por que terráqueos tomam sistematicamente XYZ por H_2O e terráqueos gêmeos H_2O por XYZ.

Para tornarmos compreensíveis tais condutas, teríamos que presumir que L1 depende assimetricamente de L3, segundo a qual proferimentos e pensamentos de água são causados ou por instâncias de

H_2O ou por instâncias de XYZ. Mas, se tomamos L1 como sendo assimetricamente dependente de L3, então temos que abandonar a suposição inicial de que L2 dependia assimetricamente de L1, abandonando a tese que "água" seja um termo de espécie natural que designa H_2O em todos os mundos possíveis e, por conseguinte, restringindo a possibilidade de erro a ilusões e alucinações.

Desejo subscrever aqui a tese de que não há fato concreto (*no fact of matter*) que nos obrigue a interpretar o proferimento ou pensamento consciente da oração (9), quer nos termos do conteúdo amplo (10), quer nos termos do conteúdo exíguo (11). Temos que ter em mente, contudo, que a indeterminação em questão não é a sobredeterminação no sentido de Quine de duas teorias empiricamente equivalentes, embora incompatíveis. A indeterminação presente deve ser entendida no sentido de dois esquemas de interpretação empiricamente equivalentes e compatíveis entre si. Ocorrências oblíquas das orações subordinadas (10) e (11) representam diferentes planos de conteúdo, fornecendo informações em diferentes níveis. A interpretação do proferimento ou pensamento da oração (9) nos termos do *falso* conteúdo amplo (10) não contradiz a interpretação do mesmo proferimento ou pensamento nos termos do conteúdo exíguo *verídico* (11), uma vez que não se encontram no mesmo plano.

Referências bibliográficas

BAKER L.R. "Content by courtesy". *The jounal of philosophy*, vol. 84, nº 4, 1987, p. 197-213.

BURGE, T. *Fundations of mind*. Nova York: Oxford University Press, 2007.

DAVIDSON, D. *Subjective, intersubjective, objective*. Nova York: Oxford University Press, 2001.

DONNELLAN, K. "Reference and definite description". *The philosophical review* 77, 1966, p. 281-304.

Drestke, F. *Naturalizing the mind.* Cambridge, Massachusetts: MIT Press, 1995.

_____. *Explaining behavior.* Cambridge, Massachusetts: MIT Press, 1988.

_____. "Visual content, wide or narrow". Http://carnap.umd.edu/EC2006/Abstracts-or-papers/Dretske/Dretske, 2006.

Evans, G. The *Varieties of reference.* Nova York: Oxford University Press, 1982.

Fodor, J. *Psychosemantics.* Cambridge, Massachusetts: MIT Press, 1987.

_____. "A modal argument for narrow content", in: *Journal of Philosophy* 88, 1990, p. 5-26.

_____. *The elm and the expert.* Massachusetts: The MIT Press, 1994.

Perry, J. "Broadening the mind", in: *Philosophical and phenomenological research*, 1997, p. 1-8.

_____. *Reference and reflexivity.* Stanford: CSLI Publications, 2001.

Johnston, M. "Dispositional theories of value", in: *Proceedings of Aristotelian Society*, 63, 1989, p. 139-74.

Kaplan, D. "Demonstratives", in: J. Almog, J. Perry and H. Wettstein (eds.), *Themesfrom kaplan.* Nova York: Oxford University Press, 1979, p. 481-563.

Kim, J. "Psychophysical supervenience", in: *Philosophical studies*, 41, 1982, p. 51-70.

Kriegel, U. "Real narrow content", in: *Mind & language*, vol. 23, 2008, p. 304-28.

Kripke, S. *Naming and necessity.* Cambridge, Massachusetts: Harvard University Press, 1972.

Pettit, P. "Realism and response-dependence", in: *Mind*, 100, 1991, p. 597-626.

Putnam, H. "The meaning of 'meaning'". *Mind, language, and reality.* Cambridge: Cambridge University Press, 1975.

_____. *Representation and reality.* Cambridge, Massachusetts: MIT Press, 1989.

REICHENBACH, H. *Elements of symbolic logic*. Nova York: The Free Press, 1947.

RECANATI, F. *Direct Reference: From language to thought*. Oxford: Blackwells, 1993.

STALNAKER, R. "Narrow content". Em C.A. Anderson e J. Owens (eds.), *Propositional attitudes*. Stanford CA: CSLI, 1900.

WRIGHT, C. "Moral values, projection and secondary qualities". *Proceedings of Aristotelian Society*, 62, 1988, p. 1-26.

ANTI-INDIVIDUALISMO, AUTOCONHECIMENTO E RESPONSABILIDADE

Jônadas Techio
Universidade Federal do Rio Grande do Sul

A exigência de pureza imposta pela filosofia parece com um desejo de me deixar de fora, quero dizer, cada um de nós, o sujeito, com suas necessidades arbitrárias e seus desejos descontrolados (Stanley Cavell).

1. Introdução

1. UM DOS DEBATES FILOSÓFICOS mais intensos e profícuos ocorridos nas últimas décadas diz respeito à análise das noções de significado e de conteúdo mental (aquilo que é expresso por frases atributivas em que ocorrem predicados psicológicos). Do ponto de vista estritamente metodológico, que é o único que interessará aqui, pode-se distinguir duas posições principais polarizando esse debate: individualismo e anti-individualismo.[1] De acordo com o individualismo, é condição suficiente para uma análise do significado/conteúdo mental que se proceda a uma inspeção do indivíduo (ou de um aspecto desse indivíduo, por exemplo, seu cérebro, ou comportamento), tomado em isolamento do restante de seu ambiente físico e/ou social. Já para os anti-individualistas, uma tal análise não seria satisfatória, posto que desconsidera um conjunto de 'fatores externos' – i.e., fatores que se encontram "fora da cabeça"[2] do indivíduo – que também seriam

---

1 Outras denominações comuns para essas posições, encontradiças na literatura especializada, são, respectivamente, "internismo" ("*internalism*") e "externismo" ("*externalism*"). Embora as diferenças semânticas (e pragmáticas) no emprego de cada par de denominações possam ser relevantes, para os propósitos do presente texto elas podem ser tomadas como sinônimas.

2 Essa é a expressão que Hilary Putnam tornou famosa na conclusão de seu artigo

determinantes do significado/conteúdo mental; dentre esses fatores estariam a constituição físico-química dos objetos com os quais o indivíduo interage, ou as relações sociais que ele mantém com outros seres humanos.

Uma vez que o anti-individualismo parece abranger uma variedade maior de características que são relevantes para a análise da natureza dos fenômenos mentais, e, além disso, parece menos suscetível a alguns dos principais problemas enfrentados pela tradição individualista (tais como explicar como se dá o contato entre a 'mente' e o 'mundo', e o conhecimento do conteúdo dos pensamentos de *outros* sujeitos), é fácil compreender porque essa posição vem ganhando cada vez mais adeptos – pelo menos no cenário da filosofia analítica, onde praticamente adquiriu *status* de nova ortodoxia (cf. FARKAS, 2003, p. 187). Mas, independentemente do sucesso em resolver esses problemas, esse modelo não está livre de dificuldades. A que irá interessar aqui concerne à explicação do conhecimento do conteúdo de *nossos próprios* pensamentos e atitudes mentais[3] – o que doravante gostaria de chamar, seguindo Christopher Peacocke (1998, p. 63), de "autoconhecimento psicológico".

---

seminal *The meaning of 'meaning'* (cf. PUTNAM, 1975, p. 227). (Note-se que o uso de aspas duplas no decorrer do texto será reservado a citações.)

3 Há pelo menos dois outros problemas importantes tratado na literatura acerca do anti-individualismo, que dizem respeito, respectivamente, a (i) a possibilidade da *racionalidade* – se o sujeito deve proceder a algum tipo de investigação empírica para distinguir os conteúdos de seus pensamentos, e se a diferença nos conteúdos é condição para a determinação das relações lógicas entre esses pensamentos, então o sujeito pode estar errado a respeito dessas relações, a não ser que proceda a uma investigação empírica; mas isso parece minar o próprio conceito de racionalidade – e a (ii) a possibilidade (absurda) de conhecimento *a priori* do mundo externo – se conheço o conteúdo de meus pensamentos, e sei que esse conteúdo é individuado por suas relações com o mundo, então posso conhecer o mundo a partir do conhecimento de minha mente, o que é uma redução ao absurdo da posição anti-individualista (cf. BOGHOSSIAN, 1998). Brown (2004) oferece um exame sistemático e detalhado dos três problemas mencionados, bem como de algumas das principais respostas encontradiças na literatura.

O problema do autoconhecimento psicológico apresenta-se claramente na análise de experimentos mentais de permutação de ambiente. Tipicamente, esses experimentos envolvem a ideia de um sujeito que seria transportado sem saber da Terra para a Terra Gêmea, com a consequência de que ele teria pensamentos com conteúdos diferentes de acordo com o ambiente em que se encontra (por exemplo, sobre *água* se está na Terra, e sobre *água-gêmea* se está na Terra Gêmea), sem ser capaz de comparar essas situações e notar quando e onde as diferenças nos conteúdos de seus pensamentos ocorreram. Dada essa possibilidade, a conclusão parece ser que o sujeito em questão não saberia que pensamentos tem a menos que procedesse a uma investigação empírica de seu ambiente. Uma vez que tal conclusão contraria algumas das intuições mais arraigadas que temos acerca da natureza do autoconhecimento psicológico, ou bem ela nos obrigaria a abandonar aquelas intuições, ou bem a concluir, por uma espécie de redução ao absurdo, que a posição anti-individualista é falsa. A alternativa adotada pelos defensores do anti-individualismo é uma posição compatibilista[4].

2. As dificuldades envolvendo a explicação da possibilidade do autoconhecimento psicológico, e, em particular, a aceitabilidade do compatibilismo, geraram um intenso debate na literatura, que continua vivo até hoje[5]. Meu objetivo nesta ocasião não será exatamente engajar-me neste debate[6], mas tomá-lo como uma espécie de pano de fundo, ou motivação, para articular algumas suspeitas gerais que tenho nutrido a respeito de pressupostos assumidos por ambos os partidos envolvidos nele. Farei isso apenas parcialmente, e, mesmo assim, de maneira tateante. Tateante, pois dada a complexidade do assunto, torna-se difícil obter uma visão perspícua das posições e questões nele imbricadas.

---

4 Um dos principais defensores do compatibilismo é Tyler Burge.

5 O debate compatibilismo/incompatibilismo, e a sua literatura específica, foi discutido nos capítulos 3, 4 e 5 deste livro. (N. do E.)

6 Fiz isso num texto apresentado no XII Encontro Nacional de Filosofia da Anpof, chamado "Anti-individualismo e Autoconhecimento: uma solução não deflacionária" (TECHIO, 2006).

Mesmo assim, penso que o exercício que vou propor pode se mostrar útil, por servir de ensejo a que os defensores do anti-individualismo esclareçam e explicitem certas teses que, ao menos para mim, pareceram obscuras, ou que talvez estejam sendo apenas assumidas tacitamente. Parcial, tanto devido ao reduzido (ainda que, espero, representativo) número de autores e textos que serão examinados (nomeadamente, os de Saul Kripke, Hilary Putnam, e Tyler Burge), quanto à decisão de cingir a análise num único aspecto da posição anti-individualista que considero problemático – a saber, a adoção do que se pode chamar de modelo impessoal da normatividade lingüística.[7]

Chamo de "impessoal" qualquer posição que pretenda encontrar um fundamento para a normatividade linguística (e, por conseguinte, para nosso *acordo* sobre o significado de nossos termos e frases) que consiste em algum tipo de conhecimento (impessoal) de um conjunto de "fatos objetivos". A identidade desse "conjunto de fatos" é algo que, como logo terei oportunidade de mostrar, varia de autor para autor. O que é invariante é a suposição geral de que o *ônus* da correção linguística (do que o sujeito quer dizer com o que diz) deve ser colocado nalgum fator externo (tal como "o mundo", ou "as convenções da

---

[7] "Mas qual pode ser a relevância de se tratar de *normatividade linguística* num contexto em que os principais argumentos que serão analisados tratam explícita e centralmente de *conteúdos de pensamento*?" – Como diz Silva Filho (2007, p. 151), "O *externalismo* é originalmente uma teoria em *semântica* filosófica e o seu problema principal diz respeito ao tema da *referência* e do *significado*"; que "essa investigação sobre o significado acabou por exigir uma perspectiva radicalmente nova sobre o conceito de mente e sobre a natureza do mental" (*idem*) não é algo que eu pretenda ou esteja disposto a negar, nem a desconsiderar. Entretanto, minha tarefa inicial será justamente proceder a uma espécie de resgate das "raízes lingüísticas" do anti-individualismo, com o objetivo de indicar que, não obstante sua auto-interpretação favorita ser reiteradamente apresentada em termos do estabelecimento de uma *teoria da mente*, a argumentação antiindividualista depende de um modelo *particular* da normatividade; o fato de esse modelo ser apenas *assumido*, de maneira mais ou menos *tácita*, é para mim apenas mais um indício de seu caráter impregnante. Agradeço a Paulo Faria por ter indicado a necessidade de fazer esse esclarecimento.

comunidade"). Uma das principais dificuldades que tentarei pôr em relevo – e que, salvo engano, não recebeu ainda a atenção merecida na literatura – é que essa suposição implica uma inversão no próprio modo de conceber o *problema* da correção lingüística – ou, na melhor das hipóteses, implica concebê-lo a partir de uma *perspectiva limitada* – na qual se desconsidera (ou se suprime sistematicamente) a responsabilidade do sujeito individual (i.e., de cada um de nós, participantes da comunidade lingüística) para dar sentido às suas palavras e às dos demais, de modo a fornecer condições para um "acordo linguístico".[8]

Visando a indicar a presença de um compromisso com o modelo impessoal da normatividade nos argumentos dos defensores do anti-individualismo, bem como a apresentar alguns dos problemas decorrentes desse compromisso, adotarei uma estratégia um tanto complexa,

---

[8] Permitam-me pelo menos mencionar duas outras suposições problemáticas, e intimamente relacionadas ao "modelo impessoal", que penso entrever no horizonte do debate acerca do autoconhecimento psicológico, mas que não serão diretamente abordadas na sequência. Elas concernem, respectivamente, à nossa relação com (i) *o mundo* e (ii) com os *seres humanos* (ou mentes) – aí compreendidos nós mesmos (e nossas próprias mentes). Ambas podem ser qualificadas como teóricas e cognitivistas – a primeira por retratar nossa relação com o mundo e seus objetos como sendo fundamentalmente de *conhecimento*, adquirido pela reunião de *evidências* (paradigmaticamente, evidências *perceptuais*), e, além disso, por tomar como *ideal* para essa relação o modelo do conhecimento *científico* – a "visão a partir de lugar nenhum" de que fala Thomas Nagel (2004) – no qual o sujeito seria completamente suprimido, não mais sendo responsável pela obtenção (ou falha na obtenção) desse conhecimento; a segunda por retratar, analogamente, a relação que mantemos com nossas próprias mentes, bem como com as dos demais seres humanos, como sendo de *testemunhas* ou *investigadores*, de modo que, para que as conheçamos (e note-se que a mera escolha do verbo que descreve essa relação não é inocente) torna-se necessário, uma vez mais, que obtenhamos certas *evidências* (por exemplo, comportamentais). O que essas suposições têm de comum com o "modelo impessoal da normatividade" é justamente o ideal de, num sentido importante, "tirar o indivíduo de cena", suprimindo qualquer tipo de menção, no *âmbito da análise filosófica*, a condições irredutivelmente "subjetivas" (pessoais), em prol de uma análise (supostamente) mais "objetiva" (impessoal).

cujos principais passos são os seguintes: na seção 2, indico a existência de uma estrutura comum nos argumentos dos pais fundadores do anti-individualismo contemporâneo – respectivamente, Kripke, Putnam, e Burge – salientando a aceitação do modelo impessoal da normatividade. Com esse resultado em mãos reconstruo, na seção 3, o argumento do "Wittgenstein-como-compreendido-por-Kripke", no seu famoso livro sobre regras e linguagem privada, em prol de uma "solução cética" para o "paradoxo cético" da normatividade linguística, e mostro como essa argumentação pode ser enquadrada na estrutura obtida na seção 2. Tendo assim traçado um paralelo entre os argumentos dos anti-individualistas e os de Kripke nesse livro, passo, na seção 4, à apresentação da crítica de Stanley Cavell à posição resultante – focando justamente em seu diagnóstico dos problemas inerentes ao modelo impessoal da normatividade assumido por Kripke nesse contexto. O passo final (seção 5) será indicar, em linhas gerais, como esse diagnóstico pode ser estendido ao caso do anti-individualismo. Isso ensejará a apresentação de um esboço – não mais que um esboço – de imagem alternativa para se pensar na linguagem humana e na normatividade, que penso estar livre dos problemas do modelo impessoal (em particular, do tipo de evasão que ela acarreta), e que pode fornecer uma saída para dificuldades tais como (mas não exclusivamente) aquelas que se apresentam no debate envolvendo anti-individualistas e seus críticos.

2. Anti-individualismo e a imagem impessoal da normatividade

3. O anti-individualismo começa a germinar no contexto do debate acerca da referência dos termos singulares, ocorrido na segunda metade do século XX, que leva à assim chamada "nova teoria da referência" (ou "semântica da referência direta") – a qual tem como um dos principais expoentes Saul Kripke, especialmente *Naming and Necessity* (cf. KRIPKE, 1972). A tese central dessa teoria, pelo menos para os fins aqui em vista, é que a referência de alguns dos termos de nossa linguagem (nomes próprios e designadores de espécies natu-

rais), uma vez fixada, independe das descrições a eles associadas pelos usuários de uma linguagem, ou de seu *conhecimento* do objeto referido. Na terminologia técnica de Kripke, isso equivale a mostrar que tais termos funcionam como "designadores rígidos", i.e., termos que "em todo mundo possível designam o mesmo objeto" (KRIPKE, 1972, p. 48).[9] A moral "anti-individualista" dessa análise é clara: se Kripke estiver certo, devemos concluir que as *instituições linguísticas* possuem um papel irredutível na determinação do referente de nomes próprios, assim como o *mundo*, i.e., o ambiente físico que nos rodeia, possui uma função irredutível da determinação dos significados de termos para espécies naturais. Os trabalhos de Hilary Putnam e de Tyler Burge – ainda que sejam em grande medida independentes da análise de Kripke – fundamentam-se sobre essa mesma ideia central, explorando suas aplicações no âmbito mais geral da teoria do significado e da filosofia da mente. Em "The meaning of 'meaning'", de 1975, Putnam

---

9 Inicialmente, Kripke aplica essa análise aos nomes próprios (por exemplo, "Nixon"), cuja referência seria fixada por meio de um "batismo" inicial, e mantida devido à existência de cadeias de uso que possibilitam a deferência a falantes competentes (no limite, a especialistas em uma determinada área do conhecimento); posteriormente, ele a estende a designadores de espécies naturais (por exemplo, "ouro"), mostrando que sua referência, assim como a dos nomes, seria fixada num contexto normativo particular – envolvendo a apresentação ostensiva de uma *amostra* da espécie a ser introduzida, ou o emprego de uma descrição que seleciona essa espécie por meio de uma propriedade (em geral) *contingente* de suas instâncias – que garante a manutenção dessa referência independentemente das associações mentais dos sujeitos que os empregam. Assim, o emprego de designadores de espécies naturais será instituído para *o que quer que seja da mesma espécie* da amostra escolhida no momento da fixação de sua referência, ou ainda para *o que quer que possua* aquela(s) propriedade(s) mencionada(s) na descrição inicial. Dado que, no momento em que a espécie é introduzida, é possível – e eventualmente é o caso – que *não saibamos* quais são as propriedades (físicas, químicas, ou quaisquer que sejam relevantes) constituintes da amostra escolhida para a fixação da referência do termo, fica aberta a possibilidade de que uma investigação empírica ulterior venha a suprir essa lacuna, podendo inclusive vir a mostrar que coisas que inicialmente *acreditávamos* serem da mesma espécie (por exemplo, o "ouro de tolo"), na verdade não o são.

defende que a determinação do significado de vários dos predicados empregados para expressar os conteúdos de nossos estados e eventos mentais é dependente de condições derivadas do nosso pertencimento a um determinado ambiente físico. Burge (1998) toma uma direção um pouco distinta, mas que também encontra precedentes na discussão de Kripke, salientando o papel das instituições sociais e linguísticas na determinação do conteúdo de nossos termos, e, por conseguinte, dos pensamentos expressos por esses termos.

4. Por razões de economia de espaço, não me deterei aqui na análise dos argumentos de Kripke, Putnam e Burge para estabelecer os resultados indicados acima. Ao invés disso, gostaria de indicar a existência de uma estrutura básica compartilhada por eles. Essa estrutura articula-se em cinco fases ou momentos distintos, que passo a enumerar e caracterizar brevemente:

Fase da problematização: o ponto de partida das três análises consiste na apresentação de algo que podemos caracterizar, com alguma vagueza, de "problema da manutenção do significado" (ou da referência) – i.e., o problema de explicar como é possível que o significado de um termo particular, "x", mantenha sua referência através do *tempo* (no caso do uso em tempos distintos por parte de um mesmo indivíduo), do *espaço* (quando o uso passa de um sujeito para outro na comunidade lingüística), ou de a*mbos conjuntamente* (caso das cadeias anafóricas de uso passado);

Apresentação do primeiro candidato a resposta: frente ao problema precedente, apresenta-se, para fins de argumentação (mais especificamente, para fins de construção de uma *redução ao absurdo*), uma primeira resposta hipotética, que supõe justamente a tese central do modelo individualista – a saber, que o significado pode/deve ser explicado através da mera inspeção do indivíduo, tomado em isolamento de seu ambiente (físico e/ou social);

Apresentação do cenário contrafactual: visando a indicar a falha dessa primeira resposta – e, por extensão, do próprio modelo individualista – monta-se um experimento mental no qual todos os "estados internos" (psicológicos e fisiológicos), bem como a história e o comportamento passado de um indivíduo mantêm-se constantes, alterando-se apenas o ambiente (físico e/ou social) no qual ele se encontra. A lição extraída da análise dessa situação contrafactual é dupla: negativamente, ela mostra que o candidato individualista falha, pois, neste caso, os estados internos do sujeito mantêm-se invariantes, mas a referência do termo que ele emprega muda; positivamente, essa análise aponta a necessidade de uma explicação alternativa – a proposta anti-individualista – que será apresentada na próxima fase;

Apresentação do segundo candidato a resposta: nesta fase do argumento apresenta-se uma explicação que assume a tese central do anti-individualismo – a saber, que o significado/referência é determinado, pelo menos parcialmente, por fatores externos, derivados do pertencimento do sujeito a um determinado ambiente (social ou linguístico). Resolve-se assim o problema inicial;

Generalização/extensão do âmbito dos resultados: apesar de o ponto de partida ter sido um problema relacionado a uma instância particular de uso (um termo particular, "x"), esses resultados podem ser aplicados a uma região mais ampla da linguagem – no limite, à linguagem/significado como um todo.

A tabela 1 mostra como a argumentação de cada autor analisado acima enquadra-se na estrutura geral que acabo de apresentar.

	1. Problema-tização	2. Candidato 1 (Modelo Individualista)	3. Situação contrafactual	4. Candidato 2 (Modelo Anti-individualista)	5. Generalização
Kripke	"Nixon" & "ouro"	descrições associadas por cada indivíduo	outro "mundo possível" & outro período histórico	instituições linguísticas ("batismo" + cadeia de uso) & contribuição do ambiente (constituição físico-química do material)	designadores rígidos (nomes próprios & termos para espécies naturais)
Putnam	"água"	estado psicológico exíguo	viagem à Terra Gêmea	contribuição do ambiente (constituição físico-química do material)	"Corte o bolo como quiser, significados simplesmente não estão na cabeça!"
Burge	"artrite"	estados psicológicos (exíguos) e fisiológicos	outra comunidade linguística	"padrão social complexo" (convenções / regras da comunidade de falantes)	atribuição de estados mentais cujo conteúdo envolve uma noção que o sujeito compreende

Tabela 1: Estrutura dos argumentos anti-individualistas (Kripke, Putnam, Burge)

5. Presumo que a tabela acima seja autoexplicativa. O único comentário que gostaria de fazer é para indicar o momento no qual a influência da "imagem impessoal" da normatividade (mencionada na introdução) transparece de maneira mais sensível nessa argumentação – refiro-me, como deve estar claro, à quarta fase do argumento (e, por conseguinte, à quarta coluna da tabela 1), cujo papel é, explicitamente, estabelecer as condições (anti-individualistas) para que a referência de um termo possa ser mantida constante. O que talvez não seja tão claro, ou, pelo menos, não costuma ser destacado na argumentação anti-individualista – em particular nos textos seminais mencionados acima[10] – é que, da maneira como as condições para manutenção de referência são compreendidas e apresentadas por esses autores, elas também são condições para a possibilidade de *correção linguística*, e, por conseguinte, para a própria *normatividade* da linguagem: é com base nessas condições que, numa situação de troca comunicativa, falantes e ouvintes poderão julgar se estão *se entendendo* – se estão falando sobre *a mesma coisa*, ou sobre *coisas diferentes* – ao usar certos termos. Sem essa base, nem *acordo* nem *desacordo* linguístico seriam possíveis.

Esse, portanto, é um primeiro ponto que gostaria de enfatizar: tacitamente ou não, a argumentação dos anti-individualistas compromete-se com *algum* modelo (ou explicação) da normatividade da linguagem.

O que fica faltando é uma caracterização desse modelo. Suponho que não será necessário despender muito esforço argumentativo para mostrar que, nos três casos acima, as condições apresentadas na quarta fase (coluna 4) dependem de (ou implicam) o que caracterizei na introdução como uma espécie de "conhecimento impessoal" de certos "fatos objetivos". Para começar, isso aparece claramente na própria caracterização dessas condições – englobando tanto a existência de *instituições lingüísticas* (Kripke e Burge) quanto a *constituição físico-química* das substâncias com as quais os falantes se relacionam (Kripke e Putnam). Mas isso também fica patente na análise do *movimento argumenta-*

---

10 Burge pode ser considerado uma exceção, dado que ele apresenta explicitamente um modelo (antiindividualista) da normatividade ao final de seu artigo (cf. BURGE, 1998, p. 79-80).

tivo que culmina nessa quarta fase da análise – que consiste, invariavelmente, num enfraquecimento sistemático (até o limite da supressão completa) da função do *indivíduo isolado*, e, por conseguinte, de sua *autoridade*, sobre o significado dos termos que emprega. Essa, de fato, não é nada menos que a marca registrada do anti-individualismo, e é justamente o aspecto dessa posição que parece mais promissor, quando pensado contra o pano de fundo dos problemas enfrentados pela tradição individualista. Entretanto – e esse é o aspecto que não me parece receber a atenção merecida, *nem* da parte dos defensores do anti-individualismo, *nem* de seus críticos – uma consequência direta desse movimento argumentativo é justamente a diluição da *responsabilidade* individual sobre o significado. O que tentarei mostrar em seguida – por meio de uma argumentação indireta, que envolve a comparação da argumentação anti-individualista com a posição do cético imaginado por Kripke em seu livro sobre Wittgenstein – é que esse deslocamento traz consigo um conjunto de dificuldades que precisam ser levadas em conta se quisermos obter uma caracterização mais adequada da natureza da linguagem humana, ou, de modo mais geral, da normatividade.

3. A posição de Kripke: um paralelo

6. Em seu livro *Wittgenstein on Rules and Private Language* (K), Saul Kripke sustenta que o problema central de Wittgenstein em suas *Investigações Filosóficas* (IF) seria um "paradoxo cético" concernente às condições do significado, ou, de modo mais geral, da normatividade linguística (da possibilidade de se seguir regras). A relevância desse paradoxo residiria, segundo ele, em sua absoluta generalidade – a qual é indicada claramente na afirmação de que "o principal problema de Wittgenstein é que parece que ele mostrou que *toda* a linguagem, *toda* a formação de conceitos, é impossível, e mesmo ininteligível" (KRIPKE, 1982, p. 62). Kripke também alega, notoriamente, que Wittgenstein forneceria uma "solução cética" (*a la* Hume[11]) a esse paradoxo – uma

---

11 Ao contrário de uma "solução *direta*", que mostraria que, "num exame mais

solução que, de fato, "contém o argumento contra a 'linguagem privada'" (*idem*, p. 60).

Embora a posição resultante seja superficialmente muito distinta da dos autores analisados na seção anterior (incluindo o próprio Kripke de *Naming and Necessity*), tentarei mostrar que, num nível mais básico, existem paralelos importantes entre essas argumentações – paralelos cuja atestação serve para destacar traços que permaneceriam ocultos, ou, no máximo, com contornos muito imprecisos, caso abordássemos essas posições isoladamente. Visando a estabelecer esses paralelos, passo a uma breve reconstrução do argumento que estabelece o "paradoxo cético" da normatividade, bem como a "solução cética" oferecida por Kripke para esse paradoxo[12].

4. O "paradoxo cético" da normatividade

7. Kripke (p. 7-9) introduz sua apresentação do "paradoxo cético" propondo um engenhoso experimento mental, no qual um "cético bizarro" questiona meu direito de afirmar que meu uso passado da palavra "mais" (e do símbolo "+") denotou a função *mais* ao invés da função *nais* – no original, "*quus*".[13] A função "nais" (simbolizada por " ") é definida assim:

---

cuidadoso, o ceticismo mostra-se injustificado", uma "solução *cética* de um problema filosófico cético começa [...] concedendo que as asserções negativas do cético são irrespondíveis" (KRIPKE, 1982, p. 66).

12 Para facilitar a exposição, vou atribuir a posição aqui apresentada a Kripke, não obstante ele próprio desautorizar esse procedimento, afirmando, por exemplo, que "não irei neste texto tentar falar por mim mesmo" (KRIPKE, 1982, p. IX), ou ainda que "não se deve pensar neste texto nem como expondo o argumento de Wittgenstein nem o de Kripke: mas antes o argumento de Wittgenstein como acometeu a Kripke" (*idem*, p. 5).

13 É importante enfatizar, como o faz Kripke no começo de seu livro, que embora ele esteja seguindo o próprio Wittgenstein ao "desenvolver o problema inicialmente com respeito a um exemplo matemático, [...] o problema cético relevante aplica-se a todos os usos significativos da linguagem" (KRIPKE, 1982, p. 7).

x ⊕ y = x + y, se x, y < 57
[x ⊕ y] = 5 nos demais casos

O problema, ou desafio, apresentado pelo cético é o seguinte: imagine que me seja pedido para calcular o resultado de 68 + 57 – uma conta com a qual, por estipulação, me defronto pela primeira vez na vida; imagine-se ainda que todas as contas que fiz no passado envolveram números menores que 57, e, por conseguinte, sem que eu soubesse ou tenha jamais refletido sobre isso, até o presente momento todas as contas que fiz resultaram em respostas que concordam tanto com a função *mais* quanto com a função *nais*. Ora, se esse é o caso, então não parece haver razão nenhuma para preferir a afirmação de que eu estive fazendo *adições* ao invés de *nadições* – "Quem poderá dizer", pergunta Kripke, retoricamente, "que [*nais*] não é a função que eu signifiquei previamente por '+'?" (KRIPKE, 1982, p. 9).

A razão pela qual, de acordo com Kripke, o cético está justificado em sustentar que não há porque preferir uma afirmação ao invés da outra, é que não sou capaz de "fornecer uma explicação de que fato existe (concernindo meu estado mental) que constitui meu significar mais, e não nais", e que "mostre que estou justificado em dar a resposta '125' a '68 + 57' [ao invés de '5']" (KRIPKE, 1982, p. 11).

8. Agora, supondo que eu efetivamente seja incapaz de produzir ou indicar um tal "fato",[14] como isso levaria à impossibilidade ou ininteligibilidade da noção mesma de significado, e, por conseguinte, de

---

14 Isso que aqui peço para *supor* é algo que Kripke tenta mostrar em sua argumentação subsequente, que funciona por exclusão de vários candidatos a fatos que pudessem justificar o sujeito em sua resposta ao "desafio cético". Por questão de brevidade, não examinarei esses argumentos, mas cabe ao menos enumerar os candidatos analisados; são eles: (i) o disposicionalismo (KRIPKE, 1982, p. 22-37), (ii) a teoria da explicação a partir da "hipótese mais simples" (*idem*, p. 38-41), (iii) o apelo a uma "experiência *introspectível*" (*idem*, p. 41-2), em particular, (iv) uma experiência introspectível concebida de acordo com a "imagem empirista clássica" (*idem*, p. 42-53), e, por fim, (v) o "realismo matemático" ou "platonismo" (*idem*, p. 53-54).

"*toda* a linguagem"? A resposta de Kripke a essa questão fica clara na análise conjunta das seguintes passagens:

> É claro que, em última instância, se o cético estiver certo, os conceitos de significado e de pretender [usar] uma função ao invés de outra não farão sentido. Pois o cético sustenta que nenhum fato sobre minha história passada – nada que jamais tenha estado em minha mente, ou em meu comportamento externo – estabelece que eu tenha querido dizer [*meant*] mais ao invés de nais. [...] Mas se isso é correto, então é claro que não pode haver nenhum fato sobre qual função eu signifiquei [*meant*], e se não pode haver fato algum sobre qual função particular eu signifiquei no *passado*, não pode haver nenhum no *presente* tampouco. (KRIPKE, 1982, p. 13)

O problema importante para Wittgenstein é que o meu estado mental atual não parece determinar o que *devo* fazer no futuro. Embora possa *sentir* (agora) que algo na minha cabeça correspondente à palavra "mais" exige uma determinada resposta para qualquer novo par de argumentos, na realidade nada na minha cabeça o faz (*idem*, p. 56).

Em outras palavras, se não há nenhum fato *passado* que me justifique a afirmar que estive seguindo uma regra determinada (significando *x* ao invés de *y* com meu uso de "x"), então não há nenhum fato *presente* ao qual eu possa apelar para justificar meu comportamento (o meu "seguir da regra") atual. A conclusão, expressa radical e paradoxalmente, é que eu aparentemente *jamais sei* – posto que jamais poderia *justificar* minha crença sobre – o que estou significando com qualquer termo que emprego. Kripke formula essa conclusão de maneira ainda mais dramática, quando retoma, no início do terceiro capítulo, os resultados de seu argumento cético, afirmando que:

> Não pode haver tal coisa como significar qualquer coisa por meio de qualquer palavra. Cada nova aplicação que fazemos é um salto no escuro; qualquer intenção presente pode ser interpretada de modo a concordar com qualquer coisa que escolhamos fazer. Assim não pode haver nem acordo, nem conflito. Isso é o que Wittgenstein disse no §201 [das *Investigações*] (KRIPKE, 1982, p. 55).

Com isso concluo minha breve exposição do "paradoxo cético". Antes de passar à análise da "solução cética", gostaria de chamar atenção para um aspecto da argumentação precedente que já aponta para o paralelo com a argumentação dos anti-individualistas. Note-se que a própria *formulação* usada por Kripke para introduzir o "paradoxo cético" é muito próxima às formulações usadas pelos defensores do anti-individualismo para mostrar porque o "candidato 1" (ver tabela 1, coluna 2) seria incapaz de solucionar o problema do significado: em ambos os casos, o que se mostra é que a inspeção de um único indivíduo, tomado em isolamento (de seu ambiente físico e/ou social), não é base suficiente para explicar a possibilidade do significado. Embora esse movimento transpareça já nesta "fase cética" da argumentação de Kripke, ele só receberá um tratamento explícito e sistemático no contexto do estabelecimento da "solução cética", do qual passo a tratar em seguida.

5. A "solução cética" e a imagem impessoal

9. O próprio Kripke introduz a análise da "solução cética" para o problema do significado com uma afirmação que, *pelo menos à primeira vista*, aponta para o tipo de consideração que acabo de enfatizar:

> (...) a solução [de Wittgenstein] para o seu próprio problema cético começa por concordar com os céticos que *não há nenhum "fato superlativo"* ([IF] § 192) *sobre a minha mente* que constitui o meu significar adição por "mais" e determina antecipadamente o que eu deveria fazer para concordar com este significado [grifos meus] (KRIPKE, 1982, p. 65).

O problema com essa afirmação é que ela pode levar a um mal-entendido, derivado do uso da qualificação "sobre a minha mente" para caracterizar o tal "fato superlativo" que, segundo Kripke, seria negado tanto por Wittgenstein quanto pelos céticos como candidato a justificação do significado. Essa é uma formulação demasiado restritiva, se comparada às usadas em outras passagens (tais como aquelas citadas acima) nas quais Kripke refere-se a "fato[s] sobre minha história passada", algo que "jamais tenha estado *em minha mente, ou em meu comportamento externo*" [grifos meus] (KRIPKE, 1982, p. 13). Ocorre que, por vezes, Kripke emprega uma formulação *ainda mais geral* para descrever esse "fato" – como por exemplo quando afirma que "A solução cética de Wittgenstein concede ao cético que não existem "condições de verdade" ou *"fatos correspondentes" no mundo* que tornem um enunciado como "Jones [...] significa adição por '+'" verdadeiro" [grifos meus] (KRIPKE, 1982, p. 87).

Por razões que devem ser óbvias, as duas primeiras formulações (especialmente a segunda) tornariam a vida de alguém que quer comparar a argumentação dos anti-individualistas com a de Kripke muito mais fácil; entretanto, dada a importância da noção de "fatos" na sua análise, não convém privilegiar uma interpretação em detrimento das outras, de maneira *ad hoc*. Os candidatos, vale repetir, são os três seguintes (em ordem de generalidade): (i) fatos que dizem respeito apenas à *mente* do sujeito (ao estilo, digamos, dos "estados psicológicos exíguos" de Putnam); (ii) fatos concernentes à *história total* do sujeito (algo como, digamos, uma soma de mente, comportamento externo, e estados fisiológicos – ao estilo do que encontramos na argumentação de Burge), ou algo ainda mais geral, i.e., (iii) *todo e qualquer fato* ("fatos correspondentes no mundo").

Minha sugestão para responder a essa dificuldade interpretativa é partir da identificação, feita na última passagem citada, entre esses "fatos correspondentes no mundo" e "condições de verdade". Essa sugestão justifica-se, senão por outras razões, pela relevância que é conferida por Kripke, em sua apresentação da "solução cética", ao fato de que Wittgenstein, nas *Investigações*, teria proposto uma nova "imagem da linguagem", cuja novidade residiria justamente no abandono da análise em termos de *"condições de verdade"* (como aquela apresentada no *Tractatus*), em prol de uma análise em termos de *"condições de asseribilidade* ou *condições de justificação"* – ou seja, condições que especificam "sob que circunstâncias estamos autorizados a fazer uma dada asserção", ou, "de modo mais geral, das condições em que um movimento (uma forma de expressão linguística) pode ser feito no 'jogo-de-linguagem'" (KRIPKE, 1982, p. 74). Essas considerações deixam claro que, para Kripke, o que é essencial para se obter uma "solução cética" é justamente deixar de lado a análise das "condições de verdade" de asserções – e (eis minha sugestão), *nesse sentido*, deixar de lado a análise dos "fatos correspondentes" (a essas asserções), passando antes a "observar como essas asserções são usadas [...] [e] sob que circunstâncias atribuições de significado são feitas e que papel essas atribuições têm em nossas vidas" (*idem*, p. 87).

Note-se que, à primeira vista, essa sugestão vai contra meu objetivo de estabelecer um paralelo com a posição anti-individualista – tarefa para a qual, como disse acima, os candidatos (i) e (ii) seriam claramente mais adequados. Entretanto, é justamente quando Kripke passa a fazer isso que acaba de prometer – i.e., analisar o *uso* das "atribuições de significado" e "seu papel em nossas vidas" – que fica mais claro o que se pode chamar de "movimento anti-individualista" de sua argumentação.

10. A exemplo do modo como os anti-individualistas estruturam seus argumentos, Kripke propõe uma análise em dois momentos: no primeiro ele examina um indivíduo *tomado isoladamente*, e, no segundo, o indivíduo imerso num "ambiente mais amplo" (no seu caso, uma "comunidade maior"). As conclusões obtidas no primeiro estágio são justamente aquelas que interessavam na apresentação do "paradoxo cético". Enumero brevemente algumas passagens onde essas conclusões são expressas de modo mais claro:

> [a pessoa] ag[e] sem hesitar, mas *cegamente* (KRIPKE, 1982, p. 87).
> É parte de nosso jogo de linguagem de falar sobre regras que um falante pode, sem dar nenhuma justificação, seguir sua própria inclinação de que este [...] é o modo *correto* de responder (*idem*, 87-8);
> se nos limitarmos a observar a pessoa isolada, seus

estados psicológicos e seu comportamento externo, isto é o máximo que podemos obter (*idem*, p. 88).

Tudo que podemos dizer, se considerarmos uma única pessoa em isolamento, é que nossa prática ordinária o autoriza a aplicar a regra da maneira que lhe aprouver [*the way it strikes him*] (*idem, ibidem*).

se uma pessoa é considerada em isolamento, a noção de uma regra guiando a pessoa que a adota não terá nenhum conteúdo substantivo (*idem*, 89).

Que esse tipo de conclusão, obtida na primeira fase da análise das atribuições de significado, é justamente o que Kripke pretendera obter com seu argumento cético – e, em particular, com sua tentativa sistemática de mostrar que nenhum fato justifica um sujeito a dizer que está seguindo uma regra por oposição a outra – é dito com todas as letras por ele mesmo neste contexto:

> (...) todo o propósito do argumento cético foi [mostrar] que não pode existir nenhum fato sobre ele [i.e., esse sujeito, que neste contexto é reiteradamente descrito como um que é *tomado em isolamento*] em virtude do qual ele esteja ou não de acordo com suas intenções" (Kripke, 1982, p. 88).

A segunda fase da análise é introduzida com a seguinte consideração:

> A situação é muito diferente se expandirmos nosso olhar da consideração do seguidor da regra isolado e [...] o considerarmos interagindo numa comunidade maior. Outros então terão condições de justificação para atribuir ao sujeito um seguir correto ou incorreto da regra, e essas [condições] *não* serão simplesmente que a própria autoridade do sujeito deve ser incondicionalmente aceita (Kripke, 1982, p. 89).

Imediatamente após essas considerações gerais, Kripke apresenta um exemplo visando a esclarecê-las – o de "uma criança pequena aprendendo adição" (*idem*). Seu primeiro comentário sobre esse exemplo é que é "óbvio que o professor não aceitará qualquer resposta da criança. Ao contrário, a criança deverá satisfazer uma série de condições para que o professor lhe atribua o domínio do conceito de adição" (*idem*); Kripke então passa a listar algumas dessas condições, mas por ora gostaria de deixá-las de lado, uma vez que estou mais interessado em algo que ele dirá em seguida, ao refletir sobre os resultados que se podem extrair da análise de seu exemplo a respeito das condições para a atribuição de significado *em geral*:

> Ora, o que é que quero dizer quando afirmo que o professor julga que, para certos casos, o aluno deve dar a resposta "correta"? Quero dizer que o professor julga que a criança deu a mesma resposta que ele próprio daria. Do mesmo modo, quando disse que o professor, a fim de julgar que a criança está somando, deve julgar que [...] ela está aplicando o processo "correto" mesmo se obtém um resultado incorreto, quero dizer que ele julga que a criança está aplicando o procedimento que ele próprio está inclinado a aplicar.
> Algo similar é verdadeiro para adultos. Se julgo que alguém esteve computando uma função normal de adição (i.e., se julgo que esse alguém deu, quando adicionou, as mesmas respostas que eu daria), mas repentinamente começa a dar respostas de acordo com procedimentos que diferem dos meus de modo bizarro, então julgarei que algo deve ter acontecido com ele, e que ele não está mais seguindo a regra que seguira previamente. Se isso acontecer de modo geral, e suas respostas parecerem mostrar parco ou nenhum padrão discernível por mim, julgarei que ele provavelmente ficou louco (KRIPKE, p. 1982, p. 90).

11. Generalizando essa análise das condições para a atribuição de significado, obtemos o seguinte resultado: se digo que um sujeito S significa x ao invés de y ao usar o termo "x" (por exemplo, *mais* ao invés

de *nais* ao usar o termo "mais"), o que digo é asserível *se e somente se* o uso que S está inclinado a fazer do termo "x" concordou com o uso que eu estive inclinado desse termo a fazer até o presente momento (cf. KRIPKE, 1982, p. 90-91). Observe-se, contudo, que minha autorização para fazer tal atribuição de significado expira se S começar a usar "x" de uma maneira desviante – num tal caso, deverei concluir que S não significa *x* por "x" (*idem*, p. 91-93). Esse resultado pode ser esquematizado da seguinte maneira[15]:

Atribuir um significado *x* ao uso que S faz de "x"	↔	Verificar se S está inclinado a usar "x" do mesmo modo que eu estou

Mas note-se que, mesmo nos casos em que sou capaz de verificar que os procedimentos de S ao empregar "x" condizem sistematicamente com os meus, há um sentido importante no qual eu não possuo nenhuma *garantia* (do tipo que o anticético gostaria de obter) que elimine a possibilidade de um *desacordo não detectado* – i.e., a possibilidade que S estivesse durante esse tempo todo seguindo uma outra regra qualquer, *y*, que *acidentalmente*, em *todos os casos observados até o momento*, tem gerado resultados (comportamentais) idênticos aos que a regra *x* tem gerado no meu próprio caso. É essa possibilidade cética (de um desacordo indetectado, e, o que é mais importante, potencialmente indetect*ável*) que, na opinião de Kripke, seria incontornável, e, *nesse sentido*, a solução para o paradoxo cético apresentada acima obviamente não *refuta* o ceticismo sobre a normatividade – o que não impede que continuemos fazendo atribuições de significado[16]. Por ou-

---

15 Note-se que o esquema a seguir não apresenta, estritamente falando, uma bicondicional, i.e., uma relação de *equivalência lógica* (ou semântica), que expressa as *condições de verdade* das proposições envolvidas. De fato, justamente para evitar esse tipo de mal-entendido, achei melhor não apresentar os *relata* em termos de proposições, mas antes em termos de descrições de *ações*, i.e., movimentos num jogo de linguagem.

16 Agradeço a Alexandre Noronha Machado por me ajudar com esta formulação.

tro lado, se o papel que essas atribuições possuem em nossas vidas é corretamente apanhado pelo esquema acima, então claramente não há nenhum lugar para tais atribuições a não ser numa *comunidade*, i.e., num contexto em que indivíduos possam comparar suas respectivas inclinações de uso, corrigindo-se mutuamente – razão pela qual Kripke pretende estar justificado em dizer que essa solução cética engloba o famoso argumento wittgensteiniano contra a possibilidade de uma "linguagem privada", uma vez que ela "não nos permite falar de uma única pessoa, considerada nela mesma e de forma isolada, como jamais tendo significado coisa alguma" (KRIPKE, 1982, p. 68-69).[17]

O paralelo entre a argumentação de Kripke e a dos anti-individualistas

12. O paralelo entre a argumentação precedente e a dos anti-individualistas transparece claramente quando tentamos enquadrar a análise de Kripke em cada uma das fases ou momentos enumerados ao final da seção 2. O resultado é, resumidamente, o seguinte (note-se que abaixo mantenho a ordem da enumeração original, embora no texto

---

17 Com fins de sedimentar essa análise, cito o claríssimo resumo da solução cética fornecido por Espen Hammer em sua reconstrução do argumento de Kripke:
Grosso modo, a solução cética de Kripke para o paradoxo consiste em aceitar que, ainda que o significado nunca seja um fato sobre falantes, a normatividade é sustentada por meio de condições de asseribilidade que os referem à sua vida social. Saber o que uma expressão significa é conhecer as condições em que a expressão pode encontrar assentimento comunal. O significado é assim constituído pelo conhecimento das circunstâncias em que um certo "movimento" num jogo-de-linguagem é permitido. Kripke não alega que estamos continuamente verificando a asseribilidade dos nossos próprios proferimentos, nem uns dos outros: predominantemente, contamos com capacidades práticas que foram internalizadas através do treino. Seu ponto é, antes, que sem a *possibilidade* de controle mútuo, poderíamos jamais vir a saber, em caso de dúvida, qual é o uso correto de um conceito. Para um indivíduo considerado em isolamento social, no entanto, nenhuma verificação sobre usos corretos e incorretos de expressões existiria; assim, em tal caso, as condições de asseribilidade, e, portanto, também o significado e a linguagem, colapsariam (HAMMER, 2002, p. 24-25).

de Kripke as fases 2 e 3 apareçam inicialmente amalgamadas, sendo claramente distinguidas apenas ulteriormente):

Fase da problematização: dificuldades envolvendo o significado/referente de um termo particular ("mais")[18];
Apresentação do primeiro candidato a resposta: análise das condições de emprego desse termo por um sujeito *tomado isoladamente*;
Apresentação do cenário contrafactual: o experimento mental do confronto com um "cético bizarro";
Apresentação do segundo candidato a resposta: análise das condições de atribuição de significado no contexto da comparação de um indivíduo com membros de uma comunidade maior;
Generalização/extensão do âmbito dos resultados: a análise parece valer para *toda* a linguagem
Veja na página seguinte a tabela completa resultante dessa comparação.

---

18 É claro que há uma sutil diferença no ponto de partida da análise de Kripke, em comparação com as análises dos três autores precedentes. No caso destas últimas análises, o problema era formulado em termos do estabelecimento de condições de possibilidade para a *manutenção* do significado (ou da referência) de um termo particular, "x". Já no caso de Kripke, o problema é sistematicamente formulado de outra maneira, a saber, como sendo o de explicar como é possível que um sujeito signifique x ao invés de y ao empregar um termo particular, "x". Mas essa é uma diferença apenas superficial – como indica o próprio fato de que as três análises originais poderiam ser facilmente reapresentadas de modo a concordar com essa última formulação (ver tabela 2), e vice-versa. Assim, por exemplo, o problema de Putnam poderia ser reapresentado por meio da questão "Como saber se Oscar significa *água*, ao invés de *água-gêmea*, ao empregar o termo 'água'"?.

	1. Problematização	2. Candidato 1	3. Situação contrafactual	4. Candidato 2	5. Generalização
Kripke (1)	"Nixon" = *mesmo* ou *outro* indivíduo em 2 mundos possíveis? & "ouro" = *elemento de peso atômico 79* ou *metal brilhante, dúctil, etc...*?	descrições associadas por cada indivíduo	outro "mundo possível" & outro período histórico	instituições lingüísticas ("batismo" + cadeia de uso) & contribuição do ambiente (constituição físico-química do material)	Designadores rígidos (nomes próprios & termos para espécies naturais)
Putnam	"água" = H_2O ou XYZ ?	estado psicológico exíguo	viagem à Terra-Gêmea	contribuição do *ambiente* (constituição físico-química do material)	"Corte o bolo como quiser, significados simplesmente não estão *na* cabeça!"
Burge	"artrite" = *artrite* ou *dartrite* ?	estados psicológicos (exíguos) e estados fisiológicos	outra comunidade linguística	"padrão social complexo" (convenções / regras da comunidade de falantes)	atribuição de estados mentais cujo conteúdo envolve uma noção que o sujeito *compreende incompletamente*
Kripke (2)	"mais" = *mais* ou *nais* ?	"fatos" envolvendo o *sujeito isolado* (sua mente, comportamento, etc.) – condições de verdade	a hipótese do "cético bizarro"	papel irredutível da *comunidade* – condições de asseribilidade	*toda* a linguagem / significado

Tabela 2: Paralelo entre os argumentos dos anti-individualistas e Kripke

7. Problemas com a imagem impessoal: Cavell vs. Kripke

13. Assim como Kripke, Stanley Cavell também atribui um papel fundamental ao ceticismo em sua leitura das *Investigações Filosóficas* de Wittgenstein – apresentada de maneira mais sistemática no livro *The Claim of Reason* de 1979. O próprio Cavell reconhece que "a abordagem de Kripke é a única que [ele] conhe[ce], além daquela de *The Claim of Reason*, que toma as *Investigações Filosóficas* não como pretendendo refutar o ceticismo mas, ao contrário, como mantendo alguma relação com a possibilidade do ceticismo como interna à filosofia de Wittgenstein" (Cavell, 1990, p. 65). Essa declaração ocorre no segundo capítulo de *Conditions Handsome and Unhandsome* (CHU) – intitulado "The Argument of the Ordinary: Scenes of Instruction in Wittgenstein and in Kripke" – dedicado justamente ao confronto com a interpretação kripkeana das *Investigações*. Já na introdução desse livro Cavell chama atenção para um desacordo importante entre sua abordagem e a de Kripke:

> Na visão de Kripke, Wittgenstein faz uma descoberta cética para a qual ele fornece (o que Kripke apresenta como) uma solução cética. Para mim Wittgenstein descobre a ameaça ou a tentação do ceticismo de tal modo que os esforços para resolvê-lo continuam seu trabalho de recusa. A questão é do que é essa recusa. Por vezes eu digo que é da finitude, por vezes do humano (Cavell, 1990, p. 23).

Cavell reconhece que essa alusão à recusa "da finitude" e "do humano", está longe de fornecer uma "resposta final" à sua própria questão. Para complementá-la será necessário investigar a função dos "critérios wittgensteinianos" – em particular, investigar "porque os filósofos tipicamente os tomaram como sendo concebidos para resolver a questão sobre se podemos saber que há um mundo e outros nele, isto é, para resolver a questão do ceticismo" (Cavell, 1990, p. 23-4). Uma vez que próprio Kripke exemplifica essa atitude típica – na medida em que sua análise da função das regras visa justamente a responder "se posso saber, estar certo, de que significo uma coisa ao invés da outra" (*idem*, p. 24) – o exame de sua posição consiste numa maneira de responder o que seriam (e, em particular, o que *não* seriam) os "critérios wittgensteinianos". Com esse fim em vista, Cavell argumentará que, ao contrário do que sugere Kripke, (i) "[r]egras não são uma solução (cética) para o problema do significado", e, além disso, que (ii) se "não fosse por um determinado apelo às regras (da espécie que creio que Kripke faz em nome de Wittgenstein, mas que Wittgenstein precisamente repudia), não haveria crise cética do significado (da espécie que Kripke desenvolve)" (*idem*).[19]

Antes de passar à reconstrução dos argumentos em favor das teses (i) e (ii), uma breve nota metodológica: Cavell tem um estilo argumentativo característico, que é, sob muitos aspectos, não-linear, e, por conseguinte, pouco afeito a uma regimentação sistemática, como a que estamos acostumados a encontrar em textos de filosofia analítica. Farei o possível para me aproximar desse tipo de regimentação, ainda que correndo o risco de descaracterizar o que há de mais original na prosa filosófica desse autor – algo que constitui o maior obstáculo interpretativo de seus textos, mas, simultaneamente, a principal possibilidade de recompensa intelectual para seus leitores – nomeadamente, as inces-

---

19 Note-se que as teses (i) e (ii) expressam apenas a parte *negativa* da análise de Cavell – i.e., indicam o que "critérios wittgensteinianos" *não* são; ao defendê-las, Cavell não pretende negar que uma outra espécie de "crise cética" seja importante no desenvolvimento argumentativo das *Investigações* – pelo contrário, sua própria compreensão do "esquematismo dos critérios" implica pensá-los como *condições de possibilidade* da "tentação cética" (cf. *ibid.*). Como esclarece Stephen Mulhall, ao comentar a posição de Cavell sobre esse ponto:

[...] uma vez que os critérios são baseados em acordo, um repúdio cético de tal acordo é uma possibilidade humana permanente; tudo que é essencialmente convencional deve ser vulnerável à retirada do consentimento. Assim, não pode jamais estar certo combater o ceticismo, seja afirmando que critérios conferem certeza, seja negando a possibilidade de repudiá-los. O que deve ser mostrado é o verdadeiro custo desse repúdio; pois se os critérios determinam o uso, e assim o significado, das nossas palavras, recusar-lhes é privar-se do poder do discurso coerente (MULHALL, 1996, p. 7).

santes indicações de novos (e possivelmente inesperados) caminhos a serem trilhados por nossa própria conta e risco.

8. Regras, múltiplas interpretações e o "paradoxo cético"

14. De acordo com Cavell, o "paradoxo cético" de Kripke (e, por conseguinte, sua leitura de Wittgenstein) baseia-se num duplo mal-entendido, composto de uma *compreensão particular* (e equivocada) da natureza das regras, somada a uma *ênfase indevida* no papel das mesmas no argumento das *Investigações*. Na base dessa compreensão equivocada encontra-se a suposição de que o acordo na ação (seja entre as ações de sujeitos distintos, ou de um mesmo sujeito em tempos distintos) depende de uma interpretação particular da regra que determina (e, por conseguinte, é expressa por) essa ação. Um índice inequívoco de que Kripke se compromete com essa suposição reside na própria exigência de que o sujeito, ao ser desafiado pelo cético, deveria (pelo menos em princípio) ser capaz de apresentar um fato que pudesse justificar uma *determinada interpretação* da regra (por oposição a outra) – i.e., para usar a notação precedente, o fato que consiste em que (o enunciado linguístico da regra) "x" denota (a regra) *x* ao invés de (a regra) *y*.

Visando a indicar os problemas dessa compreensão da natureza das regras, Cavell começa chamando nossa atenção para o fato de que, ao contrário do que a reconstrução de Kripke leva a crer, Wittgenstein não atribui esse peso ao papel das regras, nem à possibilidade (cética) de múltiplas interpretações das mesmas, em seu argumento. Isso ficaria claro, antes de mais nada, no próprio "tom" da segunda parte do §201 das *Investigações* (a primeira parte do qual, vale lembrar, fornece um dos principais apoios textuais na análise de Kripke), no qual Wittgenstein apresenta (em retrospecto) o que seria a "resposta" para o seu "paradoxo". Eis a passagem relevante:

> Nosso paradoxo era o seguinte: uma regra não poderia determinar um modo de agir, dado que todo modo de agir

deve poder concordar com a regra. *A resposta era*: se todo modo de agir deve poder concordar com a regra, então deve poder contradizê-la também. Por conseguinte, não haveria aqui nem acordo nem contradição [grifos meus] (IF, §201)

Comentando a resposta indicada na passagem precedente, Cavell afirma o seguinte:

> Parece-me igualmente possível ler isso como sugerindo que este paradoxo é "central" [como quer Kripke] como que ele nem bem foi mencionado, e sua significância já é minada. O tom de Wittgenstein é: nosso assim chamado paradoxo reduz-se a nada mais do que o que essa assim chamada resposta pode domesticar completamente. Os fatos sobre possíveis interpretações de uma regra não são suficientes para causar ceticismo (embora possam ter esse papel nas mãos de um cético, que já retratou as regras e o seu papel na linguagem de um modo particular). A questão wittgensteiniana é, como noutros casos, por que imaginamos que não é assim (CAVELL, 1990, p. 67-8).

Mas por que, afinal de contas, os "fatos sobre possíveis interpretações de uma regra não são suficientes para causar ceticismo"? É na resposta a essa questão que deve ficar claro quais são os problemas envolvidos na suposição de que o acordo nas ações depende de uma interpretação *particular* da regra que a determina, e, por conseguinte, o que há de errado em se pôr tanta ênfase na *possibilidade* de múltiplas interpretações.

14. A ideia, basicamente, é que essa suposição geraria um *regresso ao infinito,* uma vez que qualquer interpretação de uma regra não passa de uma substituição de uma expressão linguística (ou símbolo) que a denota por uma nova expressão (um novo símbolo), que, de ser verdadeira a suposição, implicaria, por sua vez, a necessidade de uma (nova) interpretação, para que a expressão (o símbolo) resultante pudesse ser compreendida(o); em outras palavras, podemos sempre tentar fornecer uma regra para a aplicação de uma regra. Note-se que Kripke não dis-

cordaria de nada do que foi dito neste parágrafo, pelo menos até aqui. Mas, justamente por essa razão (i.e., por gerar um regresso ao infinito), podemos usar a compreensão precedente da natureza das regras como a premissa maior de um *modus tollens*, que teria a seguinte forma:

Agir de acordo com uma regra é interpretá-la corretamente; [Suposição]
Interpretar uma regra nada mais é que substituir uma expressão lingüística por outra, que, como tal, precisaria ser (re)interpretada para que pudesse ser seguida; [Tese defendida nas *IF*]
(2) *regresso infinito*
Logo, ¬(1) [Conclusão]

Repetindo: Cavell não está (nem aqui nem alhures) acusando Kripke de não ter *percebido* essa consequência da argumentação de Wittgenstein (i.e., aquela expressa em 3); pelo contrário, é justamente porque a percebeu que Kripke será levado a sustentar sua conclusão cética. A diferença é que Kripke não toma a premissa (1) como uma *suposição* introduzida para gerar um *modus tollens*, e sim como uma *verdade* acerca da natureza das regras – motivo pelo qual, com o auxílio de uma premissa adicional, ele será levado a defender um *outro argumento*, que tem a forma seguinte:

Agir de acordo com uma regra é interpretá-la corretamente;
Interpretar uma regra nada mais é que substituir uma expressão lingüística por outra, que, como tal, precisaria ser (re)interpretada para que pudesse ser seguida;
Logo, nalgum momento torna-se necessário *agir cegamente* (i.e., sem interpretar a regra de modo algum, seguindo apenas nossa inclinação);
Logo, não há *nenhum fato* que justifique (etc.) [Conclusão cética]
A análise dessa primeira etapa do argumento de Cavell nos deixa com duas opções de leitura, ambas aparentemente compatíveis com o texto de Wittgenstein. Como decidir qual é a correta? Para isso devemos dar um passo atrás, visando a compreender outras suposições

que estão na base da disputa. Note-se que o fato de o problema ser aqui apresentado em termos de exegese de Wittgenstein é meramente acidental; o interesse fundamental não é saber *quem* está certo, e sim quem está *certo – se é que alguém está*.

9. A relação indivíduo/comunidade: análise da "cena de instrução"

15. A necessidade de investigar as suposições mais gerais por trás da leitura de Kripke é justamente o que Cavell expressa ao final da passagem citada acima (cf. §14), quando apresenta a "questão wittgensteiniana" sobre "por que pensamos de outra forma" – i.e., porque é *tão natural* ler o §201 (e seus adjacentes) *como faz Kripke*, i.e., tomando a possibilidade de múltiplas interpretações de regras como base para extrair uma conclusão cética. O caminho para responder a essa questão encontra-se já indicado nessa mesma passagem, na observação de que a natureza das regras *poderia* autorizar essa conclusão caso seu papel na linguagem já tivesse sido retratado "de um modo particular". É para indicar o conteúdo dessa imagem (do papel das regras) que se torna necessário identificar as suposições que, por assim dizer, constituem sua *moldura*. Nesse sentido, o que Cavell tenta mostrar é que essa moldura envolve uma concepção problemática do *acordo* humano, bem como da natureza da relação entre o indivíduo e sua comunidade. Em suas palavras:

> O que Kripke chama de "solução" para a questão ou paradoxo cético baseia-se numa imagem de como o indivíduo "isolado" vem a ser "instruído" (e aceito ou rejeitado) pela "comunidade", em termos das "inclinações" expressas por alguém (presumivelmente tomando a si mesmo como representante da comunidade) que "julga" se as "mesmas" inclinações são expressas pelo outro que busca (por assim dizer) o reconhecimento [*recognition or acknowledgement*] da comunidade (CAVELL, 1990, p. 69).

Ao retratar o problema do acordo como se se tratasse *sempre* de uma questão de aceitar um novato na comunidade, Kripke trai um compromisso com a busca por um "fundamento objetivo" (impessoal), *seja ele qual for*, para julgar a medida desse acordo – um fundamento que, ainda que não resida em condições de verdade para os juízos sobre o emprego correto de nossas palavras ("fatos no mundo" correspondentes às "proposições normativas"), aparentemente residiria num outro conjunto de fatos: fatos sobre as condições de asserção, e, nessa medida, sobre as convenções preexistentes numa comunidade linguística (i.e., o conjunto de regras que sedimentam, e, por conseguinte, permitam comparar e corrigir mutuamente as nossas inclinações).

16. Cavell, por outro lado, não quer exatamente *negar* essa possibilidade – ele poderia conceder tranquilamente que, *por vezes*, o problema do acordo se dê exatamente nos moldes propostos por Kripke, podendo, por conseguinte, ser solucionado da maneira como ele descreve. Entretanto, esse está longe de ser o *único* ou *principal* risco envolvido em nossas trocas comunicativas. É com o objetivo de contrabalançar a leitura redutivista de Kripke que Cavell chamará atenção para um outro aspecto do problema, indicando os custos envolvidos no abandono do tipo de acordo (que Cavell prefere chamar de "sintonia" – "*attunement*") com a comunidade que um indivíduo possui *desde sempre*, na medida em que herdou dela sua linguagem. Cavell enfatiza que:

> A ideia do acordo não é aqui a de *chegar a um acordo* numa determinada ocasião, mas sim a de *estar em acordo desde sempre*, estar em harmonia, como frequências ou tons, ou relógios, ou balanças, ou colunas de números [grifos meus] (CAVELL, 1979, p. 32).

Embora (em geral) não precisemos *chegar* a acordo algum (participando de qualquer espécie de discussão prévia) sobre o uso de nossas palavras – e, o que é mais importante, sobre os *juízos* que proferimos ao empregá-las – nós (em geral) *estamos de acordo* a esse respeito, do mesmo modo como (em geral) estamos de acordo sobre (i.e., *compartilhamos*) certas *reações naturais*: "Podemos rir e chorar das mesmas coisas, ou não; algumas experiências podem nos privar de, ou nos colocar em, acordo aqui, mas a ideia de *obter* um acordo em nossos sentidos de comédia ou tragédia parece fora do lugar"[20] – mais especificamente, ela sugere "uma rejeição da ideia wittgensteiniana de acordo, ou [...] uma contratualização ou convencionalização dessa ideia" (CAVELL, 1990, p. 94).

Uma vez que, nesse nível básico, o acordo em nossos juízos reflete o acordo (a sintonia) em nossas reações naturais – em nossa forma de vida – Cavell está autorizado a concluir que "nada é mais profundo do que o fato, ou a medida, do acordo ele mesmo" (CAVELL, 1979, p. 32). Note-se, portanto, que esse apelo à ideia de uma sintonia mútua não pretende servir como uma fundação alternativa para o nosso acordo linguístico – pelo contrário, ele pretende antes servir para "questionar se uma [tal] explicação filosófica é necessária, ou desejável" (*idem*).

Por outro lado, como esclarece Stephen Mulhall (1994, p. 68), se *nada* é mais fundamental que o próprio *fato* do acordo, então a continuidade de nossa comunidade linguística "não pode ser garantida seja pela natureza ou pela gramática; ela funda-se apenas sobre nossa capacidade de nos interessarmos e preservarmos interesse uns pelos outros e em nós mesmos". Em outras palavras, dado que seres humanos são separados (uns dos outros e do mundo), nada, exceto nossa vontade de continuarmos nos abrindo (aos demais e ao mundo ao nosso redor) e de aceitá-los pode assegurar a existência e continuidade desse acordo.

Note-se que essas considerações já nos encaminham para a tese de que o ônus pela correção linguística é, pelo menos parcialmente, *meu*, i.e., de cada um de nós – e, nessa medida, possui ao menos um aspecto que é *irredutivelmente pessoal*. O erro de Kripke – que, como venho sugerindo, também parece ser cometido pela análise anti-individualista do significado – consiste justamente em tentar buscar um fundamento

---

20 Note-se que o próprio exemplo dado por Cavell – nossos "sentidos de comédia ou tragédia" – indica que o apelo às nossas "reações naturais" não deve ser compreendido de maneira *estritamente naturalista,* no sentido de deixar de fora as reações mais sofisticadas que vão sendo desenvolvidas de acordo com o *cultivo* humano. Cavell deixa isso claro noutro contexto, ao acusar as "interpretações excessivamente convencionalizadas da noção wittgensteiniana de formas de vida" de quererem "negar aos seres humanos sua história natural, em sua perpétua intersecção com a cultura humana (uma visão que liga Wittgenstein a Freud)" (CAVELL, 2006, p. 14).

impessoal para esse acordo; ao fazer isso ele trai o impulso de condenar a linguagem por não corresponder a uma imagem preconcebida, sublimada, da normatividade – um ponto ao qual retornaremos.

17. O compromisso de Kripke com uma imagem impessoal fica claro no modo como ele interpreta a "cena de instrução" apresentada no §217 das *Investigações* – que funciona, nessa obra, como uma espécie de paradigma da *aquisição da linguagem*. Essa interpretação, como vimos na seção anterior (*idem*, §§ 10-1), é resumida na tese de que o papel do professor, ao determinar se uma resposta da criança estava correta, é simplesmente julgar que ela "deu a mesma resposta que ele próprio daria", ou que ela "está aplicando o procedimento que ele próprio está inclinado a aplicar" (cf. KRIPKE, 1982, p. 90). Em seu exame dessa interpretação, Cavell acusa Kripke de perverter completamente o apelo de Wittgenstein às "inclinações" do professor na "cena de instrução". Para mostrar isso, Cavell compara a formulação original contida no §217 – descrevendo o que acontece quando o professor atinge a "rocha dura" – com a paráfrase que ele atribui a Kripke. As formulações são, respectivamente, as seguintes (grifo as expressões sobre as quais a diferença fundamental se manifesta):

> Se tiver esgotado as justificações, eu atingi a rocha dura, e minha pá se entorta. Então *estou inclinado a dizer*: "Isto é simplesmente o que *faço*".
> Se tiver esgotado ... [etc.] Então *estou autorizado a dizer*: "Isto é simplesmente o que *estou inclinado a fazer*" (CAVELL, 1990, p. 70).

A diferença entre as formulações acima é sutil, mas cheia de implicações. Cavell nota primeiramente que "[o] que estou *inclinado* a dizer justamente não é algo que irei necessariamente dizer: posso estar inclinado a dizer sim a um convite, mas há considerações em contrário, e eu hesito em dar uma resposta imediata" (CAVELL, 1990, p. 71). Há, portanto, uma *hesitação* no comportamento do professor de Wittgenstein que Kripke desconsidera completamente. Mas essa hesitação é fundamental para compreender o papel do professor na cena de instrução – em particular, no momento em que sua instrução chega a um impasse. Cavell apresenta esse ponto na seguinte passagem:

> Eu imagino que o bom professor não dirá, "Isto é simplesmente o que eu faço" como uma ameaça para interromper sua instrução, como se dissesse: "Eu estou certo; faça do meu jeito ou dê o fora". A expressão de inclinação do professor sobre o que se deve dizer mostra disposição – vontade (incondicional) – de continuar apresentando a si mesmo como um exemplo, como o representante da comunidade para a qual a criança está, seja-me permitido dizer, sendo convidada e iniciada (CAVELL, 1990, p. 72).

Kripke imagina seu professor como uma espécie de *árbitro* das práticas de sua comunidade linguística, e, consistentemente, identifica a normalidade (e, portanto, a normatividade) com uma *obediência cega* da parte do iniciante nessa comunidade. Cavell, por outro lado, enfatiza a hesitação do professor que, num momento de impasse, não toma o caminho (possivelmente mais fácil) da *evasão da responsabilidade* pelo prosseguimento da instrução (como faz o professor autoritário de Kripke), mas antes vê-se obrigado à (difícil) constatação de suas próprias limitações – e, de modo mais geral, das limitações inerentes às relações entre indivíduos humanos separados – optando por compartilhá-las com a criança, apresentando-se como (*apenas*) *um exemplo*, um *representante*, da comunidade na qual ela está sendo iniciada. Interpretada dessa maneira, a cena de instrução visa a um acordo real (ainda que difícil) entre esses dois indivíduos (concretos) separados, e por isso não é satisfeita pela simples *conformidade* (impessoal) de inclinações.

Cavell reformula assim o "problema do acordo", subvertendo completamente seu caráter cético (no sentido de Kripke). Para Cavell, ao contrário de Kripke (bem como dos anti-individualistas), não há razão para tomar como *legítima* – ou sequer como *plausível* – a ideia mesma de um fundamento (objetivo, impessoal) para o significado (na ausência do qual a solução cética seria a única alternativa razoável);

deve-se, antes, aceitar as condições derivadas da própria finitude humana – em particular, o fato de que, como indivíduos, somos metafisicamente separados – e, consequentemente, aceitar a *responsabilidade* que cada um de nós tem de *conquistar* e/ou *manter* o acordo, ou a sintonia, com os demais: "depositar confiança no outro – esperar – significa permitir que minha confiança seja desafiada, ou, de todo modo, tornar-me hesitante em, reflexivo sobre, expressá-la" (CAVELL, 1990, p. 76). É essa responsabilidade que tentamos evadir ao nos deixarmos levar pela "exigência filosófica de pureza", que conduz a um modelo da normatividade no qual o "eu" é suprimido, removido de cena (por isso, um modelo *impessoal*), a pretexto de se assegurar um fundamento externo, e, por conseguinte, (mais) objetivo para nosso acordo.

18. Tendo assim reformulado o "problema do acordo" (ou ao menos enfatizado um *outro aspecto* desse problema), e fornecido uma solução alternativa à de Kripke (ou ao menos uma *descrição* alternativa das opções disponíveis para enfrentar o problema), Cavell (*idem*) levanta uma questão que possivelmente estará pairando, neste exato momento, na mente do leitor – a saber, "que espécie de solução é essa?" Sua resposta a essa questão, embora seja puramente negativa, esclarece a diferença entre sua posição e de Kripke a respeito da ausência de fundamento (dos limites) do acordo humano:

> Se eu deixo minha confiança ou autoridade ser desafiada, e espero, não pode ser porque eu concebo que estou errado sobre como adiciono, ou, em geral, como falo. E então talvez eu chegue a um *insight* espantoso – que minha autoridade sobre essas questões de fundamento [*grounding*] não se baseia em nada substantivo em mim, nada de especial a meu respeito – e eu poderia dizer: não existe nenhum fato a meu respeito que constitua a justificação do que eu digo e faço, em contraste com o que o outro, digamos, a criança, diz e faz.
> Chegando, assim, a uma derivação parcial da linguagem usada na formulação de Kripke – "não há *nenhum fato* sobre mim que constitua eu ter significado" [...] – certamente surpreende-me sua verdade e sua gravidade.

> Mas percebo que não quero extrair uma conclusão cética desse *insight*, algo no sentido de que não sei o que significo, ou se significo uma coisa em vez de outra, ou se significo algo em absoluto. [...] Uma razão pela qual resisto a uma moral cética aqui é que talvez eu não saiba, por assim dizer, se ou como significar algo poderia depender da existência de um fato a meu respeito que constitua esse significado: O que não está lá quando não existe este fato? Em termos mais ou menos advindos de *The Claim of Reason*, poderia expressar minha resistência deste modo: Kripke toma a descoberta da ausência de seu fato como sendo ela mesma um fato, como possuindo (eventualmente) essa estabilidade. Enquanto eu tomo esta "ausência do fato" não como uma descoberta (cética), mas como a *exigência* do cético (CAVELL, 1990, p. 76-7).

A constatação de que a "ausência de um fato" constitui uma *exigência* do cético, em vez de uma *descoberta* (um ponto que retomaremos adiante), é a chave para esclarecer o acordo e o desacordo entre as leituras de Cavell e Kripke, posto que ela nos convida a investigar quais são as suposições – as *imagens* – acerca do significado, do acordo, e da normatividade, que se encontram por trás dessas duas reações distintas. Simplificando um pouco as coisas (Cavell enfatiza que seu *"insight"* implica apenas uma "derivação parcial da linguagem usada na formulação de Kripke", e ele tem boas razões para essa ressalva, como veremos), poder-se-ia dizer que ambos os autores concordam que não há qualquer fato *fundamentando* o significado; a diferença é que Cavell não pretende, como Kripke, generalizar esse *insight*, gerando uma conclusão cética. Em outras palavras, a diferença reside na *moral* que cada autor extrai da análise do "paradoxo" do §201 (do qual o "paradoxo da quadição" de Kripke é uma instância): para Kripke, o que esse paradoxo mostra é que devemos concordar com o cético e notar a ausência de um fundamento objetivo (expressável em termos de condições de verdade) para o significado – ausência esta que, por sua vez, nos levaria a buscar um *fundamento alternativo* (expressável em termos de condições de asserção justificada); já para Cavell, o que o paradoxo mostra é que a própria ideia de que haja um *fundamento*, *seja ele qual for*, para o significado – a *exigência* do cético – não passava de um "castelo de cartas" (cf. IF, §118). Uma vez que essa estrutura filosófica é minada, o que resta é, simplesmente, o dado bruto de nosso acordo, ou sintonia – um dado que, se não fornece nenhuma garantia, do tipo que é exigido pelo cético kripkeano, tampouco pode servir de base para uma reação histérica – como é também a desse cético, na medida em que conclui que "a ideia mesma de significado se dissolve em ar rarefeito" (KRIPKE, 1982, p. 22). Em vez de concordar com essa conclusão, Cavell indica que "o que se dissolve já era ar, e isso não revela nenhuma cena de destruição" (CAVELL, 1990, p. 80).

19. Cavell explica com mais detalhes em que consiste essa sintonia citando uma conhecida passagem de seu próprio "eu filosófico passado" (cf. CAVELL, 1990, p. 82), que articula sua interpretação do papel dos critérios para o uso de nossas palavras na filosofia de Wittgenstein:

> Aprendemos e ensinamos palavras em determinados contextos, e, depois espera-se de nós, e nós esperamos dos outros, que sejam(os) capazes de projetá-las em outros contextos. Nada garante que esta projeção ocorrerá (em particular, não o garante a apreensão de universais ou de livros de regras), assim como nada garante que venhamos a fazer, e compreender, as mesmas projeções. Que de todo o façamos é uma questão de compartilhar nossas rotas de interesses e de sentimentos, modos de resposta, sensos de humor, de significado e de cumprimento, do que é ultrajante, do que é semelhante ao quê, do que é um reprovação, do que é perdão, de quando um proferimento é uma afirmação, quando é um apelo, e quando é uma explicação – todo o turbilhão do organismo que Wittgenstein chama de "formas de vida". Fala e atividade humana, sanidade e comunidade, assentam em nada mais, mas nada menos, do que isto. Trata-se de uma visão tão simples como difícil, e tão difícil como (e porque) aterradora ("The Availability of Wittgenstein's Later Philosophy", 1976, p. 52) (*apud* CAVELL, 1990, p. 81).

Ao comentar essa passagem, motivado pelo confronto com a posição de Kripke, Cavell dá um novo e importante passo em relação à sua análise anterior, e esclarece que:

> [Dizer que] a fala humana e a comunidade "baseiam-se" apenas em sintonias [*attunements*] humanas, não é exatamente dizer que não tenho qualquer fundamento para acordo (com os outros ou comigo mesmo), mas sugere que se estou inclinado a apresentar a mim mesmo como tal fundamento [*ground*] (ou escora frágil [*thin reed*][21]) – quando, isto é, estou inclinado a dizer "Isto é simplesmente o que eu faço" – é melhor que eu esteja preparado para dizer mais sobre minha representatividade neste papel, visto que obviamente não sou eu, pessoalmente, [...] que em particular suporto esta carga. Mas a minha pergunta é [...] se isto expressa uma dúvida cética, paradoxal. Minha resposta foi, com efeito, que não, que eu posso acomodar um tal revelação da minha vida na minha vida, quero dizer, que não desejo nenhuma solução para ela, que ela não é insana – embora não seja exatamente aquilo esperava que a sanidade fosse (CAVELL, 1990, p. 82).

Na passagem acima, Cavell recusa explicitamente uma conclusão cética nos moldes daquela extraída por Kripke; mas note-se que ele *não* o faz baseado na tese de que *sempre* que alcançamos um impasse em nossas trocas comunicativas, então o único fundamento para o acordo seria (*necessariamente* – como que por compulsão metafísica) o sujeito ele mesmo. A formulação da passagem é *condicional* ("se estou inclinado a apresentar a mim mesmo como um tal fundamento [etc.]") por uma boa razão, que é deixar espaço para a constatação de que, em situações concretas, *muitas coisas diferentes* podem acontecer. Assim, podemos *ou não* estar inclinados a agir como o professor do §217,

---

21 É difícil recuperar em português o jogo entre "*ground*" ("fundamento", mas também "chão", "terreno", "terra firme") e "*thin reed*" (a palha a que o náufrago se agarra na esperança de não se afogar). Agradeço a Paulo Faria pela sugestão que adotei para traduzir essa última expressão.

apresentando-nos como *exemplos* ou *representantes* de nossa comunidade linguística (seja como fundamentos ou como "escoras frágeis"); se não estivermos, podemos reagir de *várias* outras maneiras – que vão desde simplesmente *desistir da conversa* (tratando nosso interlocutor como um lunático – cf. *Brown Book*, p. 93), passando por apresentar *outros candidatos* a fundamento para nosso juízo (um "livro de regras", as "convenções da comunidade", um conjunto de "fatos objetivos", etc.), até apresentarmo-nos como *árbitros oniscientes* (onipotentes?), exigindo obediência cega. Nenhuma dessas reações é intrinsecamente melhor, mais adequada, ou mais correta – tudo vai depender do contexto particular em que nos encontramos.[22] Uma consequência óbvia – mas que nem por isso deve deixar de ser indicada – é que não se pode decidir *a priori* que reação deve ser adotada em cada caso. Mas o que se pode indicar *a priori* – pelo menos é isso que Cavell, contra Kripke, tentou fazer até aqui – é que nenhuma dessas reações é *adequada em todos os contextos*.

Temos aqui um caso claro de aplicação de uma consideração geral apresentada por Cavell no início do capítulo que estamos analisando – nomeadamente, que "Wittgenstein toma as ideias que Kripke está explicando e organizando como sendo mais variadas, emaranhadas e específicas" do que este último parece assumir (cf. CAVELL, 1990, p. 67). No restante desta seção, apresento um último argumento que deve servir para sedimentar essa tese geral acerca dos problemas de uma análise redutivista, e que serve para ilustrar a relevância do compromisso wittgensteiniano com uma dieta menos restritiva de exemplos.

---

22 Mesmo a atitude swiftiana sugerida por Wittgenstein no *Brown Book* (i.e., tratar o pupilo que apresenta um "comportamento desviante" ao somar como um "lunático", excluindo-o de certas atividades) pode ser, *nalguns contextos*, justificada. Em sua análise dessa passagem em *The Claim of Reason*, Cavell questiona justamente em que poderia consistir um tal contexto (cf. CAVELL, 1979, p. 112).

10. O homem que "quaminhava": a busca por fatos, e a insatisfação com nossos critérios

20. Como espero ter deixado claro na reconstrução precedente, Cavell em vários momentos expressa suspeita em relação à ideia mesma de que o significado – ou, de modo mais geral, o comportamento de acordo com regras, e, por conseguinte, a normatividade – estariam fundados sobre alguma espécie de fato. Cavell por vezes formula sua suspeita dizendo que o fato exigido pelo cético de Kripke lembra o "algo" de que fala Wittgenstein no §304 das *Investigações* – assim como a ausência do fato lembra o correspondente "nada" daquela passagem (cf. CAVELL, 1990, p. 79 e 95). Essa suspeita está diretamente relacionada com a tese de que a ausência de um tal fato não seria uma *descoberta*, mas antes uma *exigência* do cético. Que a auto-interpretação preferida do cético seja em termos de uma *descoberta* – como se ele tivesse detectado um problema (uma imperfeição, uma ausência, uma falta) irremediável inerente à nossa linguagem, ou, de modo mais geral, à nossa condição – é, como logo terei oportunidade de mostrar, apenas mais um indício do caráter evasivo de sua atitude (mais uma instância da recusa filosófica da finitude).

Na parte final do capítulo que viemos analisando, Cavell articula essa suspeita de maneira mais clara, começando por apresentar o seguinte questionamento:

> Será que espero – ou, de que modo espero – que haja um fato sobre mim (de tal modo que eu ficaria surpreso ao descobrir sua ausência) que explique ou fundamente ou justifique ou seja a razão para eu aplicar um conceito, usar uma palavra, da maneira como o faço? (CAVELL 1990, p. 84).

Visando a indicar o problema dessa ideia de uma busca (ou expectativa) por fatos que fundamentem nossa aplicação de conceitos, Cavell diversifica a dieta filosófica de exemplos, começando por apresentar um novo conceito – uma nova palavra – que, de estar correta a exigência *geral* feita por Kripke, deveria poder ser analisada nos termos que esse autor propõe – i.e., em termos nos quais *faria sentido*, pelo menos em princípio, pensar na existência ou ausência de um fato justificando seu uso. A palavra escolhida é caminhar, e essa escolha não é arbitrária; sua inspiração advém do §25 das *Investigações* – em particular o seguinte trecho:

> Diz-se muitas vezes: os animais não falam porque lhes falta a capacidade mental. E isso significa: "eles não pensam, por isso não falam". Mas – eles simplesmente não falam. [...] Comandar, perguntar, contar, tagarelar, pertencem à nossa história natural assim como caminhar, comer, beber, jogar. (IF, §25)

A proximidade indicada nessa passagem, baseada na "paridade em nossa história natural" (cf. CAVELL, 1990, p. 85), entre "caminhar" e "comandar", somada ao paralelo traçado por Wittgenstein em outros contextos entre *obedecer comandos* e *seguir regras* (cf. IF §187 & §206), autoriza Cavell a montar um caso com o qual ele pretende pôr à prova a análise de Kripke. A questão que esse caso visa a suscitar é se a aplicação do conceito de *caminhar* é compatível com a ideia de "um fato sobre mim que explique porque eu prossigo dando passos como fiz no passado" (*idem*). O caso é apresentado nos seguintes termos:

> Suponha que um dia eu comece a deslizar um pé após o outro ao invés de levantá-los [...], ou comece a saltar ou pular ou marchar ou girar sobre os dedos de cada pé sucessivamente. Se você me questionar sobre isso talvez eu responda: [...] "estou fazendo o mesmo que sempre fiz, o mesmo que você faz, movendo-me de maneira calculada numa dada direção, por conta própria. Eu não estou me movendo mais rápido do que numa caminhada, e estamos mantendo o passo confortavelmente – ao contrário do nosso amigo lá atrás, que dá um passo por minuto e chama aquilo de caminhar" (CAVELL, 1990, p. 85).

Note-se o perfeito paralelo que existe entre a (potencial) dificuldade criada por esse caso, e aquela criada pelo caso do "nadicionador" de Kripke: em ambos apresentam-se exemplos de "comportamentos desviantes", que podem nos levar a questionar se devemos continuar aplicando um determinado conceito (*adicionar/caminhar*) ao invés de outro (*nadicionar/quaminhar*). Cavell analisa esse caso – comparando-o, ainda que apenas implicitamente, com o de Kripke – nos seguintes termos:

> Provavelmente pensaríamos, no caso deste caminhador (quaminhador?), que deve haver uma razão para ele agir como age (em vez de agir do nosso jeito). Mas possivelmente ficaríamos, por causa dele, impressionados com a falta de fundamento [*groundlessness*] do nosso jeito – existem muitas justificativas para o nosso jeito, mas elas chegarão a um fim. Podemos sentir que a razão para o desvio do caminhador resida na presença de algum fato sobre ele. Mas será que sentimos que a nossa falta de fundamento [*lack of ground*] reside na ausência de um fato sobre nós? [...] Que fato? Certamente não – pelo menos no caso do caminhar – um fato biológico, uma vez que as condições para caminhar (como humanos fazem) são idênticas às condições para saltar e girar (como humanos fazem). Eu poderia desejar que existisse um tal fato, como alguma garantia de que não vou tornar-me desviante, sair do controle [...]. Mas, pelo menos até agora, o desvio na caminhada de outra pessoa, bem como a possibilidade de que possa achar-me – uma vez que caminhar é infundado ou fundado [*grounded*] apenas sobre o humano e sobre o chão [*ground*] – alguma vez noutra marcha, não generaliza na direção de (não causa, ou convida a) uma conclusão paradoxal (Cavell, 1990, p. 85-6).

A conclusão extraída da análise desse caso põe em questão o próprio *sentido* da exigência (generalizada) por um fato fundamentando nosso comportamento regrado. Nas palavras de Cavell:

> [...] o conceito de caminhada [...] deixa de satisfazer a formulação de Kripke segundo a qual não existe nenhum fato sobre mim que constitua a função que alego estar seguindo, um algo substantivo em mim; ou melhor, eu não sei se devo afirmar ou negar a existência de qualquer fato em que a minha caminhada possa ser concebida como consistindo – além do meu caminhar ele próprio (CAVELL, 1990, p. 86-7).

21. Veja-se como essa conclusão se coaduna com os termos da análise precedente (cf. §20), advinda de *The Claim of Reason*, segundo a qual "nada é mais profundo do que o fato, ou a medida, do acordo ele mesmo" (CAVELL, 1979, p. 32). A vantagem de se pensar a partir desse novo exemplo (o da caminhada) é que ele, por assim dizer, nos desarma de certos prejuízos filosóficos, possibilitando que vejamos com mais clareza o absurdo da exigência (geral) por algo que fundamente nosso acordo em atividades que, no dizer de Wittgenstein no §25, "pertencem à nossa história natural"; que *em geral* concordemos no tocante a essas atividades – em nosso modo de caminhar, comandar, falar, e (porque não?) somar – é simplesmente um reflexo do fato de que compartilhamos uma mesma forma de vida. Mas, não devemos perder de vista a consequência indicada por Mulhall (1994, p. 68): se *nada* é mais fundamental que o (fato do) próprio *acordo*, então a responsabilidade de *manter* esse acordo recai sobre cada um de nós, sobre "nossa capacidade de nos interessarmos e preservarmos interesse uns pelos outros e em nós mesmos". Assim, do mesmo modo como *várias* reações são possíveis frente ao caso de um "adicionador desviante", muitas o são frente ao caso desse "caminhador desviante" – indo desde *intolerância absoluta* podemos, por exemplo, impedi-lo de andar em lugares públicos, fazendo uma "imensa pressão" para que se conforme a nós – (cf. CAVELL, 1990, p. 85) – até a *aceitação incondicional*. Mas o importante é perceber que, num caso de impasse – quando perdemos nossa sintonia – não há terreno mais firme ao qual possamos chegar; como indica Cavell, num tal caso eu sou "devolvido a mim mesmo; eu

por assim dizer dou de ombros, como para exibir o tipo de criatura que eu sou, e declaro meu terreno ocupado, apenas meu, cedendo o seu":

> Mas quando? Quando eu percebo ou decido que chegou o momento de lhe conceder secessão, de deixar nossa divergência no pé em que está, de declarar que o assunto entre nós encerrou-se? A ansiedade não reside apenas no fato de que meu entendimento *possui* limites, mas sim no fato de que eu devo *traçá-los*, sobre aparentemente nenhum terreno [*ground*] além do meu próprio (CAVELL, 1979, p. 115).

É justamente a ansiedade causada pela responsabilidade de *traçar os limites* do nosso acordo, quando batemos na "rocha dura" das nossas diferenças, que está na base da evasão filosófica do problema – a qual é encenada, dentre outros, pelo cético kripkeano, que prefere projetá-lo sobre nossa própria condição, como se não houvesse nada a fazer a respeito.

22. Essa reflexão enseja a análise de um passo ulterior do diagnóstico de Cavell, com a qual gostaria de finalizar minha reconstrução de seus argumentos. Trata-se da apresentação de uma das principais motivações por trás dessa decepção com a base (supostamente) frágil fornecida pela nossa sintonia mútua – que tem como contrapartida a aspiração por uma base mais firme, do tipo (supostamente) fornecido pela matemática. Cavell expressa essa ideia afirmando que:

> A ideia da linguagem corriqueira como de algum modo deficiente em suas regras está vinculada com – não é mais nem menos necessária que – essa aspiração [à matemática como a algo sublime]. Este é o lugar no qual Wittgenstein caracteriza a lógica (e eu suponho que a regra de adição esteja abrangida) como "normativa", como algo ao qual comparamos o uso das palavras (§81) – para o descrédito das palavras; ele dá mais um passo algumas seções adiante, ao suscitar a pergunta "Em que sentido a lógica é sublime?" (§89). Nesse papel do normativo, o matemático não é um caso especial de um problema que surge para o corriqueiro; sem o matemático esse problema do corriqueiro sequer surgiria (CAVELL, 1990, p. 92).

Como entender essa última alegação – segundo a qual "sem o matemático esse problema do corriqueiro sequer surgiria"? Qual, em outras palavras, é o sentido em que a linguagem corriqueira aspira à matemática? Talvez ajude, como uma espécie de preparação para a resposta de Cavell a essas questões, refletir sobre a razão pela qual Wittgenstein emprega, nas *Investigações*, a imagem dos "trilhos invisíveis estendidos até o infinito" (IF, §218) para explicar o que poderia ser uma interpretação final de uma regra – i.e., aquela "estampa do significado determinado", frente à qual não teríamos "mais nenhuma escolha", a não ser "obedecê-la *cegamente*" (cf. IF, §219). Note-se que, apesar da exigência por essa interpretação final ser apresentada como absolutamente geral (i.e., apesar de dizer respeito a regras, *simpliciter*), a imagem escolhida para expressá-la simbolicamente (cf. IF §§220-2) parece cuidadosamente projetada para satisfazer o tipo de expectativa que é (mais?) natural justamente no contexto da matemática. (Que essa expectativa não seria (seria menos?) natural no caso de conceitos não-matemáticos fica claro quando perguntamos qual seria o análogo de uma extensão infinita de passos dados de antemão para a aplicação de uma palavra como, por exemplo, "mesa".)

A resposta para a qual a sugestão acima serve como preliminar passa pela análise de considerações feitas anteriormente por Cavell, indicando justamente a diferença entre regras para o uso de conceitos matemáticos e regras para uso de conceitos não-matemáticos. A seguinte passagem resume suas conclusões a esse respeito:

> Suponho que algo que torna matemática uma regra matemática – em todo caso, o que torna a adição adição – é que o que pode ser considerado como uma instância da mesma [...] está, intuitivamente, decidido de antemão, que ela nos diz qual é a primeira instância, e qual é o intervalo para instâncias sucessivas, e qual é a ordem das instâncias. A regra de adição estende-se para todas as aplicações possíveis. (O mesmo vale para a regra de quadição – do contrário [...] não a reconheceríamos como uma função matemática.) Mas nossos conceitos corriqueiros – por exemplo o de

uma mesa – não são, nesse sentido, matemáticos em sua aplicação: nós não conhecemos de antemão, intuitivamente, [...] uma primeira instância correta, ou a ordem correta das instâncias, ou o intervalo determinado de sua sucessão. E por vezes sequer saberemos dizer se uma instância pode ser considerada como caindo sob um conceito, ou não [...] (CAVELL, 1990, p. 89-90).

Como esclarece Mulhall (2003, p. 103-4) ao comentar essa mesma passagem, o fato de que Kripke "pense que o problema cético que ele desenvolve de maneira tão tranquila para o caso da adição possa ser igualmente bem desenvolvido [...] com exemplos não-matemáticos equivale [...] a uma falha em apreciar a especificidade dos conceitos matemáticos" – mais especificamente, o que isso mostra é que Kripke "trata os conceitos matemáticos como normativos para os não-matemáticos" (*idem*, p. 104).[23] A motivação para se fazer isso é apresentada por Cavell na seguinte passagem, que retoma e sistematiza alguns dos pontos indicados anteriormente:

> Nós compreensivelmente não gostamos que nossos conceitos sejam baseados naquilo que é importante para nós [*what matters to us*] [...]; isso faz nossa linguagem parecer instável, e essa instabilidade parece indicar aquilo que eu tenho expressado como minha responsabilidade por qualquer estabilidade que nossos critérios possam ter, e eu não quero esta responsabilidade; ela arruína meu desejo por sublimidade (CAVELL, 1990, p. 92).

---

23 Alguém poderia aqui objetar que, pelo menos no que toca à exegese de Wittgenstein, essa manobra é legítima, afinal, é ele próprio que usa regras *matemáticas* como paradigmas para o uso de regras *simpliciter*; entretanto, suponha-se que ele o tivesse feito propositalmente, como que para fazer o leitor ser pego *em flagrante* em sua própria aspiração pelo modelo sublime da matemática – como se tivesse colocado uma isca, a qual, por sinal, Kripke teria "engolido com anzol e tudo". Não vou tentar justificar essa sugestão aqui, mas há boas razões em seu suporte, por exemplo, em Mulhall (2001, esp. p. 87 ss.).

Creio que a conclusão geral a ser extraída dessa análise não poderia ser formulada em termos mais adequados que os empregados por Mulhall, numa passagem com a qual gostaria de finalizar esta seção:

> O impulso da filosofia de tratar a lógica como normativa para a normatividade das palavras é emblemático de um impulso humano mais amplo, de tratar essa normatividade unicamente como algo a que devemos responder impessoal e inflexivelmente, ao invés de algo pelo que nós também somos individualmente e imprevisivelmente responsáveis (MULHALL, 2003, p. 105).

11. Considerações finais

23. Eis o caminho percorrido até aqui: na seção 1, adiantei que minhas principais metas seriam (i) mostrar que posições anti-individualistas comprometem-se com o que chamei de modelo impessoal da normatividade – i.e., o modelo de acordo com o qual o fundamento de nosso acordo linguístico seria o conhecimento (impessoal) de um conjunto de fatos objetivos – assim como (ii) indicar alguns dos problemas desse modelo. A meta (i) foi perseguida na seção 2, na qual descrevi os principais resultados das análises dos pais fundadores do anti-individualismo contemporâneo – Kripke, Putnam e Burge – e argumentei que todos eles parecem comprometer-se com a tese de que o *ônus* da correção linguística deve recair sobre algum tipo de fator externo – englobando a existência de *instituições linguísticas* (Kripke e Burge) e a *constituição físico-química* das substâncias com as quais os falantes se relacionam (Kripke e Putnam). Para cumprir a meta (ii), adotei uma estratégia indireta, consistindo em dois passos: (a) o estabelecimento de um paralelo entre os resultados da argumentação anti-individualista e os resultados da argumentação do cético kripkeano (seção 3), e (b) a análise das críticas de Stanley Cavell a essa última argumentação (seção 4).

O paralelo estabelecido no passo (a) pretendia pôr em relevo tanto o deslocamento do ônus pela correção linguística, quanto sua contraparte, que é o enfraquecimento sistemático (até o limite da supressão completa) da função do *indivíduo*, e, por conseguinte, de sua *autoridade*, sobre o significado dos termos que emprega. Ambos os aspectos derivam do compromisso com alguma versão do modelo impessoal da normatividade – seja ela de viés essencialista (realista científico?), como no caso das posições de Kripke (em *Naming and Necesity*) e Putnam, seja de viés comunitarista (convencionalista?), como no caso de Burge e Kripke (em *Wittgenstein on Rules and Private Language*). O confronto com a crítica de Cavell (passo b) visava justamente a esclarecer o que há de problemático nesse movimento argumentativo – em particular, a evasão da *responsabilidade* (individual) sobre o acordo linguístico que ele parece acarretar. Uma outra maneira de expressar esse problema – à qual aludi na introdução – é dizer que o modelo impessoal implica pensar no problema da correção linguística *pelo avesso* – ou, na melhor das hipóteses, pensá-lo a partir de uma *perspectiva limitada* – como se o único (ou principal) risco envolvido nas nossas trocas comunicativas fosse o repúdio, por parte do mundo ou da comunidade[24], daquilo que queremos dizer com nossas palavras, e nunca o contrário, i.e., a perda de sintonia, ou o afastamento (voluntário ou não) em relação ao mundo e aos demais seres humanos (uma perda/afastamento que pode ter inú-

---

24 A ideia de um repúdio (do que dizemos) por parte *do mundo* pode a princípio causar estranheza; entretanto, essa formulação apanha corretamente a conseqüência disso que chamei de "inversão do ônus pela correção linguística", em particular nos casos em que se assume uma espécie de realismo metafísico a respeito da formação de conceitos. Platão expressou essa tese lapidarmente no diálogo Fedro (265e), ao descrever a técnica da divisão (o estabelecimento de uma árvore conceitual por gênero e diferença específica) como consistente em "cortar as espécies seguindo as articulações naturais, cuidando não romper nenhuma parte, como o faria um mau açougueiro" – do contrário, acabaríamos com conceitos que, de um modo ou de outro, o mundo deveria rejeitar. McManus (2003) analisa exemplos de conceitos que seriam assim rejeitados – como aqueles que historicamente mostraram-se vazios (por exemplo, *flogisto*), os predicados não-projetáveis (como *verzul*), e ainda as taxonomias *contra natura* (como a enciclopédia chinesa de Borges). (Agradeço a Paulo Faria por indicar esses exemplos e por ajudar com a referência a Platão.)

meras causas, as quais, por sua vez, podem ser tão opacas para o indivíduo quanto o são aquelas – imaginárias – viagens interplanetárias, e, contudo, muito mais sérias, uma vez que têm a ver com as dificuldades – reais – de se aceitar a condição humana).

24. A constatação dessa inversão do ônus da correção linguística é, pelo menos em parte, o que me leva a suspeitar que o anti-individualismo talvez constitua (ou pressuponha, ou encubra, ou enseje), uma (nova?) forma de evasão filosófica (essa constatação também pode explicar porque a solução compatibilista é vista por alguns críticos (por exemplo BOGHOSSIAN, 1998), como ainda mais cética do que o problema que a originou). Embora eu esteja completamente de acordo com a conclusão (essencialmente anti-individualista) de que a aplicação de conceitos, e, por conseguinte, o auto-conhecimento do significado das palavras que usamos, e do conteúdo de nossos estados mentais, por vezes constituam "atividades de risco"[25], parece-me igualmente importante indicar que o risco em questão não reside exclusivamente na possibilidade (tão cara ao cético – bem como ao seu interlocutor dogmático, por exemplo, um realista metafísico, que pensa poder responder ao cético simplesmente negando essa possibilidade) de que o mundo, as regras da comunidade, ou o que quer que seja, mudem inadvertidamente (pelas nossas costas), mas também na possibilidade (que nem o cético nem o dogmático parecem querer levar suficientemente a sério) de nos afastarmos, *pelas mais variadas razões*, do mundo e dos demais falantes[26] (nos termos de Cavell, "perdermos nossa sintonia").

---

25 Essa noção de "risco" é empregada por Paulo Faria – que, por sua vez, a tomou de empréstimo a Kripke em "Outline of a Theory of Truth" – no artigo "A Preservação da Verdade" (FARIA, 2006, p. 119).

26 Em *The Lives of the Animals*, J. M. Coetzee apresenta um exemplo (ficcional) concreto desse tipo de distanciamento, que é causado pela crescente dificuldade de sua personagem central, Elizabeth Costello, em aceitar e continuar vivendo num mundo em que os seres humanos à sua volta se lhe apresentam como "comparsas num crime de espantosas proporções" (COOTZEE, 1999, esp. p. 69). Cora Diamond (2006) retoma esse e outros exemplos literários interessantes em seu artigo "The difficulty of reality and the difficulty of philosophy".

Há riscos, portanto, que não estão lá fora – e que, nesse sentido, seriam *simplesmente* inevitáveis, como gostaria de sugerir o cético em sua pressa de evadir o problema – mas que se encontram antes aqui dentro, no modo como cada um de nós enfrenta a responsabilidade que herdou ao ingressar e tornar-se representante de uma comunidade linguística, e de uma forma de vida.

25. Mas qual é, então, a alternativa? No caso do significado, ou da normatividade linguística, a alternativa consiste em aceitar que não há nenhum "livro de regras", e nenhum "conjunto de fatos correspondentes no mundo", que possa *garantir* nosso acordo a respeito de como usar as palavras. É nesse sentido que devemos compreender a tese, reiteradamente apresentada na obra de Cavell, segundo a qual os "critérios wittgensteinianos" não foram concebidos para "responder a questão do ceticismo" (i.e., "a questão sobre se podemos saber que há um mundo e outros nele" (cf. Cavell, 1990, p. 24). Sua função é simplesmente registrar semelhanças e diferenças que são importantes para *nós*, na medida em que existe um "nós", i.e., na medida em que estamos sintonizados, compartilhando "rotas de interesses e sentimentos, modos de resposta, sensos de humor, de significado e de cumprimento, do que é ultrajante, do que é semelhante ao quê, do que é uma reprovação, do que é perdão, de quando um proferimento é uma afirmação, quando é um apelo, e quando é uma explicação – todo o turbilhão do organismo que Wittgenstein chama de 'formas de vida'" (Cavell, 1990, p. 81). É claro que, se o mundo e as pessoas deixassem de ser constantes, a tarefa de manter essa sintonia seria *muito mais difícil* do que já é; seja como for, não é *simplesmente* porque o mundo *em geral* não muda (não mudava?), ou porque nós *em geral* reagimos do mesmo modo frente a ele, que devemos esquecer de nossa responsabilidade individual por mantê-la – por exemplo, produzindo novas projeções que possam ser reconhecidas, aceitas e assimiladas ao nosso estoque linguístico, que por sua vez constitui a herança que terá de ser passada para novas gerações de falantes, às quais caberá estabelecer sua própria base de acordo.

Considerações similares aplicam-se àquelas outras duas imagens mencionadas na introdução (cf. §2, nº 7), na medida em que elas também constituem (pressupõem, encobrem, ensejam), uma forma análoga de evasão, que se expressa na tentativa de suprimir completamente o papel do sujeito – e, por conseguinte, sua *responsabilidade individual* – no estabelecimento da relação com o mundo e com os seres humanos. A alternativa, nesses casos, consiste em atentar para o fato de que nossa relação fundamental com o mundo não é *cognitiva*, ou, de modo mais geral, *teórica*, e, por conseguinte, que sua apresentação (ou presença) tampouco é (fundamentalmente) uma função de *conhecê-lo* (obter boas evidências, e, possivelmente, construir boas teorias sobre ele), e sim de *aceitá-lo* – algo que pode se tornar por vezes muito difícil, em particular em momentos de grandes mudanças na "visão de mundo" mudanças que podem ser – e têm sido, seguidamente – causadas por revoluções na ciência, mas que podem igualmente ser produzidas por eventos cujas causas são muito mais complexas, como, por exemplo, a "morte de Deus" anunciada, dentre outros, por Nietzsche). Do mesmo modo, devemos nos dar conta de que nossa relação fundamental com outros seres humanos (ou suas mentes), assim como com nós mesmos (nossa própria mente), tampouco é teórica ou cognitiva – não é (é?) *conhecimento* que, *em geral*, buscamos nessas relações, e sim *reconhecimento*[27] (de fato, muitas vezes é *conhecimento* o que queremos, mas

---

27 Cavell trata desse ponto especialmente em "Knowing and Acknowledging" (1976, p. 238-66). A seguinte passagem fornece uma ideia geral de sua posição a esse respeito:

[...] seu sofrimento [i.e., de um sujeito particular, concreto] faz uma *exigência* sobre mim [*makes a* claim *upon me*]. Não basta que eu *saiba* (esteja certo de) que você sofre – devo fazer ou revelar algo (o que quer que possa ser feito). Em uma palavra, devo *reconhecê-lo*, caso contrário não sei o que "(ele ou ela) está com dor" significa. [...] Mas obviamente a simpatia pode não ser iminente. Então, quando eu digo que "É preciso reconhecer o sofrimento dos outros, e que fazemos isso respondendo a uma exigência [*claim*] sobre nossa simpatia", não quero dizer que nós, de fato, sempre *temos* simpatia, nem que nós sempre deveríamos ter. A alegação [*claim*] de sofrimento pode ficar sem resposta. Podemos sentir muitas coisas – simpatia, *Schadenfreude*, nada. [...] O ponto é [...] que o conceito de reconhecimento é evidenciado tanto por seu fracasso quanto por seu sucesso. Não se trata de uma descrição de uma dada resposta, mas de uma categoria em

isso em geral ocorre quando somos obrigados a adotar atitudes que Strawson (1974) descreve como objetivas e distanciadas, seja em relação aos demais, seja em relação a nós mesmos; Moran (cf. 2001, p. 31 ss.) dá ótimos exemplos de casos nos quais nos encontramos numa condição de simples testemunhas ou investigadores a respeito do conteúdo de *nossos próprios* estados mentais – pense nos casos em que tentamos lidar com sentimentos inconscientes, ou parcialmente opacos: em tais casos, o que queremos obter são justamente *mais evidências* – uma tarefa na qual um amigo, ou um analista, pode nos ajudar. O importante é notar que esses são *casos excepcionais*, e não a regra.)

26. Como alertei na introdução, essas considerações pretendem apenas servir como um *esboço* de imagens filosóficas alternativas, que, a meu ver, retratam de maneira mais realista aspectos fundamentais da experiência humana – de nossa relação com o mundo, com nós mesmos, e com os demais. De fato, no estado atual de minhas reflexões, isso é tudo que tenho a oferecer. Tais esboços não são mais do que *ideais regulativos*, metas rumo às quais procuro avançar – ainda que, como no caso do presente texto, de modo indireto, pondo em relevo problemas de posições concorrentes, com as quais muitas vezes eu mesmo me identifico – auxiliado por um conjunto de autores (incluindo Wittgenstein, Cavell, Mulhall, Diamond, e outros) cuja unidade reside justamente na convicção de que a atividade filosófica também pode servir como uma espécie de fuga, ou evasão, desse ônus que, nos termos de Cavell, deriva da própria finitude humana.[28]

---

    termos da qual uma determinada resposta é avaliada. É o tipo de conceito que Heidegger chama de *existentiale*. Uma "falha em conhecer" pode significar apenas um caso de ignorância, uma falta de alguma coisa, um branco. Uma "falha em reconhecer" é a presença de alguma coisa, uma confusão, uma indiferença, uma insensibilidade, um esgotamento, uma frieza. [...] Do mesmo modo, dizer que o comportamento é expressivo não é dizer que o homem acometido de uma sensação deve manifestá-la no seu comportamento; é dizer que, a fim de não expressá-la, ele deve *suprimir* o comportamento, ou modificá-lo. E se ele o modifica muito ou com suficiente frequência, ele poderá perder a posse da região da mente que esse comportamento exprime (CAVELL, 1976, p. 263-64).

28 Agradeço pelos comentários a versões anteriores do presente texto, apresentadas

Referências bibliográficas

BOGHOSSIAN, P. "What the externalist can know *a Priori*", in: Wright, C.; Smith, B. C.; Macdonald, C. (eds.). *Knowing our own minds*, 1998, p. 271-84.

BROWN, J. *Anti-individualism and self-knowledge*. Cambridge, Massachusetts: The MIT Press, 2004.

BURGE, T. "Individualism and the mental", in: Ludlow, P.; Martin, N. (ed.). *Externalism and self-knowledge*, 1998, p. 21-83.

CAVELL, S. *Must we mean what we say?*, Cambridge: Cambridge University Press, 1976.

_____. *The claim of reason: Wittgenstein, skepticism, morality, and tragedy*. Nova York: Oxford University Press, 1979.

_____. *Conditions handsome and unhandsome: the constitution of emersonian perfectionism*. Oxford and Londres: The University of Chicago Press, 1990.

_____. "The Wittgensteinian event", in: Crary. A; Shieh S. (eds.). *Reading Cavell*. Londres e Nova York: Routledge, 2006.

COETZEE, J. M. *The lives of animals*. Princeton, Nova Jersey: Princeton University Press, 1999.

DIAMOND, C. "The difficulty of reality and the difficulty of philosophy", in: Crary & Shieh (eds.), *Reading Cavell*. Londres e Nova York: Routledge, 2006.

FARIA, P. F. "A preservação da verdade", in: *O que nos faz pensar*, Rio de Janeiro, 20, 2006, p. 101-26.

FARKAS, K. "What is externalism?", in: *Philosophical studies*, Volume 112, nº 3, fevereiro, 2003, p. 187-208.

---

oralmente no *IV Colóquio Temático de Filosofia Analítica*, realizado em Salvador, e no *XIII Encontro Nacional de Filosofia da Anpof*, realizado em Canela, ambos em Outubro de 2008 – em particular aos professores Alexandre Noronha Machado, André da Silva Porto, Carlos Moya e Paulo Faria, cujas observações ajudaram a esclarecer alguns pontos nesta nova versão. A este último, e também aos professores João Carlos Brum Torres, e Rogério Passos Severo, agradeço por terem lido e comentado versões escritas anteriores deste texto.

HAMMER, E. *Stanley Cavell: skepticism, subjectivity, and the ordinary.* Cambridge: Polity Press, 2002.

KRIPKE, S. A. *Naming and necessity.* Cambridge, Massachusetts: Harvard University Press, 1972.

_____. *Wittgenstein on rules and private language: an elementary exposition.* Cambridge and Massachusetts: Harvard University Press, 1982.

LUDLOW, P.; Martin, N. (ed) *Externalism and self-knowledge.* Stanford, California: CSLI Publications, 1998.

McMANUS, D. "Wittgenstein, fetishism and nonsense in practice", in: Heyes, Cressida J. (ed) *The grammar of politics: Wittgenstein and political philosophy.* Londres, Ithaca NY: Cornell University Press, 2003, p. 63-81.

MORAN, R. *Authority and estrangement: An essay on self-knowledge.* Princeton and Oxford: Princeton University Press, 2001.

MULHALL, S. *Stanley Cavell: Philosophy's recounting of the ordinary.* Oxford: Clarendon Press, 1994.

MULHALL, S. (ed) *The Cavell reader.* Oxford, Malden (Massachusetts): Blackwell Publishers, 1996.

_____. *Inheritance & Originality: Wittgenstein, Heidegger, Kierkgaard.* Oxford: Clarendon Press, 2001.

_____. *Stanley Cavell's vision of the normativity of language: grammar, criteria, and rules.* In: Eldridge, R. *Stanley Cavell.* Cambridge: Cambridge University Press, 2003.

NAGEL, T. *Visão a partir de lugar nenhum.* São Paulo: Martins Fontes, 2004.

PEACOCKE, C. "Conscious attitudes, attention and self-knowledge", in: Wright, C.; Smith, B. C.; Macdonald, C. (eds.). *Knowing our own minds*, 1998, p. 63-98.

PESSIN, A. & Goldberg, S. (ed.) *The Twin Earth chronicles.* Armonk, NY: M.E. Sharpe, 1996.

PUTNAM, H. "The meaning of 'meaning'", in: *Mind, language, and reality: philosophical papers,* vol. 2. Cambridge: Cambridge University Press, 1975, p. 215-71.

_____., H. *Reason, truth and History*. Cambridge: Cambridge University Press, 1981.

SILVA FILHO, W. J. Mente, mundo e autoconhecimento: uma apresentação do externalismo. In: *Tans/form/ação*, São Paulo, 30(1), 2007, p. 151-68.

STRAWSON, P. F. *Individuals: an essay in descriptive metaphysics*. Londres e Nova York: Methuen, 1971.

_____. *Freedom and resentment and other essays*. Londres: Methuen, 1974.

TECHIO, J. "Anti-individualismo e autoconhecimento: uma solução não deflacionária", in: Pires da Silva, J. C.; Margutti Pinto, P. R. (eds.). *Atas do XII Encontro Nacional de Filosofia da Anpof.* Salvador, 2006, p. 270-1.

WRIGHT, C.; Smith, B. C.; Macdonald, C. (eds.) *Knowing our own minds*. Oxford: Clarendon Press, 1998.

WITTGENSTEIN, L. *The blue and brown books*. Oxford: Basil Blackwell, 1958.

_____. *Philosophical investigations*. Oxford: Basil Blackwell. Tr. G. E. M. Anscombe, 1976.

O ARGUMENTO DE KRIPKE SOBRE A LINGUAGEM PRIVADA: UMA PERSPECTIVA DAVIDSONIANA

Carlos E. Caorsi
Universidad de la República, Uruguai

Tradução de Elsa Marisa Muguruza

A RECONSTRUÇÃO KRIPKEANA do argumento de Wittgenstein[1] contra a linguagem privada se apoia como ponto fundamental no fato de que falar uma linguagem é seguir um determinado conjunto de regras. Assim uma regra dá o significado de uma palavra determinando o modo como haverá de usar-se a mesma. O ponto principal do argumento reside em considerar que o modo como eu tenha aplicado a palavra no passado não determina como a aplicarei no futuro, já que há infinitas aplicações da palavra no futuro, compatíveis com a aplicação da mesma no passado. Um exemplo disto é o termo "verzul" de Goodman: que no passado tenha aplicado a palavra "verzul" a coisas verdes, é incompatível tanto com que no futuro a siga aplicando a coisas verdes, como que a aplique no futuro a coisas azuis. Isto porque há pelo menos duas regras que são compatíveis com a aplicação da palavra no passado:

a) x é verzul = x é verde
b) x é verzul = x é verde antes de *t* e azul depois de *t*.

Logo se em *t*+1 o sujeito aplica o predicado a um objeto azul, haverá cometido um erro se sua intenção era seguir a regra "a" e haveria atuado corretamente se sua intenção era seguir a regra "b". Mas, como saber qual dessas duas situações é o caso? Suponhamos que quando o sujeito aplicou "verzul" a um objeto azul, acreditou estar usando a

---

[1] Desde que Kripke anunciou que não pretende desenvolver seu próprio ponto de vista, mas reconstruir o que ele supõe é o argumento de Wittgenstein na *Philosophical Investigation*, é duvidoso si realmente este argumento representa o pensamento de alguém. Com vistas a isso, tem-se optado por falar de Kripkesntein ou de KW, como o fictício autor do mesmo. No que segue não tomo esses cuidados e falo diretamente de Kripke, embora com a ressalva de não pretender atribuir ao autor de Naming and Necesity as teses que aqui atribuo a Kripke.

mesma regra que usou no passado, e que essa regra era a regra "b". Mas na medida em que seu uso passado também é compatível com a regra "a", que garantia temos – e tem o próprio falante – que no passado usou a regra "b" e não a "a"? Que o sujeito acredite que esta usando a mesma regra que usou no passado, não é garantia que assim seja, já que acreditar seguir uma regra e segui-la não é a mesma coisa. É claro que se há *algo mais* no passado que o simples uso da palavra, algum fato que possa reconhecer-se como *a intenção de seguir uma regra e não outra,* o problema não existiria. O acesso a este "fato" ou estado me permitiria reconhecer qual regra pretendia aplicar e com isso se o uso atual foi um uso correto ou não. Kripke argumenta que não existe tal fato. Como não é este o ponto que me interessa tratar aqui, tomarei esta afirmação por válida. De acordo com isto, "a forma como usei uma palavra no passado não determina como a usarei no futuro".

Meu uso atual da palavra não está determinado pelos usos passados desta palavra na medida em que esses usos passados são compatíveis com mais de uma regra, e com meu uso presente, enquanto outras não. Vejamos: meu uso presente somado a meus usos passados, ainda que seja compatível com um número menor de regras que meu uso passado, segue sendo compatível com mais de uma regra. Segue-se disso que não posso saber qual regra estou usando no presente (KRIPKE, 1982, p. 21). Logo, a conclusão cética: "nenhum curso de ação poderia se determinar por uma regra, porque pode fazer-se concordar qualquer curso de ação com uma regra".

Por isso, posto que falar uma linguagem é seguir determinado conjunto de regras que dão o significado das palavras do mesmo, não é possível a qualquer um falar uma linguagem. Porém, parece um fato que nos comunicamos usando linguagens. Logo, parece que deve haver alguma coisa errada no argumento, ou deve existir algum tipo de fato ou estado que possamos reconhecer como a intenção de seguir uma regra determinada.

Kripke, porém não vai optar por nenhuma destas alternativas. Sua solução parte do reconhecimento de que:

Nada no passado determina o uso futuro de uma palavra.
Falar uma linguagem é usar um conjunto específico de regras.

O problema, diria Kripke, é que buscar algum fato que faça verdadeiro que o falante tinha a intenção de seguir a regra R em lugar da regra R', implica em se apegar a um modo de entender o significado defendido no *Tratactus* que Wittgenstein abandona e explicitamente critica nas *Philosophical Investigations*. De acordo com esta mudança de perspectiva sobre a linguagem, a solução de Kripke parte da suposição que o paradoxo só pode se resolver mediante uma "solução cética". Ou seja, devo aceitar 1 e abandonar todo intento por encontrar algum *fato* que permita decidir se usava a palavra *p* para expressar "Verde" ou "Verzul". Em lugar disto, temos que analisar o jogo de linguagem consistente em atribuir a um falante estar seguindo uma regra. Dito de outra maneira, o que temos que considerar é *como de fato usamos*:

(i) a asseveração *categórica* que um indivíduo está seguindo uma regra (que mediante o uso de *p* quer dizer "verde" e não "azul")

(ii) a asseveração condicional que "se um indivíduo segue tal e qual regra, então tem que fazer tal e qual coisa numa ocasião dada". (Se por *p* quer dizer "verde", então sua resposta será que o céu não é *p*).

Então, a questão é *em quais circunstancias se introduzem* as asseverações de tipo (i) e (ii) no discurso.

Se considerarmos a um *indivíduo isolado* (cf. KRIPKE, 1982, p. 108), tudo o que se pode dizer é o seguinte: frequentemente, um indivíduo tem a experiência de ter confiança em que já "captou" uma certa regra. É fato empírico que, após essa experiência, acontece que os indivíduos estão dispostos a dar respostas em casos concretos, acreditando plenamente que proceder dessa maneira é "o que se pretendia". Entretanto, sobre esta base não podemos explicar o uso dos condicionais (ii). Ou seja, a confiança do indivíduo em acreditar que está usando a regra corretamente, não justifica nosso uso de condicionais como (ii). Quer dizer, o falante pode ter confiança de estar seguindo determinada regra e efetivamente atuar como a regra prescreve que ele deve fazer e, não obstante, não estar seguindo qualquer regra, ou estar seguindo uma regra diferente de modo errôneo.

Se o *indivíduo está numa comunidade*, o papel de (i) e (ii) se põe em evidência. Quando a comunidade aceita uma condicional (ii) particular, aceita seu contrapositivo: o fracasso do indivíduo em dar as respostas particulares que a comunidade considera corretas, leva a comunidade a supor que não está seguindo a regra. Se um indivíduo oferece suficientes provas, a comunidade o aceita como alguém que segue a regra e justifica suas afirmações de tipo (i).[2] Observe-se que essa solução explica como se produz na linguagem as asseverações (i) e (ii), mas não oferece as condições que estes enunciados serão verdadeiros.

O êxito das práticas em (B) depende do fato empírico bruto de que nós concordamos em nossas respostas. Porém, dado o argumento cético em 1, este êxito não pode se explicar pelo "fato de que todos apreendemos todos os conceitos". E, com isto, não podemos dar conta deste êxito apelando ao modelo de linguagem desenvolvido no *Tractatus*.

Wittgenstein pensava que as anteriores considerações em (A) e (B) mostravam que todo discurso de um indivíduo que siga regras se refere a ele como membro de uma comunidade como em (B). Particularmente, para que as condições do tipo (ii) *tenham sentido*, a comunidade deve poder julgar se um indivíduo está realmente seguindo *uma regra dada*[3] em aplicações particulares, i.e., se suas respostas concordam com as suas.

O que este argumento nega é o que poderia se chamar "o modelo privado" do que é seguir uma regra, a noção de uma pessoa que segue uma regra dada não se pode analisar simplesmente em termos de fatos

---

2 Parece-me que isto não se segue si se pretende que pode determinar categoricamente *qual* regra esta seguindo o falante (se "verde" ou "verzul"). Ou para dizer mais claramente, suponhamos que no tempo t+1 o falante afirma "isto é verde" perante um objeto verde, em efeito, podemos nesse caso dizer que não está seguindo a regra "verde até o tempo t e azul depois de t", mas não podemos dizer que esteja seguindo a regra "verde" e não a regra "verde até o tempo t+1 e azul daí em diante. Posso dizer qual regra não esta seguindo, mas não qual esta seguindo.

3 Ver nota anterior.

acerca de quem segue a regra e só dela, é necessário referir-se a sua condição de pertencer a uma comunidade mais ampla.

A partir daqui, Kripke mostra que se segue a conclusão, sem dúvida correta, que não pode haver uma linguagem privada que uma única pessoa entenda. Entretanto, também parece concluir que o caráter normativo da linguagem está dado pela comunidade de fala. E acredito que nisto se equivoca. Se eu tenho entendido corretamente o paradoxo, o ponto é que "nenhum" curso de ação poderia determinar-se por uma regra, e isso inclui o desenvolvido pelo intérprete pertencente à comunidade de fala. Em primeiro lugar, o conceito de "comunidade de fala" é um conceito abstrato. Quem realiza a interpretação do falante não é a comunidade, senão intérpretes concretos. E como sabemos que dois intérpretes concretos pertencem à mesma comunidade? Por coincidir nos seus usos? O ponto é que o próprio argumento cético destrói essa possibilidade. Suponhamos que dois ou mais intérpretes coincidam em todos seus usos passados e no modo que interpretam ao falante num momento dado. Isto não garante que pertençam à mesma comunidade de fala, se entendemos por isto que no futuro deveriam seguir coincidindo. Já que os usos passados dos falantes da suposta comunidade são compatíveis com mais de um conjunto de regras, nada nos garante que no futuro se regularão todos pelo mesmo conjunto de regras. Só podemos dizer que seus usos coincidem no presente. Isso parece indicar que se o argumento cético é correto, não há algo assim como uma linguagem que seja usada por toda uma comunidade e nem sequer por um falante e um intérprete. Tratemos de esclarecer isso um pouco mais. Se o falante não pode saber qual regra está usando no presente, pareceria que também o intérprete não pode saber qual regra está usando (o intérprete mesmo) no presente. E o mesmo se aplicaria a cada um dos intérpretes pertencentes à suposta "comunidade".

Se eu estou correto, apelar ao conceito de comunidade não parece ser a solução ao problema, nem sequer ainda que reduzamos a comunidade a só dois membros, o falante e o intérprete. A questão é que, se não podemos dizer qual regra estamos seguindo tampouco podemos dizer que o falante está seguindo a mesma regra que nós. Além disso, suponhamos que no momento t+1 o falante diz "Isto é verde" de um objeto verde, porque se orienta pela regra (b) e que o intérprete que se orienta pela regra (a) entende que o falante está usando nesse momento a palavra do modo em que ele (o intérprete) a usaria. Neste caso, a coincidência do uso do falante com o uso que faria o intérprete nessa ocasião não garante que estejam seguindo a mesma regra. Podemos colocar, de um modo geral, que a coincidência no uso entre falante e intérprete não garante que estejam seguindo a mesma regra. O ensinamento que devemos tirar daqui é o seguinte: o que conta para a comunicação não é que o falante e o intérprete usem as mesmas regras, senão que o falante use as palavras como o intérprete esperaria usá-las. Se isto acontece, o intérprete estará em condições de interpretar o falante. Mas, de que depende a expectativa do intérprete com respeito ao uso por parte do falante? Se a situação é de "interpretação radical", dependerá dos usos anteriores da mencionada palavra por parte do falante que foram observados por parte do intérprete. E o que determinará ao falante falar do modo que o faz será sua intenção de ser interpretado pelo intérprete, não sua intenção de seguir alguma regra em particular que o intérprete segue. A intenção do falante é usar as palavras do modo que suponha poder o intérprete entendê-las. E para que isto seja possível o falante deve intentar fazer um uso *regular* de suas palavras. Porém, a mesma ambiguidade da palavra regular pode nos enganar. O *Dicionário da Real Academia Espanhola*, contém, dentre outras, as duas seguintes acepções:

Ajustado é conforme a regra
Uniforme, sem mudanças grandes ou bruscas.

Que estas duas acepções não são equivalentes resulta do seguinte: suponhamos que, por razões que não interessam aqui, um sujeito decida dar a si mesmo as seguintes instruções para o uso da palavra "cachorro" durante um ano:

Dia 1: "cachorro"= cachorro
Dia 2: "cachorro"= gato
Dia 3: "cachorro"= martelo

Dia 365: "cachorro"= barata.

De tal modo a formular uma igualdade para cada um dos dias do ano. Assim, "cachorro" significará <cachorro> no dia 1; <gato>, no dia 2; <martelo>, no dia 3,...., <barata> no dia 365. Esta regra peculiar não é mais do que o resultado de levar ao extremo a regra para "verzul" de Goodman. Sem dúvida, o uso da palavra "cachorro" por nosso peculiar sujeito é um uso regular na acepção (1), mas dificilmente o seja na acepção (2). Entretanto, uma regra que estabeleça "cachorro" = <cachorro>, poderia determinar um uso regular nas duas acepções.

Parece óbvio que se a intenção do falante é ser interpretável, ele intentará fazer um uso regular na acepção (2), já que se usar a regra dos 365 dias para "cachorro", dificilmente resultaria interpretável. Pelo menos não o seria num segmento temporal menor a vários anos. Logo, o que o falante deve fazer é intentar usar suas palavras de modo tal que o intérprete possa reconhecer um uso regular das mesmas na acepção (2). Se é assim, o intérprete, para poder interpretar o falante, não tem que reconhecer o uso do falante como o que ele mesmo faria, senão como o uso que o falante deveria fazer em razão dos usos por parte do falante observados por ele anteriormente. É provável que o falante, num momento determinado, cometesse um erro no uso da palavra e o intérprete poderia detectá-lo, não em razão de compartilhar a regra com o falante, mas em virtude de não se comprometer com a regra que ele atribui ao falante com base na regularidade observada até esse momento. Que esta interpretação resulte correta ou não dependerá dos usos posteriores a esse suposto juízo por parte do falante. Com isso, que o falante esteja seguindo uma regra não é algo que o falante possa dizer, ele pode acreditar estar seguindo uma regra e não obstante, não fazê-lo. Será, como na solução proposta por Kripke, o intérprete quem determina se está seguindo a regra ou não; mas não porque pertença a uma comunidade que usa uma mesma linguagem, nem porque reconheça que o falante está usando a mesma linguajem que ele ou que a comunidade usa. Não obstante, ainda estamos longe de dar conta da *normatividade da linguagem* que, segundo minha opinião, o apelo à comunidade da fala não satisfaz.

Temos que o intérprete pode determinar que o falante esteja usando suas palavras de um modo regular. Mas que quer dizer isso? Que, no presente, o falante está usando as palavras como as usou nas situações passadas conspícuas para o intérprete. Mas este "como as usou" requer que o intérprete reconheça as palavras como as mesmas e a situação atual como suficientemente similar às situações passadas de uso, como para justificar a regularidade observada. E isto supõe não só que o intérprete deva reconhecer as palavras do falante como as mesmas, mas também a situação presente como similar às situações passadas. Mas não só o intérprete deve reconhecer tal similitude, também o falante deve fazer o mesmo e o intérprete deve reconhecer que o falante a reconhece. Pareceria então que essa "situação" acessível ao falante e ao intérprete constitui um elemento decisivo para a determinação do uso correto das palavras por parte do falante. E eu acredito que é por este caminho, e não pelo da comunidade de falantes, que deve se buscar a pedra de base para dar conta da normatividade do significado.

Referência bibliográfica

Kripke, Saul A. *Wittgenstein on rules and private language*. Cambridge, Massachusetts: Harvard University Press, 1982.

Parte V

Consequências do anti-indivividualismo

Exilados da Terra Gêmea: os experimentos mentais e a natureza da intencionalidade

César S. dos Santos
Universidade Federal do Rio Grande do Sul

Nos debates acerca do externismo sobre o conteúdo mental e suas consequências, foram feitos dois usos importantes de experimentos mentais. Em primeiro lugar, o experimento mental da Terra Gêmea e suas variedades foram usados para atacar a tese que o mental é localmente superveniente ao neural. Em segundo lugar, experimentos mentais envolvendo trocas despercebidas de ambiente foram usados para acusar o externismo em questão[1] de ser incompatível com o acesso privilegiado de cada um aos próprios estados mentais conscientes. Abaixo, caracterizo minimamente a natureza dos experimentos mentais e apresento sucintamente os experimentos mentais em tela, argumentando que as duas aplicações estão em ordem.[2]

---

[1] Há mais de uma variedade de externismo. Esse texto é sobre o *externismo sobre o conteúdo mental*, posição segundo a qual várias representações que figuram em estados intencionais são constituídas pela interação do ser intencionante com um ambiente natural ou social mais amplo (Putnam, 1973, 1975; Burge, 1979, 2007b). Outra variedade importante de externismo é o *externismo sobre a garantia epistêmica*, tese segundo a qual um conhecedor está garantido mesmo que não esteja de posse da garantia do seu conhecimento, bastando que haja no ambiente ou na sociedade essa garantia.

[2] Este capítulo foi escrito a partir da minha comunicação no IV Colóquio Temático de Filosofia Analítica (Salvador, 22-24 de setembro de 2008), mas há uma diferença importante entre o argumento que lá apresentei e o argumento que apresento agora: lá defendi que a segunda aplicação dos experimentos mentais (ao debate sobre acesso privilegiado) não está em ordem. Mas mudei de ideia, pois vi que o problema não está na aplicação do experimento mental, mas sim nos pressupostos epistemológicos envolvidos. Espero tratar desses pressupostos, já tematizados por Silva Filho (2006), em um próximo trabalho. Agradeço a Alexandre N. Machado, André Leclerc, Roberto H. de Sá Pereira e Rogério P. Severo pela discussão dos temas e problemas deste texto.

1. Experimentos mentais

Experimentos mentais são narrativas inventadas para a investigação de como as coisas são. Neles se emprega o pensamento, e nada mais, para investigar um problema ou uma questão (cf. BROWN, 2007). Ao longo da história, os experimentos mentais foram utilizados de maneira frutífera nas investigações científicas e filosóficas sobre a natureza, o conhecimento e a moralidade. Os exemplos célebres abundam. Entre os filósofos pre-socráticos, Zenão de Eleia nos deu os experimentos mentais de Aquiles e a tartaruga e da flecha imóvel. Um dos pontos mais populares da filosofia de Platão, a alegoria da caverna, é um experimento mental. A física da modernidade em diante deve muito aos experimentos mentais de Galileu, Newton, Maxwell, Einstein, Heisenberg e Schrödinger. Na teoria do conhecimento, Descartes apoia sua investigação epistemológica no experimento mental do Gênio Maligno, e Kant investiga o papel dos conceitos na cognição de objetos com seu experimento mental do selvagem da Nova Holanda apresentado a uma casa europeia pela primeira vez. Em filosofia moral, há o polêmico experimento mental de Parfit, com a proposta de tratar as pessoas como seres que se dividem como amebas.[3] Por fim (dessa pequena enumeração, não dos experimentos mentais existentes ou célebres), em filosofia da mente, temos os muito discutidos experimentos mentais da sala chinesa, de Searle, e da Terra Gêmea, de Hilary Putnam. É sobre algumas variações desse último e algumas das suas consequências que falarei nesse trabalho. Porém, antes de falar do uso desse experimental e das suas variações na investigação sobre a natureza da intencionali-

---

[3] Simpatizo com os experimentos mentais, e os considero muito importantes para a filosofia e para as ciências, mas concordo com a crítica de Wilkes (1988: cap. 1) ao experimento mental de Parfit. Ela diz que se as pessoas se dividissem como amebas, nós simplesmente não saberíamos o que dizer. Creio que Parfit viola um pré-requisito para o emprego de experimentos mentais: partir das concepções do interlocutor, não de meras possibilidades lógicas. Aliás, para a crítica dos experimentos mentais que partem de meras possibilidades lógicas, ver Hacking (2007).

dade, no debate acerca do externismo sobre o conteúdo mental, falarei um pouco mais sobre os experimentos mentais em geral.

Nas ciências, os experimentos mentais estão por detrás de resultados importantes, e a coisa não é diferente na filosofia, onde resultados centrais da filosofia da linguagem, da filosofia da mente e da teoria do conhecimento se apoiam em tais experimentos. Ante esse quadro, é razoável dizer que, caso não dispuséssemos de tais experimentos, as ciências e a filosofia estariam muito empobrecidas (cf. BROWN, 2007).

O que estou chamando de "experimento mental" já recebeu outros nomes na literatura em língua portuguesa: "experimento imaginativo" e "experiência de pensamento", por exemplo. Todas essas expressões traduzem a expressão anglófona "thought experiment" e a expressão alemã "Gedankenexperiment", divulgada e defendida por Ernst Mach (cf. SORENSEN, 1992).

Há prós e contras no emprego de experimentos mentais, assim como há defensores e detratores do seu uso. A favor dos mesmos, é preciso reconhecer que eles nos ensinam bastante, dado que alavancam teorias e investigações científicas e filosóficas. Além disso, Kuhn está certo ao dizer que, se os experimentos mentais são bem construídos, eles podem provocar uma crise ou anomalia que perturba a teoria vigente, o que é positivo para a pesquisa científica ou filosófica (cf. KUHN 1964, BROWN, 2007).[4]

Também há argumentos contra os experimentos mentais, e alguns desses estão certos, ao menos em alguns aspectos. Pierre Duhem se opõe aos experimentos mentais na física experimental, os quais ele discute sob os nomes de *experiência fictícia (expérience fictive)* e de *experiência absurda (expérience absurde)* (cf. DUHEM, 1906: 331-34). A experiência fictícia teria o vício da preguiça: é uma experiência não realizada onde deveria haver uma experiência realizada. Nada impede que futuras experiências realizadas corroborem as experiências fictícias, mas essas deveriam ter sido realizadas. Já o vício das experiências

---

4 O debate sobre o externismo acerca do conteúdo mental é um exemplo de crise teórica acarretada por um experimento bem construído, principalmente no aspecto do lidar com os pressupostos dos interlocutores.

absurdas seria serem contrárias a qualquer experiência possível, o que as torna inaceitáveis como métodos de investigação empírica.

A posição de Duhem é apropriada para a física *experimental*, mas não há dúvida que essa seria uma posição exageradamente adstringente, se aplicada às outras ciências (incluindo a física *teórica*) e à filosofia, pois não reconheceria os inegáveis ganhos e avanços possibilitados pelos experimentos mentais.

Kathleen Wilkes apresenta outra crítica: não sabemos quão confiáveis são nossas intuições (cf. WILKES, 1988; BROWN, 2007). Essa crítica é importante, na medida em que recomenda prudência e moderação no emprego e análise dos experimentos mentais, e denuncia prováveis abusos, como os de Parfit, quem propõe que se investigue sobre a identidade pessoal a partir do pressuposto de que pode haver pessoas que se dividem como amebas. Para Wilkes, esse pressuposto está tão distante dos nossos pressupostos sobre a natureza das pessoas que não nos ajuda a entendê-las. Acho que a crítica de Wilkes é correta, pois um experimento mental deve contemplar os pressupostos do interlocutor (cf. KUHN, 1964). No entanto, a crítica não é suficiente para abandonarmos os experimentos mentais em outras investigações científicas e filosóficas, pois também temos razões para duvidar da nossa intelecção, dos nossos poderes sensoriais, etc., e nem por isso deixamos de nos apoiar nesses enquanto não há razões para mudança de atitude.

Daniel Dennett reclama dos experimentos mentais por considerá-los conservadores, visto que se apoiam em concepções populares, ou já aceitas (como indica KUHN, 1964). Isso mostra que há limitações do uso dos mesmos, pois é preciso que haja uma concepção anterior ao seu emprego, mas não mostra que eles não devem ser usados. Aliás, Dennett os emprega (cf. BROWN, 2007). O que isso mostra é que experimentos mentais tratam dos conceitos possuídos por alguém, e por isso, em certo sentido, são recursos para a análise conceitual. No entanto, não apenas de análise e esclarecimento conceitual, pois as crises conceituais acarretadas por experimentos mentais são resolvidas olhando *para fora* do conceito, para a porção da realidade que é o assunto do conceito testado no experimento mental.[5]

Uma última crítica, a qual encontramos em Wilkes e Ian Hacking: não temos como saber o que diríamos, se... (cf. BROWN, 2007; HACKING, 2007). Essa crítica está certa para alguns casos, como o da proposta de Parfit, mas é equivocada como regra geral, pois se sabemos quais são as concepções de S sobre x, sabemos o que x estaria disposto a dizer sobre uma situação E envolvendo uma ocorrência de x. Assim, se um teórico detalhou bem sua posição sobre um elemento da teoria, sabemos o que ele diria, se tal-e-tal fosse o caso, e o ponto de apresentar um experimento mental a tal teórico é, justamente, trazer à atenção desse um caso que ele não considerou com cuidado, ou que deixou na periferia da teoria, talvez pelo sucesso que a mesma tem com outros casos (cf. KUHN, 1964).

Por fim, quanto à caracterização, experimentos mentais podem ser usados de maneira construtiva, ou de maneira destrutiva.[6] A caverna de Platão (*Rep.*, livro 7) é um exemplo de experimento mental usado para estabelecer, construtivamente, as bases de uma teoria.

---

[5] É de Kuhn a tese que um experimento mental bem sucedido produz tanto mudança conceitual quanto nova investigação do objeto: Se seu uso [dos experimentos mentais] levantou problemas para o cientista, esses problemas eram como aqueles aos quais o uso de qualquer lei ou teoria experimentalmente baseada o exporia. Isto é, eles surgem não do seu equipamento mental sozinho mas de dificuldades descobertas na tentativa de encaixar *(to fit)* esse equipamento à experiência previamente assimilada. A natureza, ao invés da lógica sozinha, foi responsável pela confusão aparente. Essa situação me levou a sugerir que pelo tipo de experimentos mentais aqui examinados o cientista aprende sobre o mundo assim como sobre seus conceitos. Historicamente, seus papéis estão bem próximos do duplo papel desempenhado por experimentos e observações de laboratório reais. Primeiro, experimentos mentais podem revelar *(disclose)* a falha da natureza em conformar-se a um conjunto anteriormente aceito de expectativas. Em adição, eles podem sugerir maneiras particulares nas quais tanto as expectativas quanto a teoria devem ser revisadas dali em diante (KUHN, 1964, p. 261).

[6] Brown (2007) fala em dois *tipos* de experimentos mentais, os destrutivos e os construtivos, mas me parece mais preciso falar em dois *usos*, uso destrutivo e uso construtivo.

Experimentos mentais também podem ser usados para destruir uma teoria, e os experimentos mentais dos externistas sobre o conteúdo são destrutivos, pois buscam solapar a tese que o mental é localmente superveniente ao neural (cf. BURGE, 1979; NUCCETELLII, 2003; BURGE, 2007b; DRETSKE, 2003).

2. Como usá-los

Um experimento mental bem construído testa um conceito através do foco em alguma situação que se espera esteja coberta pelo mesmo, mostrando dificuldades ainda não esclarecidas. Assim, podemos dizer que a aplicação de experimentos mentais é regida pelos seguintes critérios: primeiro, delimite uma situação que o conceito em teste precisaria cobrir, mas não é claro como isso ocorre; segundo, construa uma narrativa na qual o emprego do conceito é dúbio (requerendo esclarecimentos) ou impossível (requerendo abandono).

Esses critérios estabelecem limites para o emprego de experimentos mentais, pois nem tudo o que é imaginável os satisfaz. Em primeiro lugar, é preciso que a aplicação do conceito em teste no caso imaginado não seja surpreendente para o interlocutor bem informado que adota o conceito, ou ao menos que a concepção em teste permita tal aplicação. Além disso, como a aplicação do experimento mental visa testar um conceito, é preciso que o experimento mental não inclua pressupostos estranhos ao mesmo, pois do contrário o "laboratório" fica contaminado, e o tese comprometido. Talvez pudéssemos apresentar esse último ponto como uma máxima da ética da pesquisa com experimentos mentais: imagina de tal maneira que tua imaginação ataque apenas aquilo que é próprio ao conceito em teste, sem pressupor injustificadamente outras posições, caso haja razões para não pressupô-las.

3. Experimentos mentais do tipo Terra Gêmea

A metodologia dos experimentos mentais do tipo Terra Gêmea (daqui para a frente chamados apenas de *experimentos TG*) está resumida nesta passagem de Burge:

> A estratégia comum [dos experimentos] é manter constante a história do movimento corpóreo da pessoa, as estimulações da superfície, e a química interna. Daí, variando o ambiente com o qual a pessoa interage enquanto ainda se mantém constantes os efeitos moleculares sobre o corpo da pessoa, pode-se mostrar que alguns dos pensamentos da pessoa variam. Os detalhes dos experimentos mentais tornam claro que a variação dos pensamentos é indicativa de princípios fundamentais e implícitos *(underlying)* para a individuação de espécies mentais. O resultado é que quais pensamentos se tem — de fato, quais pensamentos se pode ter — é dependente das relações que se mantém com o próprio ambiente (BURGE, 1988, p. 112).

Essa caracterização deixa claro que os experimentos TG querem mostrar algo a quem tem certa visão da mente. É como se esses experimentos dissessem: "Se você defende que a mente consciente, incluindo a intencionalidade, é explicável apenas pela suposição que qualquer fenômeno mental é localmente superveniente a algum evento neural, então imagine tal situação...". Na situação típica dos experimentos TG, aquele que defende que o mental é localmente superveniente ao neural encontra-se em uma situação na qual precisa reconhecer que um elemento exterior ao neural é fundamental para a explicação da intencionalidade, pois o neural se mantém o mesmo ao longo do experimento, mas é inaceitável que o mental se mantenha o mesmo. Assim, o que os experimentos TG fazem é levar o defensor da superveniência local do mental sobre o neural a rever sua posição, o que significa tanto rever suas concepções sobre a mente quanto voltar a investigar seu objeto, a mente.

Experimentos TG costumam ter uma estrutura em três passos (Burge, 1979, p. 104-6):

P1: Suposição inicial: a narrativa de uma situação bastante comum

P2: Uma suposição contrafatual: leve alteração da narrativa de P1, usualmente mantendo o intencionante o mesmo nos aspectos neurais e bioquímicos da epiderme para dentro, mas alterando o entorno

P3: Uma interpretação da situação inicial a partir do caso contrafatual: o que diríamos, se...

Eis alguns dos principais experimentos TG:

Terra Gêmea Entre P1–P2 muda algo no ambiente externo ao corpo do sujeito, sem mudar nada nele; P3: o significado não está na cabeça (Putnam, 1975).

"Artrite": Entre P1–P2 muda uma convenção linguística, sem mudar nada nem no corpo do sujeito, nem no entorno físico; P3: a tipificação de certos estados intencionais de um sujeito requer que se considere seu entorno social (Burge, 1979)

Homem do Pântano: Entre P1–P2 um sujeito com certa história de interação com o mundo físico e com os outros é aniquilado, e outro "sujeito" com outro corpo mas a mesma configuração física é forjado; P3: o segundo sujeito não tem nenhum estado intencional no momento em que vem a existir, pois a intencionalidade requer uma história de interação com o ambiente e com os outros (cf. Davidson, 1987; Malpas, 2005)

4. O problema do sucesso

Os externistas sobre o conteúdo aplicam bem os experimentos TG, pois delimitam uma concepção do mental como localmente superveniente ao neural, e mostram um caso no qual é impossível, ou ao menos dúbio, empregar tal concepção. Agora veremos outra aplicação de experimentos mentais encontrável no debate sobre o *problema do sucesso* (*problema del logro*) (cf. Moya, 2009). Trata-se do problema da discriminação do conteúdo mental em situações de troca despercebida de ambiente *(slow switch)*. Esses casos costumam ter a seguinte estrutura (cf. BURGE, 1988; BOGHOSSIAN, 1989):

S1: No ambiente 1, S adquire o conceito C com a conotação x e a denotação y;

S2: Sem ter a menor notícia disso, S é transportada para o ambiente "gêmeo"[7] 2, e após um bom tempo seu conceito C tem a denotação z (diferente de y);

S3: Por não ter notícia da troca de ambiente e da mudança na denotação do conceito, em certo sentido S não sabe no que está pensando, quando pensa um pensamento que inclui o conceito C.

Esse tipo de experimento mental, que chamarei de *experimento SS*, visa testar a concepção externista da mente considerando algo que o externista está disposto a aceitar, a saber, que cada um tem acesso privilegiado à própria mente. Nada, nos experimentos SS, vai contra os pressupostos aceitos pelo externista, e o problema colocado por tais experimentos é um problema que precisa ser coberto pela teoria externista. Assim, os experimentos SS são uma boa variedade de experimento mental.

5. Conclusão

Busquei caracterizar minimamente os experimentos mentais e mostrar a estrutura dos principais experimentos mentais presentes nos debates sobre o externismo. Além disso, busquei avaliar se esses experimentos mentais foram bem construídos e aplicados, chegando ao resultado que a construção e a aplicação dos mesmos está em ordem.

---

7 As condições e parâmetros da *geminação* estão implícitas na passagem de Burge (1988, p. 112) citada acima.

Referências bibliográficas

BOGHOSSIAN, P. "Content and self-knowledge", in: P. Ludlow e N. Martin (eds.), *Externalism and self-knowledge.* Stanford: CSLI Publications, 1989, p. 149-73.

BROWN, J. R. "Thought experiments", in: E. N. Zalta (ed.), *Stanford encyclopedia of philosophy*, 2007. Metaphysics Research Lab, CSLI, Stanford University. http://plato.stanford.edu/entries/thought-experiment/, acessado em 2008.09.23.

BURGE, T. "Individualism and the mental" reimpresso em Burge 2007a, 1979, p. 100–50.

_____. "Individualism and self-knowledge", in: P. Ludlow e N. Martin (eds.), *Externalism and self-knowledge.* Stanford: CSLI Publications, 1988, p. 111-28.

BURGE, T. *Foundations of mind.* Oxford e Nova York: Oxford University Press, 2007a.

BURGE, T. "Introduction", in: Burge 2007a, 2007b, p. 1-31.

DAVIDSON, D. (1987). "Conhecer a própria mente". *Crítica*, http://criticanarede.com/teses/propriamente.pdf. Tradução de Luís Augusto, acessado em 2005.08.07.

DRETSKE, F. I. "Externalism and self-knowledge", in: S. Nuccetelli (ed.), *New essays on semantic externalism and self-knowledge*, A Bradford Book. Cambridge, EUA e Londres: The MIT Press, 2003, p. 131-42.

DUHEM, P. *La théorie physique: son object et sa structure.* Paris: Chevalier et Riviére, Éditeurs. Disponível em http://gallica.bnf.fr/ark:/12148/bpt6k951903, acessado em 2008.10.25, 1906.

HACKING, I. "The contingencies of ambiguity", in: *Analysis* 67(296), 2007, 269-77.

KUHN, T. S. "A function for thought experiments", in: *The essential tension: selected studies in scientific tradition and change.* Chicago e Londres: The University of Chicago Press, 1977, p. 240-65, 1964.

MALPAS, J. "Não renunciar ao mundo: Davidson e os fundamentos da crença", in: P. J. Smith e Waldomiro Silva Filho (eds.), *Significado, verdade, interpretação: Davidson e a filosofia*. São Paulo: Loyola, 2005, p. 51-66.

NUCCETELLI, S. "Introduction", in: S. Nuccetelli (ed), *New essays on semantic externalism and self-knowledge*. Cambridge, EUA e Londres: The MIT Press, 2003, p. 1-22.

PLATÃO. *A República*, 5ª ed. Lisboa: Fundação Calouste Gulbenkian. Do século 4 a.C., tradução de Maria H.R. Pereira, 1987.

PUTNAM, H. "Meaning and reference", in: *The journal of philosophy* 70(19), 1973, p. 699-711.

_____. "The meaning of 'meaning'". In: *Mind, language and reality*, Volume 2 de *Philosophical papers*. Cambridge, Massachusetts: Cambridge University Press, 1979, p. 215-71.

SILVA FILHO, W. "O autoconhecimento, o narrador onisciente, a vida comum", in: *Philósophos 11*(2), 2006, p. 287-303.

SORENSEN, R. A. *Thought experiments*. Oxford: Oxford University Press, 1992.

WILKES, K. (1988). *Real people: personal identity without thought experiments*. Oxford: Clarendon Press.

Deflacionando o anti-individualismo[1]

Waldomiro Silva Filho
Universidade Federal da Bahia

1. Algo como o anti-individualismo

MUITOS FILÓSOFOS ADMITIRÃO prontamente que *se* desejamos formar uma imagem racionalmente coerente e correta da relação que nosso pensamento mantém com o resto do mundo e sobre nossa condição como agentes, devemos admitir a plausibilidade de algumas hipóteses. Por exemplo, que o conteúdo dos nossos pensamentos e o significado das nossas palavras estão relacionados de algum modo *não misterioso* com o mundo natural e com a cultura. Outra hipótese que poderíamos admitir é que *conhecemos* os conteúdos dos nossos pensamentos e das nossas crenças e estamos em condições de discriminá-los – o que sugere que há um *valor epistêmico* nas autoatribuições de estados mentais e há um acesso não-empírico a estes conteúdos.

Não deve surpreender a ninguém que faz parte das nossas inclinações – filosóficas e não-filosóficas – esperar que uma explicação global da nossa condição deva conciliar *algo como o anti-individualismo* e *algo como o autoconhecimento*. Isso por uma razão muito simples: a negação destas duas ideias, isoladamente ou em conjunto, fere mortalmente nossa imagem comum do que somos – se nos pensamos como seres que pensam, desejam, acreditam, refletem, esperam.

Uma consequência grave de rejeitarmos algo como o anti-individualismo é afirmar que os conteúdos e significados são *totalmente* independentes do entorno físico e social implica numa perspectiva *idealista* que compromete o filósofo com a tese segundo a qual nosso pensamento pode ter um conteúdo específico e, mesmo assim, o mun-

---

[1] Agradeço os comentários à primeira versão deste texto feitos por André Leclerc, Roberto Horácio de Sá Pereira, Hilan Bensusan e Alexandre Machado.

do ser completamente diferente e estarmos *massivamente* enganados ou alienados.

Por outro lado, como poderíamos conceber que conhecemos, que agimos, que nos comunicamos satisfatoriamente com outras pessoas se não fôssemos capazes de discriminar o conteúdo de nossos pensamentos? Paul Boghossian (1994) exige do significado somente uma coisinha: nada mais nada menos do que a *transparência*. Se a transparência falha apenas não conhecemos, não falamos, não lembramos, não agimos, não temos razões.[2]

É importante salientar, entrementes, que a discussão sobre *algo como o anti-individualismo* e *algo como o autoconhecimento* não tem qualquer relação com *denuncia* ou *crítica* do Império do Sujeito, do Reino da Consciência ou da Ditadura da Razão, como, de fato, nós que temos mais de quarenta anos de idade nos acostumamos ouvir da Psicanálise, do Neo-estruturalismo e do Pós-modernismo; não se trata de reivindicar a existência de processos não-conscientes (primários, pulsionais, irracionais). O que tem motivado o debate sobre *algo como o anti-individualismo* e *algo como o autoconhecimento* é uma *perplexidade*, uma *dúvida sincera*, que atinge não o homem do dia-a-dia (como fizera a Psicanálise e as "políticas da diferença") – e realmente não há aqui um clamor pela transformação da humanidade e pela libertação do não-conhecido que em nós habita –, mas diz respeito a algo que atinge o próprio sentido da filosofia e seus métodos de trabalho: *o que exatamente o filósofo está dizendo quando fala de conhecimento, condições de verdade, eu, realidade? O que ele pode nos esclarecer?*

---

[2] O Prof. Roberto Horário de Sá Pereira (UFRJ) comentou que a exigência de Boghossian é uma *petição de princípio* pois exige algo do anti-individualismo (a transparência do conteúdo) que não poderá ser cumprido, posto que as teses de Putnam e Burge postulam que o conteúdo largo (*wide content*) nunca é plenamente conhecido pelo falante. Sobre este ponto, ver o importante artigo do Prof. Carlos J. Moya (1998).

2. O narrador onisciente

Nas últimas vezes que discuti esses assuntos – anti-individualismo e autoconhecimento – expressei uma maneira pessoal de resposta à querela compatibilismo-incompatibilismo (cf. Silva Filho 2006, 2007a, 2007b).[3] Minha posição envolvia duas ideias: a primeira afirmava que boa parte da fortuna crítica do anti-individualismo tem *dependido* excessivamente de uma certa interpretação da lógica interna dos *experimentos mentais* no estilo das Terras Gêmeas.[4] Assumindo que o anti-individualismo *pode* ser verdadeiro, os autores que exploram os *experimentos mentais* criam situações hipotéticas que *estipulam* a possibilidade de estarmos enganados ou sermos ignorantes sobre aspectos relevantes do nosso mundo natural e das práticas linguísticas da nossa comunidade. Chamei a essa estratégia de "ponto de vista de um narrador onisciente" (cf. Silva Filho, 2006).

Quando falei de um "narrador onisciente" não estava me referindo a um novo experimento mental ou de um novo personagem que vem compor os experimentos mentais. Estava falando apenas de uma estratégia argumentativa onde o narrador do experimento sabe, de antemão, *que é água* ou *que é água-gêmea* porque fora ele quem estimulara *que é água* ou *que é água-gêmea*.

Com essa estratégia se demonstra que os nossos estados mentais estão relacionados com o entorno, mas que muitas vezes *desconhecemos* o conteúdo legítimo deste estado mental porque *desconhecemos* a coisa-matéria que compõe o mundo onde habitamos atualmente ou *desconhecemos* a referência das palavras que usamos. Mas, o narrador onisciente encontra-se numa posição para além da condição comum de sujeitos contingentes que *não estipulam* a extensão dos termos ou

---

3 Sobre a discussão acerca do compatibilismo/incompatilismo, ver os capítulos 3, 4 e 5 deste volume.

4 A questão da exploração dos experimentos no estilo das Terras Gêmeas para sustentar as teses centrais do anti-individualismo é discutida no capítulo precedente, "Exilados da Terra Gêmea" de César Schirmer dos Santos.

a substância do seu mundo – não somos nós, sujeitos empíricos, que decidimos o que significa água.

Alguns colegas, entre eles Eduardo Barrio, Paulo Faria e Plínio Smith, generosamente fizeram críticas a esse raciocínio. Ouvindo suas críticas e pensado com vagar eu mesmo cheguei à conclusão de que talvez estivesse simplificando demasiadamente as coisas ao evocar o narrador de um romance clássico para questionar os usos da lógica e os métodos dos filósofos analíticos.

3. A tolice de tentar definir o autoconhecimento

Eu também tomara emprestado uma afirmação de D. Davidson acerca da "verdade" e cheguei a dizer que seria "uma tolice tentar definir o autoconhecimento" (cf. SILVA FILHO, 2007b): essa seria uma noção básica, primitiva, que não pode ser definida, mas que é indispensável para que a conversa comum e a comunicação intersubjetiva aconteça. Diz-se que Davidson não oferece uma boa explicação ou uma explicação completa do *autoconhecimento* e da *autoridade da primeira pessoa*. Eu havia lido os críticos de Davidson e concluí que eles estavam cobertos de razão: não é uma explicação boa ou completa porque, de fato, *não é uma explicação*, pelo menos não no sentido rigoroso do termo "explicar". Davidson apenas sugere que *se* estamos dispostos a aceitar o fato corriqueiro da comunicação intersubjetiva (quando mentes diferentes falam sobre o mesmo mundo natural), não há razão para que não aceitemos a legítima assimetria entre o ponto de vista do falante e o ponto de vista do intérprete. E não adianta tentar *tirar* algo mais elaborado, claro, explicativo dos textos de Davidson.

E por incrível que possa parecer, eu estava plenamente satisfeito com isso, pois assim me parecia – mas se perguntassem "por que", não saberia responder.[5]

---

5 Desenvolvi a ideia de um "externismo sem dogmas" ou um "externismo do *ponto de vista comum*", sem apelo a pressupostos metafísico, no ensaio "Extenalismo sem dogmas" (cf. SILVA FILHO, 2007a).

Ora, mesmo que meus colegas tenham acolhido de modo respeitoso, ainda que crítico, minhas comunicações, no decurso do último ano não consegui enxergar qualquer futuro para essas ideias e aos poucos eu as estava abandonando, em breve serão ruínas, como os "mapas perfeitos" de Borges. O que, para mim não é algo ruim: eu daria qualquer coisa para *não* ter de me envolver com problemas filosóficos – frequentemente são difíceis e penosos para mim.

4. Deflacionando o anti-individualismo

Porém, acidentalmente, e contra minha própria vontade, vi-me obrigado a retomar do ponto onde havia parado. Lendo uma bibliografia de comentadores para preparar meus cursos daquele ano – dedicados a Putnam e Burge – li uma série de textos de Gary Ebbs (1996, 1997, 2001, 2003, 2005, 2008), jovem filósofo americano. Duas ideias de Ebbs imediatamente colheram minha atenção: ele propõe uma "interpretação deflacionista" do anti-individualismo de Putnam e Burge e um tratamento minimalista do autoconhecimento.

Por uma *leitura deflacionista do anti-individualismo* ele entende desfazer a impressão – na sua opinião equivocada – de que o anti-individualismo pressupõe teses metafísicas acerca da natureza da relação das nossas mentes com o entorno. Seu deflacionismo é uma forma de antiessencialismo e um crítica ao realismo metafísico e científico. Para seu deflacionismo, tudo que o anti-individualismo requer é aquilo que ele chama de *nossa perspectiva como participantes de uma comunidade de praticantes – comuns ou científicos – de uma linguagem.*

A segunda ideia diz respeito ao auto-conhecimento. Para Ebbs, o conhecimento é um aspecto trivial da competência no uso de uma linguagem. O único requisito para que um sujeito "conheça os conteúdos" dos pensamentos que expressa com nossas frases é estar habilitado a usar essas frases em discursos, tais como realizar e avaliar asserções próprias e dos outros, fazer questões, descrever possibilidades, esclarecer confusões, e assim por diante. Por nisso, a mesma atitude que nos leva a atribuir crenças e pensamentos a um indivíduo também mostra que ele "conhece o conteúdo" daqueles pensamentos e crenças. (cf. EBBS, 1996, p. 261).

Ebbs tem um método árduo de trabalho, fazendo minuciosas reconstruções dos argumentos alheios – examinar seus textos pede um grande esforço mental. Aqui estou descrevendo dogmática e apressadamente a posição de Ebbs, sem a examinar criticamente. Nos seus textos é central a crítica ao realismo de Kripke, ao naturalismo cienticifista de Quine e à "concepção absoluta" de Nagel, pois é contra eles que Ebbs defende aquilo que chama de "perspectiva do participante". Até onde pude alcançar, posso somente destacar que para Ebbs (cf. 1996, p. 268-69), *todas* as dificuldades do anti-individualismo estão postas *somente se* confrontamos uma "perspectiva subjetiva" e uma "perspectiva objetiva": a "perspectiva subjetiva" surge no experimento mental e é aquela incômoda posição na qual os sujeitos dispõem fenomenicamente de um mundo, mas não sabem em qual dos mundos subjetivamente possíveis ele habita ou está visitando sem a sua anuência; a "perspectiva objetiva" é aquela que *pode* discriminar todos os estados e objetos do mundo sem erro e todos os estados mentais possíveis do sujeito – mesmo que o próprio sujeito não consiga fazer isso.

A ideia de que uma das consequências do anti-individualismo é que não temos autoconhecimento, ou seja, a ideia de que *não temos um conhecimento de nossas próprias crenças e pensamentos sem uma investigação empírica especial* só se justificaria se aceitássemos esse cenário.

Isto forma o contraste entre as duas perspectivas: *o ponto de vista "subjetivo" do sujeito do experimento mental e o ponto de vista "objetivo" da pessoa que conduz o experimento mental*. Ao empregar a conclusão do experimento mental a nós mesmos, *simplesmente nos imaginamos na posição do sujeito*. Por isso, não nos parece estranho a tese de que podemos "não conhecer os conteúdos" de alguns dos nossos pensamentos e o significados de algumas das nossas palavras – mesmo que pensemos e falemos com certa desenvoltura.

5. O autoconhecimento mínimo

A imagem do autoconhecimento apresentada por Ebbs é um *autoconhecimento mínimo* e isso não é uma teoria do autoconhecimento nem uma refutação do ceticismo acerca do autoconhecimento. Ele não tenta responder se o incompatibilismo está certo ou errado. A pergunta que ele tenta responder é muito mais modesta. Ele se pergunta o seguinte: *um ceticismo acerca do autoconhecimento é coerente?* (cf. EBBS, 2001). A proposta de *dissolver* o ceticismo acerca do autoconhecimento ou de mostrar que tal ceticismo é incoerente propiciou um interessante debate entre Ebbs, Brueckner e McLauglin (cf. BRUECKNER 1997, 2003; EBBS, 2001, 2003, 2005, 2008; McLAUGHLIN 2004) – é uma discussão complexa, interessante e não vou tratar aqui. Em traços grosseiros, o que Ebbs diz é que *se* somos participantes de uma prática linguística – como essa aqui, por exemplo – e se *não* estamos sendo vistos e examinados "de fora" desse mundo por filósofos, estamos inclinados a aceitar que cada um conhece seus pensamentos e crenças. Para nós, do ponto de vista do participante do discurso, não *faz qualquer sentido* atribuir um amplo espectro de crenças ordinárias e pensamentos a um indivíduo que "não conhece" o conteúdo dessas crenças e pensamentos (cf. EBBS, 1996, p. 499; 1997, p. 258).

A leitura deflacionista do anti-individualismo de Ebbs e seu *autoconhecimento mínimo* se baseiam no fato de que enxerga nos textos seminais de Putnam e Burge e nas ideias ali presentes de "divisão do trabalho linguístico" (cf. PUTNAM, 1996) e de "compreensão incompleta" (cf. BURGE, 1998)o seguinte traço:

> ... o anti-individualismo começa por tomar acriticamente nossos juízos ordinários sobre o que os indivíduos acreditam, acerca de que eles falam, e quando eles concordam ou discordam entre si – o que importa em relação às nossas palavras *não é a matéria real à qual ela se refere, mas o que elas significam*. Dessa perspectiva vemos que quando um falante competente do português enuncia sinceramente a frase 'Há água no porão', assim

> ele está expressando sua crença de que há água no porão e quando um falante competente do português-gêmeo enuncia sinceramente a frase 'Há água no porão', assim ele está expressando sua crença de que há água-gêmea no porão. [...] há um sentido não problemático no qual o falante competente em ambas as comunidades 'conhece o conteúdo' de suas crenças e pensamentos sem uma investigação 'empírica' especial: eles estão habilitados a usar suas palavras no discurso (EBBS, 1997, p. 272-3).

A tese defendida por Ebbs é que se aceitamos o anti-individualismo, se estamos convencidos de que a ideia de que os conteúdos mentais são determinados, ao menos em parte pelo entorno faz algum sentido, não podemos insistir que as pessoas a quem atribuímos estados mentais não "conhecem o conteúdo" de suas crenças e pensamentos sem uma investigação "empírica" especial. Contra as exigências de "transparência" de Boghossian, Ebbs afirma que nossa compreensão da linguagem se dá "*at fact value*" (cf. EBBS, 1996, 1997).[6]

No romance *O Homem Lento* de Coetzee (2007, p. 243) o protagonista, Paul, pergunta a Elizabeth Costello: "Não basta. Agora me deixe perguntar francamente, Mrs. Costello: você existe de verdade?" E ela responde: "Se existo de verdade? Eu como, durmo, sofro, vou ao banheiro. Pego resfriado." Assim como parece estranho perguntarmos a uma pessoa se ela existe *de verdade*, também não podemos, de um lado, aceitar atribuições anti-individualistas de crenças e pensamentos a um sujeito e, do outro, negar que ele "conhece o conteúdo" de suas

---

6 "Anti-individualists take for granted that our best understanding of belief and thought is expressed in our actual practices of attributing beliefs and thoughts to individuals. They start by taking *at fact value* our atcual practices of attributing beliefs and thoughts, and use thought experiments to elucidate aspects if these ordinary practices. (...) Just as our understanding of belief and thought is expressed in our actual practices of attributing beliefs and thoughts to individuals, so our understanding of self-knowledge is expressed in our actual assessments of whether an individual is competent in the use of language. Self-knowledge is an aspect of competence in the use of language (...)." (EBBS, 1996, p. 529-30) [grifos meus]

crenças e pensamentos sem uma investigação "empírica" especial (cf. EBBS, 1997, p. 274).

6. Meu ceticismo acerca do autoconhecimento

Por que o *autoconhecimento* e a ideia de uma *autoridade especial da primeira pessoa* em relação às próprias crenças e desejos se tornaram problemas tão graves para a filosofia atual? Talvez a pergunta esteja mal colocada, talvez, mais ainda, não se trate de um problema legítimo. Talvez, por fim, não seja um problema de conhecimento. E se estivéssemos partindo de uma *falsa* imagem da mente – criada, sobretudo, por um certo *espírito idealista* e que, afinal, pudéssemos simplesmente *dissolvê-lo* como um pseudo-problema? Mas não é fácil reconhecer isso; isso significaria abandonar algumas filosofias (talvez toda ela) que muitos julgam indispensáveis.

Referências bibliográficas

BOGHOSSIAN, Paul (1994). "The transparency of the mental content", in: *Philosophical perspective*, nº 8, 1994, p. 33-50.
BRUECKNER, Anthony (1997). "Is scepticism about self-knowledge incoherent?", in: *Analysis*, nº 57, 1997, p. 287-90.
_____. (2003). "The coherence of scepticism about self-knowledge", in: *Analysis*, nº 63.1, 2003, p. 41-8.
BURGE, Tyler (1998). "Individualism and the mental", in: P. LUDLOW e N. MARTIN (eds.), *Externalism and self-knowledge* (Stanford: CSLI Publications), 1998, p. 21-83.
COETZEE, J. M. (2007). *Homem lento*, tradução de José R. Siqueira São Paulo: Companhia das Letras, 2007.
EBBS, Garry (1996). "Can we take our words at face value?", in: *Philosophy and phenomenological research*, nº 56, 1996, p. 499-530.

_____. *Rule-following and realism* (Cambridge, Massachusetts: Harvard University Press), 1997.

_____. "Is skepticism about self-knowledge coherent?", in: *Philosophical studies*, nº 105, 2001, p. 43-58.

_____. "A puzzle about doubt", in: NUCCETELLI, S. (ed.). *New essays on semantic externalism and self-knowledge* (Cambridge, Londres: MIT Press), 2003, p. 143-68.

_____. "Why scepticism about self-knowledge is self-underming?", in: *Analysis*, nº 65.3, 2005, p. 237-44.

_____. "Anti-individualism, self-knowledge, and epistemic possibility: further reflections on a puzzle about doubt" (manuscrito), 2008.

MCLAUGHLIN, Brian. "Anti-individualism and minimal self-knowledge: A dissolution of Ebbs's Puzzle", in: SCHANTZ, Richard (ed.). *The externalist challenge*. Berlim, Nova York: Walter de Gruyter, 2004, p. 427-37.

MOYA, Carlos J. "Boghossian's *reductio* of compatibilism", in: *Philosophical issues*, vol. 9, Concepts, 1998, p. 243-51.

PUTNAM, Hilary. "The meaning of 'meaning'", in: Andrew Pessin e Sanford Goldberg (ed.). *The Twin Earth chronicles: twenty years of reflection on Hilary Putnam's "The meaning of 'meaning"*. Nova York, Londres: M. E. Sharpe, 1996, p. 3-52.

SILVA FILHO, Waldomiro . "O autoconhecimento, o narrador onisciente, a vida comum", in: *Philosophos*, vol. 11, nº 2, 2006, p. 287-303.

_____. "Externalismo sem dogmas", in: *O que nos faz pensar*, nº 22, 2007a, p. 113-31.

_____. "Autoconhecimento, autoridade, ceticismo", trabalho apresentado no XII Encontro Nacional sobre Ceticismo, Curitiba, 2007b.

Do externismo ao contextualismo

André Leclerc
Universidade Federal da Paraíba

A TRAJETÓRIA DE HILARY PUTNAM é única na filosofia contemporânea dos últimos 45 anos. Sua crítica à teoria materialista da identidade do final dos anos cinquenta, promovida principalmente por filósofos australianos, foi o ponto de partida do funcionalismo, que ele mesmo iniciou,[1] e que representa até hoje a principal corrente ou tendência em filosofia da mente. No início da década de setenta, criticou a semântica filosófica, e defendeu, junto com Kripke, o essencialismo científico e a *referência direta*, negando que a intensão de um termo seja sempre suficiente para determinar sua extensão. Em "Meaning and Reference" (1973) e "Is Semantics Possible?" (1975c), encontramos praticamente todas as ideias que formam o que chamamos desde então de "Externismo Semântico", e que serão rearticuladas numa formulação clássica em "The meaning of 'meaning'" (1975a). Este último texto teve um grande impacto na semântica das línguas naturais e na filosofia da mente. O alvo dessas críticas era o "solipsismo metodológico" (ou "internismo"), em particular a ideia de que o conhecimento do significado das palavras e o conteúdo de nossos estados mentais são inteiramente determinados por acontecimentos em nossas cabeças (pela atividade eletroquímica de nossos cérebros). Noutras palavras, Putnam contestou a ideia de que toda vida mental "sobrevém" dessa atividade eletroquímica, que todos os atos, eventos e estados mentais são determinados por eventos e estados de nosso cérebro e ficam na dependência das propriedades internas de nosso corpo, de tal maneira que não poderia haver nenhuma mudança na vida mental de um organismo sem uma mudança na base física do mesmo. Assim, a sobreveniência (local) mente-cérebro, tão

---

[1] Cf. Putnam (1967 e 1975b). Central nesta crítica foi o argumento da realizabilidade múltipla: o que importa não é a constituição física dos estados mentais, mas o que eles *fazem*, a função.

cara no solipsismo metodológico, foi negada pelo externismo de Putnam. A experiência de pensamento que leva a contestar o internismo e a sobreveniência mente-cérebro é uma das mais famosas de toda a história da filosofia e será apresentada aqui na seção 2. Essas ideias de Putnam foram retomadas e generalizadas por Tyler Burge quatro anos depois (cf. BURGE, 1979, p. 73-122), para ser adotadas por inúmeros filósofos no mundo inteiro. Aconteceu com o externismo o que aconteceu com o funcionalismo: as ideias de Putnam, de novo, se tornaram uma espécie de ortodoxia.[2]

Meu objetivo neste ensaio é analisar a mudança mais recente deste filósofo que se define, ele mesmo, como *"a moving target"* (um alvo em constante movimento).[3] Assim, Putnam passou a ser um dos maiores críticos do funcionalismo que ele mesmo lançou. Ele recentemente abraçou o Contextualismo (cf. PUTNAM, 1999), cuja principal tese é que o conteúdo de nossas enunciações, "o que é dito", depende de vários fatores contextuais, e que exemplares (*tokens*) da mesma frase (*type*) podem determinar em diversas ocasiões diferentes conteúdos vero-condicionais, ou expressar diferentes proposições (ou pensamentos). Podemos encontrar algumas indicações de tal posição já em "The meaning of 'meaning'". A questão em pauta poderia ser formulada da seguinte maneira: O Externismo leva diretamente ao Contextualismo? Tentarei mostrar que a resposta é negativa, e que podemos chegar ao Contextualismo a partir de uma posição fortemente incompatível com o Externismo.

---

2 Com algumas exceções notáveis. Ver John Searle (1983 e 2004). Ver igualmente as reações de N. Chomsky (2000).

3 *The Philosophical Lexicon* editado por Daniel Dennett (1987), contém a seguinte entrada para a palavra "hilary": "hilary, n. (*from* hilary term) A very brief but significant period in the intellectual career of a distinguished philosopher. "Oh, that's what I thought three or four hilaries ago."

1. Propriedades semânticas e competência semântica

Qualquer *token* de uma expressão linguística tem propriedades intrínsecas: ondas sonoras obedecendo a certos padrões, ou marcas de tinta, giz etc., sobre certa superfície, têm propriedades que um físico ou químico pode identificar e descrever. Mas nenhuma delas determina o sentido da expressão ou as condições de aplicação de um termo. As propriedades semânticas como ter um sentido, uma referência, uma força ilocucionária, um conteúdo vero-condicional etc., são propriedades *relacionais*, da mesma família que *ser acerca de algo* ou *representar algo*.[4] A questão mais fundamental da semântica filosófica é precisamente a questão de saber como passamos "do físico para o semântico". Um problema paralelo em filosofia da mente, conhecido como o Problema de Brentano, pode ser formulado da seguinte maneira: como um sistema físico, um organismo, por exemplo, pode produzir e manter estados que são acerca de algo distinto de si mesmo? Será que as propriedades intrínsecas ou internas de um organismo, por exemplo, a atividade eletroquímica do cérebro, pode "produzir" algo como a intencionalidade, a propriedade relacional de "ser acerca de algo", uma propriedade que, obviamente, não sobrevém localmente? Como nossos estados mentais adquirem tal característica? As respostas tradicionais a essas questões são classificadas, por Putnam, como "Teorias Mágicas

---

4 Sobre isso, Robert Stalnaker escreveu: "In retrospect, it seems that we should not have been surprised by the conclusions of Putnam and Burge. Isn't it obvious that semantic properties, and intentional properties generally, are *relational* properties: properties defined in terms of relations between a speaker or agent and what he or she talks or thinks about. And isn't it obvious that relations depend, in all but degenerated cases, on more than the intrinsic properties of one of the things related. This, it seems, is not just a consequence of some new and controversial theory of reference, but should follow from any account of representation that holds that we can talk and think, not just about our own inner states, but also about things and properties outside of ourselves." (STALNAKER, 1999, p. 169-170). Ver também Stalnaker (1989).

da Referência".⁵ A ideia de uma intencionalidade "intrínseca" ou originária parece uma sobrevivência dessas teorias mágicas. Putnam atribui em parte a Wittgenstein o mérito desta mudança de rumo na concepção das propriedades semânticas. Não é surpresa se Charles Travis, que defende o Contextualismo há três décadas, é precisamente o filósofo que mais aprofundou esta ideia na sua interpretação da filosofia de Wittgenstein, com o pleno acordo e os encorajamentos mais sinceros de Putnam.⁶ O que vale das imagens públicas e das expressões linguísticas vales dos conteúdos mentais, conceituais ou não: as propriedades semânticas destes conteúdos não são obtidas misteriosamente: eles são *usados* por agentes cognitivos, da mesma maneira que um treinador pode usar a fotografia de um boxeador como descrição ou como prescrição (*Investigações Filosóficas*, § 22). O conteúdo das atitudes (crenças, desejos, etc.) é especificado por uma frase de uma língua *pública* no escopo de um verbo de atitude. O conteúdo mental herda normalmente as propriedades semânticas desta frase (ou de uma transformação gramatical desta frase). Além do mais, nossas atitudes têm condições de satisfação; em particular, nossas crenças têm condições de verdade: o que deve ser o caso no mundo se a crença for verdadeira.

No § 432 das *Investigações Filosóficas*, Wittgenstein sugere o seguinte: "Todo signo, *sozinho*, parece morto. *O que* lhe confere vida? – Ele *está vivo* no uso. Ele tem em si o hálito da vida? – Ou é o *uso* seu hálito?". Cada ato de fala representa uma jogada num jogo de linguagem. Nossos jogos de linguagem são inseparáveis das atividades e formas de vida reconhecidas em cada comunidade. O aprendizado e o conhecimento da linguagem são também inseparáveis da descoberta do mundo, de suas re-

---

5 Segundo Putnam, "… once one realizes that a name *only* has a contextual, contingent, conventional connection with its bearer, it is hard to see why knowledge of the name should have any mystical significance." "… mental representations no more have a necessary connection with what they represent than physical representations do. The contrary supposition is a survival of magical thinking." (PUTNAM, 1981, p. 3)

6 Ver o livro de Travis, *The Uses of Sense. Wittgenstein's Philosophy of Language* (cf. TRAVIS, 1989). Ver também a resenha de Putnam de outro livro de Travis, *Unshadowed Thought* (cf. PUTNAM, 2000).

gularidades naturais e sociais (práticas). Em parte, portanto, a referência é fixada *socialmente*, já com Wittgenstein, certamente, mas também com Putnam e, sobretudo, Burge. A tese da "Divisão do Trabalho Linguístico" mostra precisamente que, em muitos casos, e apesar da ignorância do locutor, o uso de uma palavra atinge seu alvo referencial somente porque algumas pessoas na comunidade linguística sabem quais são as condições de aplicação da palavra em questão. Pessoas incapazes de distinguir jadeíta de nefrita, um olmo de uma faia, etc., referem à jadeíta quando usam a palavra "jadeíta", e referem aos olmos quando usam a palavra "olmo", porque basta saber que peritos na comunidade sabem com precisão quais são os critérios para aplicar esses termos e que, portanto, eles não são vazios. Também a estrutura interna de uma substância pode determinar a extensão de um termo, particularmente no caso dos termos de espécies naturais, como mostrará a experiência de pensamento a seguir.[7]

Enfim, não posso terminar estas observações preliminares sem falar da *dependência contextual*, que é o assunto mais importante na filosofia da linguagem a partir da segunda metade do século XX. Desde então, várias formas dependência contextual foram descobertas, além da indexicalidade, particularmente no Contextualismo. A dependência contextual é um dos fatores que complicou bastante a imagem que tínhamos da competência linguística associada ao "núcleo fregeano" (um fragmento da linguagem comum que não contem indexicais, demonstrativos, discursos indiretos, etc.), onde a composicionalidade pode ser mantida sem problema. Para uma língua natural como um todo, é outra história. Que as línguas naturais tenham uma estrutura composicional já foi contestado com força e argumentos (cf. SCHIFFER, 1987, p. 137-8, 140 e cap. 7; cf. também LAHAV, 1989, p. 261-79).

---

7 Existem dois tipos de instrumentos, diz Putnam: alguns são usados por uma pessoa de cada vez, como um martelo; outros, como um navio a vapor, requerem a cooperação de várias pessoas e são destinados a serem usados por várias pessoas de cada vez. Putnam sugere que as palavras foram pensadas de acordo com o primeiro modelo, e não suficientemente de acordo com o segundo. Ver Putnam (1973, p. 156-7).

O conhecimento do mundo e o conhecimento do significado são intimamente ligados. Naturalmente, o conhecimento do mundo, das regularidades naturais e sociais, da estrutura e das essenciais das coisas, é muito menos do que perfeito. O conhecimento que temos do significado das palavras é também imperfeito, incompleto. Wittgenstein e, depois dele, Putnam contribuíram a estabelecer estas verdades que nos fazem resistir à tentação de idealizar demais a competência dos falantes-ouvintes de uma língua. Na maioria dos casos, o conhecimento que temos do significado de uma palavra se limita à habilidade de usar corretamente uma expressão na maioria dos contextos de uso. Nosso conhecimento dos significados e do mundo, além de ser incompleto, pode variar muito de uma pessoa para outra. Essas hipóteses bastante realistas são importantes para entender as experiências de pensamento de Putnam e Burge.

2. A Terra Gêmea

Vamos agora para longe daqui. Imaginemos um planeta numa galáxia distante praticamente idêntico a nossa terra molécula por molécula, átomo por átomo. Cada um(a) de nós tem ali seu *Doppelgänger*, sua réplica molecular, que fala português como nós. A única diferença entre a Terra e a Terra Gêmea é a seguinte: a palavra "água" na Terra Gêmea não designa uma substância cuja composição não é H_2O, e, sim, algo que corresponde a uma fórmula complexa que os químicos da Terra Gêmea abreviam simplesmente com as letras "XYZ". A água-XYZ tem a mesma aparência, encontra-se nos mesmos lugares (lagos, oceanos, etc.), serve as mesmas funções (beber, lavar roupas, etc.), e manifesta o mesmo comportamento sob as mesmas condições de temperatura e pressão. Imaginemos agora que cientistas da Terra vão para a Terra Gêmea e *vice-versa*. Nossos cientistas poderiam descobrir a verdade da frase: "Na terra-gêmea, a palavra "água" significa XYZ"; e os cientistas da Terra Gêmea poderiam estabelecer a verdade da frase: "Na Terra, a palavra "água" significa H_2O". Nossos cientistas certamente diriam que o que "água" designa na Terra Gêmea não é água, pois água é (essencialmente) H_2O; e reciprocamente para os cientistas da Terra Gêmea (para eles, o que chamamos "água" não é água – pois, para meu *Doppelgänger*, água é essencialmente XYZ). Antes da constituição da química dos elementos, antes de 1750 digamos, todas as crenças de Clarisse-$_{Terra}$ sobre água são distintas das crenças de sua *Doppelgänger* na Terra Gêmea, Clarisse-$_{Terra\text{-}Gêmea}$. Mesmo ignorando isso, a extensão do termo "água" na Terra não mudou antes e depois de 1750, e o mesmo também vale na Terra Gêmea, *mutatis mutandis*. Assim, Clarisse-$_T$ e Clarisse-$_{TG}$ "compreendiam" o termo diferentemente em 1750, apesar do fato de serem idênticas física e psicologicamente.[8] Consequentemente, não podemos usar a palavra "água" para atribuir à Clarisse-$_{TG}$ crenças sobre água-H_2O (e vice-versa), sob pena de atribuir crenças falsas. O que vale do conhecimento do significado das palavras vale do conteúdo dos estados mentais.

Vamos recapitular. Na semântica filosófica clássica, a intensão de um termo sempre determina a sua extensão; noutras palavras: o conteúdo mental determina a referência mental. Ora, os pensamentos são individuados pelo conteúdo; a crença que vai chover é distinta da crença que o Brasil ganhou a Copa do Mundo em 2002, pois os conteúdos são distintos. Além disso, substâncias podem ser iguais quanto ao estereótipo, mas ter uma estrutura interna distinta (nefrita/jadeíta, olmo/faia, etc.). Finalmente, o valor semântico mais fundamental, na semântica filosófica clássica, desde Frege, é a referência; noutras palavras, nossa semântica é *"reference-based"*. Imaginemos agora gêmeos (réplicas moleculares) formando um *token* do mesmo pensamento envolvendo uma referência a uma dessas substâncias como o mesmo estereótipo, mas com estrutura interna distinta. O raciocínio que segue leva a uma conclusão que surpreendeu muitas pessoas, mas parece válido e correto.

---

8 Devemos aqui passar por cima do problema, muitas vezes mencionado, mas na verdade não essencial, de considerar dois corpos como réplicas moleculares um do outro mesmo quando a água contida nos corpos não é a mesma.

1. Os gêmeos estão pensando ou referindo a diferentes substâncias;
2. Portanto, os seus pensamentos têm diferentes conteúdos;
3. Portanto, eles têm diferentes pensamentos;
4. Mas, os gêmeos são justamente réplicas moleculares;
5. Portanto, os seus pensamentos não são (totalmente) determinados pela natureza física de seus corpos (em particular pela cabeça e o cérebro);

∴ Portanto, seus pensamentos não estão (totalmente) nas suas cabeças.

"Cut the pie any way you like, "meanings" just ain't in the *head*"... A melhor explicação da situação, segundo Putnam, envolve as noções de *indexicalidade* e *rigidez*. Podemos dizer que água é H_2O em todos os mundos possíveis, mas "água" não tem o mesmo significado na Terra e na Terra Gêmea. A palavra "água" designa a mesma substância que *esta* (apontando para um líquido estereótipo – incolor, inodoro, translúcido, etc.). Uma substância igual a esta (no mundo atual) é água-H_2O em qualquer situação contrafactual. Ora, Clarisse e sua *Doppelgänger* são réplicas moleculares, o que significa que elas são qualitativamente idênticas quando descritas em termos não intencionais. Mas elas têm pensamentos diferentes, mesmo quando ambas, ao mesmo tempo, pensam o sentido da frase "Esta água é fresca". Portanto, a tese da sobreveniência mente-cérebro é falsa. A tese tradicional em semântica filosófica é que o conhecimento do significado de um termo é um estado psicológico ("estreito") e que a intensão de um termo sempre determina a sua extensão. Clarisse e sua *Doppelgänger* estão nos mesmos estados físicos e psicológicos (descritos em termos não intencionais). Como elas têm pensamentos diferentes, a única saída para a concepção tradicional da semântica clássica e a tese da sobreveniência local é defender a existência de um "conteúdo estreito": se desconsiderarmos as relações individuantes entre os conteúdos mentais de Clarisse-$_T$ e Clarisse-$_{TG}$ e o ambiente respectivo de cada uma, podemos restaurar a identidade entre os conteúdos e pretender que são os conteúdos estreitos, e não "latos", que importam. Trivialmente, se apagamos todas as diferenças entre duas coisas, elas acabarão, no final do processo, como qualitativamente idênticas... Um conteúdo lato é um conteúdo mental cuja posse pressupõe a existência de algo no ambiente do portador do estado. Se Clarisse percebe uma laranja, então existe uma laranja no seu ambiente imediato (de outro modo, ela não percebeu, mas alucinou...). Um conteúdo estreito (*narrow content*) é tal que sua posse não requer a existência de algo no ambiente. Dois cérebros qualitativamente idênticos num laboratório poderiam ser induzidos a ter a mesma alucinação.

Abracurcix, o chefe dos Gauleses, pensa, a cada dia: "Hoje, o céu vai cair sobre nossas cabeças"; considerando o *conteúdo* (no sentido de Kaplan) do indexical "hoje" que designa cada dia um dia diferente, Abracurcix pensa algo diferente a cada dia; mas se considerarmos somente o *caráter* (no sentido de Kaplan) da palavra "hoje", podemos afirmar que Abracurcix diz a "mesma coisa" a cada dia (cf. KAPLAN, 1979). Agora, defender a semântica clássica e a sobreveniência local significa defender a tese de que existe um tal conteúdo estreito para *cada* conteúdo mental e que é este que importa para a semântica e a explicação do comportamento. Esta tese, no entanto, é altamente implausível. Qual é o conteúdo estreito de um estado mental de ciúme? Se Menelau está com ciúme das atenções de Helena para com Páris, faria sentido atribuir a Menelau este estado de ciúme se Páris e Helena não existissem? É possível estar com ciúme de suas próprias alucinações?

O Externismo semântico, em filosofia da mente, é assim uma tese sobre a individuação dos atos, eventos e estados mentais. O Externismo corresponde à tese de que pelo menos alguns de nossos estados mentais têm um conteúdo lato; a posse desses estados mentais pressupõe, portanto, a existência de algo fora do sujeito, tem um caráter "*de re*": eles são "*existence-dependent*" e "*object-dependent*". O Internismo ou solipsismo metodológico é a tese de que todos os estados mentais têm conteúdo estreito, e poderiam ser possuídos por um cérebro-numa-cuba.

3. Do Externismo ao Contextualismo

O Contextualismo é a tese de que os verdadeiros portadores das propriedades semânticas são atos de fala ou os *tokens* (e não os *types*) produzidos na execução de um ato de fala; ademais, é a tese de que *tokens* do mesmo *type* podem ter diferentes conteúdos vero-condicionais, *mesmo quando a frase correspondente não contém indexicais ou demonstrativos*. O conteúdo vero-condicional, portanto, não é invariável, como na semântica filosófica clássica.

Jonathan L. Cohen compara os significados nas linguagens formais a *tijolos* que se combinam de acordo com regras rígidas, e os significados nas línguas naturais a *sacos de areia* que se ajustam uns aos outros e a situação de uso (cf. COHEN, 1986). As palavras são *moduladas* para se ajustar ao contexto. A modulação corresponde a uma forma diferente e mais radical de dependência contextual do que a *saturação* dos termos indexicais e demonstrativos. Isso pode acontecer através de processos pragmáticos primários, como o enriquecimento, o afrouxamento e a transferência (cf. RECANATI, 2004). A palavra "café" tem um núcleo de significado (*core meaning*) que não diz nada sobre o estado do café (grãos de café, café em pó, café líquido), mas a cada uso o sentido da palavra é enriquecido em contexto e designa sempre o café num estado determinado. As condições de aplicação de um termo podem ser liberalizadas como nos usos metafóricos (em "Fulano é um porco", as condições de aplicação de "porco" são liberalizadas para permitir a sua aplicação a seres humanos). Às vezes, nos combinamos temporariamente que o sentido de uma palavra será modificado de acordo com nossa conveniência. São os acordos locais de Moravcsik (1998). Esses procedimentos pragmáticos primários são pré-proposicionais, e precedem a aplicação das regras de composição. A palavra "caminhada" em "João fez uma caminhada" será entendida diferentemente se João é um adulto saudável (andou alguns quilômetros para manter a forma), ou se João é um bebê de 10 meses (deu seus primeiros passos na vida) ou se João é um idoso num hospital (andou penosamente da cama até o banheiro e de volta), etc. O conteúdo vero-condicional de uma enunciação, "o que é dito" no contexto, pode variar de uma situação de fala para outra. O sentido de uma expressão não é estável como na semântica clássica, que atribui a cada expressão simples ou complexa um sentido determinado de uma vez por todas. Uma expressão (simples ou complexa) não determina uma lista fixa (de uma vez por todas) de possíveis compreensões. As situações que correspondem a cada nova maneira de compreender uma frase devem ser suficientemente similares as situações de uso anterior para justificar o uso da mesma frase com um novo sentido numa nova ocasião. Esses juízos de similaridade ou de razoabilidade são importantes para entender como os sentidos se ajustam aos contextos de uso.

Há uma passagem em "The meaning of 'meaning'" que parece indicar, já em 1975, uma certa orientação contextualista. Permite-me citá-lo *in extenso*:

> What I want to focus on now is the notion of *importance*. Importance is an interest-relative notion. Normally the "important" properties of a liquid or solid, etc., are the ones that are *structurally* important: the ones that specify what the liquid or solid, etc., is ultimately made out of – elementary particles, or hydrogen and oxygen, or earth, air, fire, water, or whatever – and how they are arranged or combined to produce the superficial characteristics. From this point of view the characteristic of a bit of water is consisting of H_2O. But it may or may not be important that there are impurities; thus, in one context "water" may mean *chemically pure water*, while in another it may mean the stuff in Lake Michigan. And a speaker may sometimes refer to XYZ as water if one is *using* water. Again, normally it is important that water is in the liquid state; but sometimes it is unimportant, and one may refer to a single H_2O molecule as water, or to water vapor as water ("water in the air").
>
> Even senses that are so far out that they have to be regarded as a bit "deviant" may bear a definite relation to the core sense. For example, I might say "did you see the lemon," meaning the *plastic* lemon. A less deviant case is

> this: we discover "tigers" on Mars. That is, they look just like tigers, but they have a silicon-based chemistry instead of a carbon-based chemistry. (A remarkable example of parallel evolution!). Are Martian "tigers" tigers? It depends on the context (PUTNAM, 1996, p. 23).

Várias noções centrais para o Contextualismo já aparecem aqui. O que importa num contexto depende de nossos interesses (*interest-relative notion*). De fato, a avaliação semântica de uma frase depende, na maioria dos casos, de nossos interesses, de uma perspectiva em primeira pessoa, do que estamos prestes a fazer. A noção de núcleo de sentido (*core sense*) aparece e a ideia de que um uso pode se afastar mais ou menos deste núcleo mantendo com ele uma relação de similaridade. "*It depends on the context*" resume bem o espírito desta passagem. Mas não basta justapor certas ideias a outras para concluir que as primeiras derivam das segundas. Podemos ver o Externismo como uma consequência de algumas teses: a tese da referência direta e do Essencialismo científico, que vai de mãos dadas com o reconhecimento da rigidez de certos termos (nomes próprios, termos de espécies naturais) e da existência de pensamentos demonstrativos ou *de re*. Essas ideias formam na verdade um pacote. Quem quer negar a referência direta, por exemplo, deve aceitar que toda referência mental ou lingüística procede através da satisfação de alguma condição fixada por um conteúdo conceitual (o *Sinn* fregeano ou um conteúdo intencional), e deverá rejeitar a ideia de pensamentos demonstrativos ou *de re* (pensamentos conceitualmente incompletos), pensamentos que um cérebro numa cuba não poderia ter.

4. O Externismo leva diretamente ao Contextualismo?

O Externismo revelou uma forma nova e surpreendente de dependência contextual. O Contextualismo generaliza a dependência contextual muito além do conjunto básico dos indexicais e demonstrativos.

O Contextualismo é perfeitamente consistente com o Externismo. Mas seria um exagero dizer que o Externismo leva ao Contextualismo.

O fato de algumas ideias do Contextualismo encontrar-se num texto sobre o externismo não significa que uma coisa leva à outra.

Uma boa maneira de ilustrar isso consiste em tomar como ponto de partida uma doutrina fortemente incompatível com o Externismo e mostrar como ela pode ser elaborada numa doutrina de caráter contextualista. É o que tentarei fazer aqui com o "Idéismo", o *way of ideas* em filosofia da linguagem, elaborado principalmente por Arnauld de Port-Royal.

Numa *teoria ideacional da linguagem*, o mundo se divide em coisas, o pensamento em ideias e a linguagem em palavras; *as palavras significam as ideias que são representações das coisas*. Este é o triângulo semiótico clássico. Os fatos relativos à linguagem e aos universais linguísticos são explicados, nas teorias ideacionais, pelas operações da mente que a linguagem expressa, principalmente a concepção (que produz as ideias ou conceitos), o juízo, cuja expressão característica é a frase declarativa, e os outros "movimentos da alma", como a interrogação, o comando ou ordem, o simples desejo, e as emoções vivas. Tratar as ideias (ou conceitos, ou representações mentais) como significados das palavras é uma tese essencialmente aristotélica. Se considerarmos as partes da frase, o princípio das teorias ideacionais diz o seguinte: *as palavras são os signos das ideias* ("símbolos dos estados da alma", dizia Aristóteles). A tese em questão reaparece nas *Confissões* de Agostinho (Livro X, capítulo XII), é adotado por Descartes, e poucos filósofos o desenvolveram tanto quanto Arnauld de Port-Royal e Locke no seu famoso *Ensaio* de 1690. Uma mesma palavra não pode ter mais de uma significação *principal* no discurso; ela pode, no entanto, se carregar de várias *ideias acessórias*, como veremos em breve.

As teorias ideacionais foram desenvolvidas entre a *Gramática de Port-Royal* até o início do século XIX (durante mais ou menos 150 anos). As teorias ideacionais clássicas se ergueram sobre uma metafísica dualista. Aqui, a concepção cartesiana da mente como algo "autocontido" (*self-contained*) forma o pano de fundo. É essa concepção da mente que o Externismo repudia. Muitos de nossos estados mentais, como vimos anteriormente, não poderiam ser possuídos sem pressupor a existência de algo fora do corpo do agente cognitivo. Para Descartes, é possível fingir coerentemente que o mundo não existe e que isso não afeta o conteúdo de nossas mentes. Arnauld, o mais importante teórico das teorias ideacionais, era um cartesiano e um dualista declarado.

Putnam ataca esse solipsismo metodológico e sua concepção da mente como algo fechado frente ao mundo. As fronteiras tradicionais separando a mente e o mundo se apagam: a mente e o mundo, juntos, fazem a mente e o mundo. Putnam rejeita também qualquer teoria do significado de caráter aristotélica que atribui às palavras conceitos ou ideias como significado; para a imensa maioria das pessoas, o conceito de faia é indiscernível do de olmo e vimos que antes de 1750, Clarisse e sua Doppelgänger não podem ter conceitos diferentes de água, mas, mesmo assim, referem a substâncias distintas.

A teoria ideacional da linguagem desenvolvida por Arnauld pode ser vista, em parte pelo menos, como uma teoria contextualista. A teoria ideacional da comunicação se apoia sobre um par de metáforas: comunicar é *expressar* seus pensamentos criando assim uma *impressão* na mente do interlocutor. Falar é aplicar uma operação **F** a uma ideia i para produzir o signo desta ideia **Si** (**F(i)=Si**); e compreender é aplicar a função inversa F^{-1} ao signo da ideia para voltar à ideia significada (F^{-1}(**Si**)=i). No entanto, é importante sublinhar que a teoria ideacional da comunicação não se reduz a esta simples fórmula. Arnauld, em particular, era muito consciente de que numa mensagem total comunicada verbalmente, certa ideias são codificadas ou articuladas linguisticamente, outras são inferidas, e outras são nem codificadas nem inferidas (expressão facial, tom da voz, etc.). As ideias associadas às palavras são *significadas* numa enunciação, mas muitas outras ideias assessorias são *excitadas* somente no momento da enunciação e compõem com as primeiras uma *impressão total* na mente do ouvinte. As seguintes passagens da *Lógica de Port-Royal* ilustram perfeitamente esta distinção e mostram como as ideias excitadas no momento da enunciação contribuem a modificar as ideias significadas.

... les hommes ne considerent pas souvent toute la signification des mots, c'est-à-dire que les mots signifient souvent plus qu'il ne semble, & que lorsqu'on en veut expliquer la signification, on ne représente pas toute l'impression qu'ils font dans l'esprit.

Car signifier, dans un son prononcé ou écrit, n'est autre chose qu'exciter une idée liée á ce son dans notre esprit en frappant nos oreilles ou nos yeux, Or il arrive souvent qu'un mot, outre l'idée principale que l'on regarde comme la signification propre de ce mot, excite plusieurs autres idées qu'on peut appeller accessoires, auxquelles on ne prend pas garde, quoique l'esprit en reçoive l'impression.

[...]

Quelquefois ces idées acessoires ne sont pas attachées aux mots par un usage commun ; mais elles y sont seulement jointes par celui qui s'en sert. Et ce sont proprement celles qui sont excitées par le ton de la voix, par l'air du visage, par les gestes, & par les autres signes naturels qui attachent à nos paroles une infinité d'idées, *qui en diversifient, changent, diminuent, augmentent la signification, en y joignant l'image des mouvements, des jugements & des opinions de celui qui parle.* (Itálicos meus) (ARNAULD & NICOLE, 1970, p. 130).

É fácil perceber como as ideias excitadas somente no momento da enunciação têm um papel decisivo na *modulação* das ideias significadas pelas palavras, pois elas diversificam, mudam, diminuem, aumentam o significado. Se a ideia de modulação do significado é central para as teorias contextualistas, a teoria ideacional de Arnauld certamente se qualifica como teoria contextualista. Mas a teoria da mente e a metafísica subjacente da teoria ideacional de Arnauld são fortemente incompatíveis com a teoria da mente e a metafísica do Externismo.

Portanto, o Externismo é apenas consistente com o Contextualismo, sem mais; da mesma forma, o Ideismo é apenas consistente com o Contextualismo, sem mais.

Referências bibliográficas

ARNAULD, A. e Nicole, P. *La logique ou l'art de penser*, (ed. de 1683). Paris: Flammarion, 1970.

BURGE, T. "Individualism and the mental", in: French, P. Uehling, T. e Wettstein, W. (orgs.). *Midwest studies in philosophy*, vol. IV, 1979, p. 73-122.

CHOMSKY, N. *New horizons in the study of language and mind*. Cambridge: Cambridge University Press, 2000.

COHEN, J. L. "How is conceptual innovation possible?", in: *Erkenntnis*, 25, 1986, p. 221-38.

DENNETT, D. (org.) *The philosophical lexicon*. Newark: American Philosophical Association, 1987.

KAPLAN, D. "On the logic of demonstratives", in: *Journal of philosophical logic* 8, 1979, p. 81-98.

LAHAV, R. "Against compositionality: the case of adjectives", in: *Philosophical Studies*, 57, 1989, p. 261-79.

MORAVCSIK, J. *Meaning, creativity, and the partial inscrutability of the human mind*. Stanford: CSLI Publications, 1998.

PUTNAM, H. "The nature of mental states", in: Block, N. (org.) *Readings in the philosophy of psychology*, vol. 1. Cambridge, Massachusetts: Harvard University Press, 1980, p. 223-31, 1967.

_____. "Meaning and reference", in: *The journal of philosophy*, 70/19, 699-711; também em *Meaning and reference*, A. W. Moore (org.). Oxford: Oxford University Press, 1993, p. 150-61, 1973.

_____. "The meaning of 'meaning'", in: Gunderson, K. (org.) *Language, mind and knowledge*, Minneapolis, University of Minnesota Press. Também em A. Pessin & S. Goldberg (orgs.), *The Twin-Earth chronicles*. Armonk (NY): M.E. Sharpe, 1996, p. 3-52, 1975a.

_____. "Philosophy and our mental life", in: Block, N. (org.) *Readings in the philosophy of psychology*, vol. 1. Cambridge, Massachusetts: Harvard University Press, 1980, p. 134-43, 1975b.

_____. "Is Semantics possible?", in: *Mind, language and reality*. Cambridge: Cambridge University Press, 1975c.

_____. *Reason, truth and History*. Cambridge: Cambridge University Press, 1981.

_____. *The threefold cord: mind, body and world*. Nova York: Columbia University Press, 1999.

_____. "Travis on meaning, thought and the ways the world is", in: *The philosophical quarterly*, vol. 52, n° 206, 2002, p. 96-106.

RECANATI, F. *Literal meaning*. Cambridge: Cambridge University Press, 2004.

SCHIFFER, S. *Remnants of meaning*. Cambridge, Massachusetts: MIT Press, 1987.

SEARLE, J. *Intentionality*. Oxford: Oxford University Press, 1983.

Searle, J. *Mind. A brief introduction*. Oxford: Oxford University Press, 2004.

STALNAKER, R. "On what's in the head", in: *Philosophical perspective, 3: philosophy of mind and action theory*, 1989.

_____. *Context and content*. Oxford: Oxford University Press, 1999.

WITTGENSTEIN, L. *Investigações filosóficas*, Petrópolis, Vozes, 1994, 1953.

Parte VI

Linguagem e consciência

Conteúdos não-conceituais

João Vergílio Gallerani Cuter
Universidade de São Paulo

SE ESTOU OLHANDO para um aparelho de televisão, e uma pessoa daltônica está olhando para o mesmo ponto, tanto eu quanto essa pessoa estaremos olhando para o mesmo objeto, muito embora nossos conteúdos perceptivos não sejam os mesmos. Enxergamos as cores de modo diferente. Sou capaz de fazer distinções cromáticas que essa pessoa não faz. No entanto, nenhum de nós dois é cego e, por isso, podemos ver esse objeto que está aí à nossa frente – o objeto que tanto eu quanto ela chamamos de "televisor". Até este ponto, portanto, nossos conteúdos conceituais coincidem. Eles só se tornam diferentes a partir do momento em que as cores entram em jogo.

O que dizer, porém, de um cachorro? Além de não ser capaz de fazer inúmeras distinções cromáticas, ele também não é capaz de falar. Num certo sentido, ele pode enxergar o mesmo aparelho de televisão que eu enxergo, caso ele não seja cego. Ele é capaz inclusive de reconhecer o aparelho de televisão em meio à mobília. Mas ele certamente não está vendo aquele objeto "como" uma televisão, "como" uma peça da mobília, "como" um objeto, ou qualquer coisa assim. De modo geral, um cão não é capaz de ver este aparelho de televisão "como" algo. Nós, pelo contrário, sempre podemos fazer isso. Imaginemos, por exemplo, que eu vá a um laboratório. Não serei capaz de reconhecer muitos daqueles instrumentos. Não serei capaz de vê-los "como" tais e tais instrumentos específicos. Mas certamente sou capaz de vê-los, e de vê-los sob diversos aspectos. Posso vê-los, por exemplo, como instrumentos de laboratório cujo nome e função eu desconheço. Posso fazer uma descrição daquilo que estou vendo em termos de cores e formas. Posso compará-los a muitas coisas, identificando semelhanças e diferenças. Eventualmente, posso pegar uma pessoa pelo braço, levá-la a um aparelho que me parecer semelhante àquele que eu vi e dizer – "ele era mais ou menos parecido com este". E poderia, agora, apontar as diferenças e semelhanças utilizando diversos conceitos de que disponho.

É claro que nada disso me faria ver os aparelhos de um laboratório tal como um profissional da área é capaz de vê-los. Não sou capaz de fazer as descrições que esse profissional faria, e não sou capaz de perceber diversas coisas que ele percebe. Ele olha para um botão do aparelho, por exemplo, e reconhece imediatamente, sem necessitar de nenhum tipo de inferência, que se trata de um modelo antigo, que não faz uma série de coisas que os modelos mais recentes são capazes de fazer. Mas eu certamente poderia aprender a fazer tudo isso. Alguém poderia me explicar que tipo de aparelho é aquele, e para que ele serve. Poderia, inclusive, me ensinar a operar com o aparelho. E, depois de um certo tempo, eu poderia ser levado a ver aquela aparelhagem toda exatamente como o laboratorista a vê agora. Se David Hume aparecesse de repente em minha sala, ele certamente não veria este objeto como um televisor. Mas eu seria perfeitamente capaz de explicar sua natureza e função para ele. Por outro lado, não faz sentido nenhum dizer que eu expliquei para um cachorro (ou para um recém-nascido) o que é um televisor. Isto é logicamente impossível. Não existe atividade que *pudesse* corresponder a esta descrição. Deste ponto de vista, nossos conteúdos perceptivos parecem ter uma natureza claramente conceitual – eles são sempre, inevitavelmente, até o mais ínfimo dos detalhes, conteúdos que eu poderia descrever. Tudo aquilo que está em meu campo perceptivo eu posso identificar, descrever, explicar para uma outra pessoa, e essa outra pessoa será capaz de compreender minha descrição, e olhar para aquilo que eu estou olhando do mesmo modo que eu olho.

É importante notar que, mesmo antes de qualquer explicação, o televisor seria visto conceitualmente por David Hume, e eu também veria conceitualmente os aparelhos do laboratório. Tanto eu quanto David Hume somos falantes, e isto quer dizer que somos capazes de fazer descrições de objetos, formular questões a respeito deles, perdir esclarecimentos adicionais, aventar hipóteses, e assim por diante. Acima de tudo, nós dois reconhecemos que podemos estar certos ou errados a respeito de uma série de coisas. Somos capazes de corrigir nossos juízos quando erramos, e de modificar nosso comportamento em consonância com estas correções. Um cachorro é capaz, sem dúvida, de se corrigir em muitas circunstâncias, mas num sentido completamente diferente. Muitas vezes, ele comete erros de identificação, e corrige seu comportamento. Ele pensa que quem chegou no portão é um estranho, mas, ao cheirar a sua mão, percebe que é um conhecido. Mas um cachorro não é capaz de me dar razões para agir desta ou daquela forma. Ele não pode falar, e esta incapacidade impõe inúmeras restrições ao uso da palavra "razão" quando a aplicamos a um cachorro. Eu posso dizer, como de fato dizemos, que o cachorro evita um certo lugar "em razão" de ter tido ali experiências desagradáveis. Mas não faria sentido algum pedir-lhe para reconsiderar suas razões para se comportar assim. Isto seria logicamente impossível – tão impossível quanto pedir a uma mesa para resolver um problema de aritmética.

Neste sentido, um cachorro não pode ver algo "como" sendo um televisor: ele não é capaz de enxergar algo que ele descreveria como sendo um aparelho de televisão. Ele não pode ser levado a ver algo como sendo um aparelho de televisão (enquanto algo oposto a uma estranha caixa de madeira, por exemplo). E, neste sentido, não podemos dizer que ele possua conteúdos perceptivos que sejam conceituais, nem que sua experiência perceptiva seja "conceitualmente informada".

Por outro lado, temos a tendência a pensar que meus conteúdos perceptivos não podem ser diferentes dos conteúdos perceptivos de um bebê só porque eu sou capaz de falar a respeito deles, e o bebê não pode. Na medida em que utilizamos os critérios usuais, é perfeitamente possível que tanto eu quanto o bebê tenhamos os mesmos conteúdos perceptivos, desde que um de nós não seja daltônico, por exemplo. Somos capazes de testar a percepção de cores nos cachorros, nos bebês e nos seres humanos adultos. Frequentemente expressamos o resultado destes testes dizendo que cachorros não são capazes de enxergar as mesmas cores que nós. É perfeitamente possível comparar o conteúdo perceptivo de um cachorro (ou de um bebê) com os conteúdos perceptivos de um ser humano adulto e normal. Esta comparação independe do uso da linguagem. Ou seja, alguns conteúdos perceptivos parecem ser independentes de nossas capacidades conceituais. Parece haver elementos que *podem* ser encontrados no mundo perceptual dos homens, dos bebês e dos cachorros. Podemos nos perguntar se um cachorro é capaz de distinguir entre o vermelho e o verde, e fazer testes para determinar a presença (ou ausência) desta capacidade. E podemos fazer a mesma pergunta a respeito de um recém-nascido e de um ser humano adulto. Como nós falamos a respeito de coisas vermelhas e de coisas verdes, nós poderíamos ver aqui uma evidência de que aplicamos a linguagem a conteúdos perceptivos que nos são dados independentemente de nossas habilidades linguísticas. Os conteúdos não-conceituais nos seriam dados independentemente de nosso domínio linguístico, já que a linguagem não seria necessária para que esses conteúdos fossem comparados. Nossos critérios para atribuir esses conteúdos a um ser percipiente podem envolver o uso da linguagem (como quando perguntamos a uma pessoa que cores ela está vendo), mas não envolvem esse uso de forma essencial. Podem ser aplicados sem que recorramos à linguagem. Afinal de contas, eu não preciso entrevistar um cachorro para saber se ele é capaz de distinguir o vermelho do verde.

Este tipo de argumentação não deve ser superestimada. O que ele mostra é que temos reações às cores que podem ser comparadas às reações de outros percipientes, e que estas reações podem ser utilizadas para determinar se nós todos (homens, bebês e cachorros) somos capazes de discriminar as mesmas cores, ou não. Mas o ponto crucial continua intocado. Ser capaz de discriminar o vermelho do verde não é ser capaz de ver algo como sendo vermelho, ou como sendo verde. Mesmo que um cachorro pudesse ver as mesmas cores *que* nós vemos, ele não seria capaz de vê-las *como* nós as vemos. A razão disto não está na estrutura neuronal dos homens e dos cachorros, a não ser no sentido muito amplo em que dizemos que nossa capacidade de aprender a falar tem uma base neuronal definida. De um ponto de vista mais imediato, dizer que uma cachorro não é capaz de ver as cores como eu as vejo é uma afirmação gramatical. Não faz sentido descrever o comportamento de um cachorro frente às cores da mesma forma que descrevemos o comportamento de um ser humano adulto e normal. Há coisas que podemos dizer do ser humano, mas não do cachorro. A razão é simples. Não podemos utilizar o comportamento verbal do cachorro como critério para avaliar suas experiências visuais, e isto faz toda uma diferença enorme. Não há comportamento não-verbal que pudesse nos levar à conclusão de que um cachorro sabe apreciar diferenças no estilo de dois pintores. Todos os critérios que possuímos para afirmar que um homem é capaz de perceber estas diferenças são critérios verbais, ou pelo menos critérios que envolvem o comportamento verbal de maneira essencial. Pelo mesmíssimo motivo, não podemos dizer que um cachorro está vendo este aparelho à sua frente "como" um televisor, "como" uma caixa de madeira com um vidro posto sobre uma de suas faces, ou mesmo como um "objeto material". Quando dizemos que ele está vendo um aparelho de televisão, o que dizemos é que ele parece ser capaz de enxergar e discriminar o objeto que *nós* identificamos como sendo uma "televisão", uma "caixa de madeira", uma "peça de mobília", ou um "objeto material". "Enxergar o aparelho de televisão", neste caso, quer dizer apenas – "ser capaz de reconhecer o aparelho de televisão". O mero reconhecimento pode ser avaliado por meio de critérios não-verbais, como vimos. Mas o que um ser humano reconhece, quando reconhece algo, é sempre aquilo que ele *poderia* apresentar como resposta à pergunta – "o que foi que você reconheceu?" E a resposta a esta pergunta sempre nos remete a um conteúdo conceitual.

Podemos utilizar aqui alguns elementos de biologia imaginária. Imaginemos um animal que tenha certas reações características sempre que é posto diante de um coelho, e quetenha um outro tipo de reação sempre que é posto diante de um pato. Suponha que ele sempre lata uma vez quando vê um coelho, e que lata duas vezes sempre que vê um pato. Suponha, além disso, que ele apresente essas mesmas reações características quando é posto diante de figuras de coelho e de figuras de pato. Será que poderíamos dizer que ele vê essas figuras **como** figuras de coelho e *como* figuras de pato? Creio que, se as reações apresentadas por esse animal quanto posto diante de uma figura de coelho ou de pato fossem *idênticas* às reações que ele apresentasse diante de coelhos e patos reais, nós teríamos razões para dizer o oposto disso. Teríamos, enfim, todas as razões do mundo para pensar que esse animal não é capaz de ver figuras como figuras. Ele estaria reagindo a figuras como se elas fossem animais. Suponhamos, porém, que as reações fossem apenas parcialmente semelhantes nos dois casos, e que fossem suficientemente semelhantes às reações que nós, seres humanos, temos diante de figuras em geral. Suponhamos, enfim, que esse animal reaja a fotografias mais ou menos como determinados primatas não humanos parecem ser capazes de reagir. Será que nós diríamos que esse animal imaginário estaria vendo essas figuras como figuras de coelhos, e como figuras de pato? Nós poderíamos, sem dúvida, dizer isso – seria uma forma bastante natural de descrever o comportamento observado desse animal. Mas é importante não nos esquecermos daquilo que estaria envolvido nesse uso da expressão "ver como". É importante, acima de tudo, não nos esquecermos daquilo que não estaria envolvido no uso dessa expressão nesse contexto. Se tentarmos fazer algumas questões muito simples, veremos que elas simplesmente não se aplicariam a esse animal, a menos que ele fosse capaz de falar, como nós. Será que ele é capaz de perceber que o coelho parecer estar com medo? Ele é capaz de perceber que o coelho está num jardim? Ele é capaz de perceber que o jardim é imenso? Estas questões simplesmente não fariam sentido caso esse animal não tivesse reações características diante de coelhos apavorados (por oposição a coelhos tranquilos), reações características diante de jardins (por oposição a praças, florestas, desertos, praias, etc.), e reações características diante de jardins imensos (por oposição a jardins simplesmente grandes, ou pequenos, ou minúsculos). Se esse animal possuísse uma espécie de código Morse para distinguir com latidos cada uma dessas situações especificamente, nós poderíamos imaginar inúmeras outras que ainda estariam faltando. A partir de um certo ponto, creio que estaríamos simplesmente imaginando um animal que fala, como nós, e que somos capazes de entender. Ele seria, como os personagens dos contos de fada, um ser humano na pele de um animal selvagem. Apenas seres humanos (sob algum disfarce ou não) são capazes de olhar para uma fotografia como sendo a fotografia de um coelho assustado surpreendido no meio de um imenso parque que tem todas as características típicas de um parque inglês.

Quando consideramos as ilusões de ótica, as diferenças se tornam ainda mais óbvias. Imagine duas linhas que tenham exatamente o mesmo comprimento. Se acrescentarmos ângulos virados para dentro numa das linhas, e ângulos virados para fora na outra, a figura induzirá uma conhecida ilusão de ótica. A segunda linha parecerá ser mais comprida do que a primeira. Podemos verificar facilmente que isto é uma ilusão aplicando uma régua aos segmentos, ou então apagando os ângulos que pusemos nas extremidades. Se alguém nos mostra que estávamos iludidos, não começamos a enxergar as linhas como sendo iguais. Sabemos que elas são iguais, mas continuamos a vê-las como se fossem diferentes. Há inúmeros casos deste tipo que ocorrem em nosso dia-a-dia. Uma haste posta na água parece estar quebrada, mas não está. A montanha, vista de longe, parece ser azul, mas não é. Em todos estes casos, o conteúdo perceptivo não é aceito por seu valor de face. Nós corrigimos nossa percepção por meio do raciocínio, e estamos sempre prontos para apresentar nossas razões para duvidar daquilo que estamos percebendo. É isto que nos separa de qualquer outro animal, e é isto que possibilita a aplicação à descrição de nosso comportamento de critérios que simplesmente não estão disponíveis no caso dos outros animais. Ainda que possamos, num sentido empobrecido da palavra, dizer que um animal teve tais e tais "razões" para fazer algo, seria definitivamente um contrassenso perguntarmos se eram razões "conscientes" ou "inconscientes", se eram razões "bem articuladas", ou não, se eram razões "bem fundamentadas", ou não. Também não faria sentido dizer que apresentamos nossas razões a esse animal, ou que ele as teria examinado sem o devido cuidado, ou que ele as teria desconsiderado por tais e tais razões.

Podemos imaginar um animal que tivesse, diante dessas linhas, reações bastante próximas àquelas que nós, seres humanos, exibimos quando temos dúvidas. Suponhamos que esse animal lata uma vez quando posto diante de linhas de comprimento idêntico, e lata duas vezes quando posto diante de linhas de comprimento desigual. Posto diante das linhas anguladas, que para nós, seres humanos, parecem ser diferentes, suponhamos que esse animal hesitasse. Que ficasse a ponto de latir, olhando com muita atenção para a figura, e finalmente resolvesse latir uma, ou duas vezes, ou então simplesmente abandonasse a figura, dando sinais de ansiedade, e fosse fazer outra coisa. O modo mais natural de descrever o comportamento deste animal imaginário seria, eu acho, dizer que, diante da figura ambígua, ele teve dúvidas, ele hesitou. Mas, o que quer dizer isso exatamente? Nada de muito importante, nem de muito especial. Queremos dizer que esse animal se comporta, nessa situação, mais ou menos como um ser humano hesitante. Se usássemos a palavra "dúvida", neste contexto, ela seria pouco mais que uma metáfora, um modo de dar vivacidade à descrição de uma cena, um modo de fazer meu leitor imaginar melhor o tipo de reação que este animal apresenta neste tipo de situação. Apenas um fragmento da gramática que governa o uso da palavra "dúvida" estaria disponível. E não há nada de errado neste procedimento. Poderíamos utilizar a palavra "dúvida" até mesmo para descrever o comportamento de um vírus ou de uma ameba, se quiséssemos. Dá sempre na mesma. Em qualquer caso, o que importa saber é até que ponto estamos dispostos a aplicar a gramática usual da palavra "dúvida" à palavra "dúvida" usada naquele contexto.

Considerações semelhantes aplicam-se à palavra "conceito". Se formos condescendentes, é possível dizer que esse animal imaginário possui conteúdos conceituais. Mas isso quer dizer muito pouco. Se formos mais condescendentes ainda, será possível dizer que uma ameba também possui conteúdos conceituais. O mesmo poderia ser dito a respeito de palavras como "crença", "conhecimento" e "razão". Um animal deve ser capaz de dar suas razões para que possamos avaliar essas razões, argumentar em sentido contrário, apontar falhas no raciocínio, ponderar a respeito das razões que ele nos deu, e assim por diante. Faz sentido fazer qualquer uma dessas coisas quando estamos diante das razões dadas por um ser humano, mas não faz sentido dizer que fizemos alguma dessas coisas se estivermos nos referindo às "razões" que um animal sem fala teria para agir de um modo ou de outro. É apenas num contexto impregnado de linguagem que podemos agir com base em tais e tais razões, ou (de modo ainda mais característico) agir a despeito de tais e tais razões que tínhamos para agir de outra maneira. Agir com base em certas razões, ou a despeito de certas razões é sempre, e em qualquer circunstância, agir com base em razões em (ou a despeito de) razões que nós poderíamos dar. Em suma, podemos atribuir capacidades de conceitualização a qualquer animal, seja ele real ou imaginário. Mas, se este animal não tiver uma linguagem suficientemente semelhante à nossa, a palavra "conceito" estará, desde o início, condenada a ser uma *façon de parler*, uma palavra aleijada, que não pode ser aplicada a esse animal do mesmo modo que é aplicada nos contextos humanos.

Em sentido pleno, a palavra "conceito" só pode ser aplicada em casos nos quais existe a possibilidade de "reflexão a respeito das credenciais racionais apresentadas pelo pensamento". É preciso que esteja presente a capacidade de fornecer razões para aplicar o conceito de um certo modo, ou para não aplicá-lo a um caso dado. Só existe a possibilidade de uma reflexão a respeito de credenciais racionais se uma linguagem humana qualquer estiver disponível – uma linguagem na qual possamos perguntar, duvidar, argumentar, objetar, aduzir razões, dar exemplos, estabelecer distinções relevantes, etc. É importante lembrar que isto não é uma observação a respeito da vida mental dos seres humanos, dos bebês ou dos cachorros. É uma observação a respeito da gramática das palavras "conceito", "crença", "razão" e "conhecimento". Tudo que podemos fazer é recomendar o uso da palavra "conceito" neste sentido mais exigente, já que, num sentido mais frouxo, as distâncias gramaticais teriam que ser lembradas caso a caso, passo a passo. Se alguém resolve usar a palavra "conceito" de maneira menos exigente, poderá fazê-lo por sua conta e risco. Mas estará, a cada passo, deverá se lembrar que a palavra, fora do contexto humano, tem um uso extremamente restrito. Lembrando-se disso, poderá dizer que animais que não falam têm, mesmo assim, "conteúdos conceituais". A diferença gritante com os conteúdos conceituais humanos permanecerá no horizonte, de qualquer forma. Tendo isto em vista, usaremos o termo "conceito" no sentido mais exigente em que é usado pelo professor John McDowell, por exemplo. Neste caso, o conteúdo perceptivo de um animal que não seja capaz de falar é claramente não-conceitual. E o conteúdo perceptivo de um ser humano adulto é claramente conceitual.

Mas o que quer dizer exatamente essa atribuição de uma natureza conceitual aos conteúdos perceptivos de um ser humano? Estaríamos querendo dizer que um animal que não fala tem um outro tipo de visão apenas em virtude do fato de ele não falar? De minha parte, estou querendo dizer exatamente isso, mas é importante nós nos colocarmos de acordo, aqui, sobre o que está envolvido nessa afirmação. O que estou querendo dizer é que, em virtude do fato de nós falarmos, somos capazes de identificar cada uma das coisas que afirmamos perceber por meio de uma rede conceitual inscrita na linguagem que nós falamos. Isso tem duas consequências imediatas. Em primeiro lugar, quando identificamos algo que um animal sem fala também identifica, nós NUNCA fazemos a identificação do mesmo MODO que esse animal a faz. Isto não quer dizer de maneira alguma que haja "processos mentais" ocorrendo em nossas mentes que não estão presentes na mente de uma ameba, de um cão, ou de um animal imaginário. Quer dizer apenas que nossa identificação de um objeto nunca é DESCRITA da mesma forma que descrevemos a identificação feita por um animal irracional. A gramática da palavra "identificação", no caso destes animais, será sempre muito mais pobre, e isto por uma razão muito simples – porque FALTAM, neste caso, os critérios verbais que, no caso humano, são não apenas abundantes, mas decisivos.

Mas há uma segunda consequência que devemos notar. Nossa linguagem induz uma diferença no modo de percebermos o mundo (e no modo de descrevermos nossas percepções do mundo), mas também nos objetos que são percebidos. Considere, por exemplo, uma sinfonia. Será que um maestro, quando ouve uma sinfonia, ouve os mesmos sons que um homem comum? Num certo sentido, ouve. É só em virtude dessa identidade de base que o maestro é capaz de nos levar a perceber, na sinfonia, uma série de coisas que antes não percebíamos, ou só percebíamos de maneira muito indistinta. Antes de termos nosso ouvido "educado" como o do maestro, só percebemos uma mistura confusa de sons, sem nenhuma estrutura fixa, sem temas, variações sobre um tema, modulações, e assim por diante. O maestro só será capaz de levar o leigo a ouvir a sinfonia como um todo estruturado porque ambos, num sentido importante, ouvem as mesmas coisas, que podem ser individualizadas da mesma forma. A linguagem é um pano de fundo necessário deste processo. O maestro poderia, sem dúvida, intruir sem dizer uma única palavra. Poderia repetir exaustivamente passagens da sinfonia, na esperança de sublinhar determinados traços estruturais. Mas deveria ser possível, pelo menos em princípio, que o maestro e o aprendiz pudessem fazer questões, se quisessem, dar respostas, se perguntados, fazer observações, se julgassem conveniente, e assim por diante. Eles só podem optar por não dizer uma palavra porque, se quisessem, poderiam perfeitamente falar a respeito daquilo que estão fazendo. É apenas contra o pano de fundo destes proferimentos possíveis que os objetivos e resultados do processo de treinamento poderiam ser descritos. Num determinado ponto, o maestro estará satisfeito porque se convenceu de que, se fizesse determinadas questões, obteria determinadas respostas. A partir de que ponto poderíamos ter certeza de que um cachorro compreende uma sinfonia? Um olhar atento, uma expressão de prazer não seriam sinais de "entendimento". Poderíamos dizer que o cachorro se comporta como se estivesse entendendo a música, mas isto seria apenas um modo mais vívido de descrevermos sua postura corporal.

Isto mostra que a linguagem não apenas está associada a um modo diferente de perceber o que um animal irracional também percebe, mas que ela possibilita a percepção de uma série de traços e objetos novos por meio de mecanismos linguísticos (ou conceituais) de identificação. Quando visitamos um museu, as explicações associadas às diversas peças nos permitem vê-las de um modo que não a víamos. Nossa percepção muda, pois muda nossa atenção aos detalhes e nossa percepção do todo. Mas o ponto de partida é sempre um conteúdo conceitual, ainda que menos determinado e menos rico. Podemos procurar o quanto quisermos. Jamais encontraremos à nossa volta um único item que possamos perceber, sem que possamos dizer o que estamos percebendo.

A descrição pode ser tão vaga quanto se queira. Vagueza não é algo que pudesse ocorrer fora do universo dos conceitos. Dizer que um cachorro tem uma percepção vaga de uma sinfonia só pode ser, na melhor das hipóteses, uma forma canhestra de dizermos que ele está ficando surdo.

Quando dizemos, portanto, que nossos conteúdos perceptivos são de natureza conceitual, queremos dizer apenas que somos capazes de falar a respeito daquilo que percebemos com nossos órgãos sensíveis. Mas ser capaz de falar a respeito de nossas percepções é um elemento crucial numa série de descrições que fazemos a respeito daquilo que percebemos. O comportamento verbal acrescenta uma série de novos critérios que estarão envolvidos nas alegações que fazemos a respeito de nossas percepções e das percepções alheias. Há inúmeras coisas que podemos dizer a respeito da percepção humana que simplesmente não teríamos como dizer a respeito da percepção de um cachorro. Estas novas possibilidades descritivas nascem todas do fato de que podemos perguntar a um ser humano o que é que ele está vendo, e de eventualmente podermos apresentar razões para que essa pessoa veja as coisas de um outro modo. É por isso que cachorros e bebês não podem possuir crenças no sentido pleno da palavra. Só podemos aplicar palavras como "crença" aos cães e aos recém-nascidos caso empobreçamos drasticamente o sentido dessas mesmas palavras. Nosso modo de descrever a percepção de um cachorro ou de um bebê conserva apenas uma pequena parte das possibilidades gramaticais que estão presentes no caso de um ser humano adulto. Fora destes limites, nossas descrições simplesmente deixam de fazer sentido.

Mas, quando dizemos que nossos conteúdos perceptivos são de natureza conceitual, podemos nos sentir tentados a concluir que não somos capazes de ver o próprio mundo, mas apenas o mundo tal como ele é captado a partir da rede conceitual da linguagem. Somos tentados a pensar que, falando uma linguagem, nós passamos a ver o mundo por intermédio de certas "lentes categoriais". Ver um quadrado vermelho é ver um quadrado (onde poderíamos estar vendo um círculo) que é vermelho (quando poderia ser azul). Não nos limitamos a enxergar uma cor sobre uma superfície quadrangular: isso, um bebê também poderia fazer. Nós enxergamos um quadrado como sendo vermelho (e não azul), e o vermelho como sendo a cor de um quadrado (e não de um círculo). Não podemos evitar a inserção da linguagem em nosso campo perceptivo. Vemos o mundo tal qual o descreveríamos se nos puséssemos a descrever o que estamos vendo: cadeiras, com pessoas sentadas sobre elas, vestindo roupas de diferentes cores, de diferentes estilos, tendo no rosto diferentes tipos de expressão.

Num certo sentido, posso saber exatamente o que um cachorro está vendo quando olha para uma cadeira: está enxergando uma cadeira, tal como eu também estou. Mas é possível também dizer que, num outro sentido, jamais saberemos como um cachorro ou um bebê enxergam uma cadeira. Jamais saberemos disto, pois eles não são capazes de me contar o que estão vendo. No caso deles, o que está sendo visto não poderia jamais coincidir com aquilo que eles diriam estar vendo. Neste sentido, a percepção de um homem primitivo está muito mais próxima da minha do que a percepção de um bebê recém-nascido. O homem primitivo pode me explicar o que está vendo, mas o bebê, não. Eu sou capaz de aprender a falar uma outra língua, assim como um bebê é capaz de aprender a falar a minha. Mas, como aprenderíamos a não falar "ainda", como um bebê? E como aprenderíamos a não sermos capazes de aprender a falar, como um cachorro?

Ninguém é capaz de recordar de sua primeira infância no mesmo sentido em que se recorda do primeiro dia em que foi à escola. O que recordamos, se é que recordamos de alguma coisa, é sempre algo que conseguimos pôr em palavras, ao passo que o que vivemos naquela época era algo que não poderia ser posto em palavras, não poderia ser dito, não porque o vivido fosse especialmente estranho ou sui generis, mas porque não possuíamos ainda palavra alguma para dizê-lo. Eu era capaz, sem dúvida, de enxergar uma cadeira, já que não era cego. Mas não era capaz de ver algo como uma cadeira. Éramos cegos para o aspecto conceitual das coisas, e deste estado de cegueira nós estamos apartados pelo fosse lógico da linguagem, que nos apartou definitivamente de um mundo que não estava ainda impregnado por nossos conceitos.

Neste sentido, portanto, estamos trancados em nossa linguagem. Estamos condenados a ver o mundo tal como o descreveríamos, em cada um de seus detalhes, caso quiséssemos descrevê-lo. Nós só poderíamos descrever o que estamos vendo utilizando as regras gramaticais que dão à nossa linguagem sua estrutura categorial típica: objetos com suas superfícies e cores, estados mentais com suas manifestações no comportamento, eventos passados, presente e futuros, e assim por diante.

Mas não estamos trancados certamente no sentido de estarmos condenados a uma situação de incomunicabilidade com outros seres humanos que falam linguagens diferentes da nossa. Esquemas conceituais alternativos são sempre sistemas de regras criadas por seres humanos, que outros seres humanos são perfeitamente capazes de assimilar e compreender. Não é preciso postular nenhum sistema de decisão entre sistemas categoriais incompatíveis para admitir que estes sistemas são perfeitamente acessíveis a qualquer ser humano. Podemos não ter razões para adotar um sistema ao invés do outro, mas sempre sabemos perfeitamente bem qual é o sistema que não estamos adotando, que regras decidimos não seguir.

Linguagens são sistemas de regras, e nada mais. Podemos não querer jogar futebol, pois preferimos jogar tênis, mas isto não nos impede de aprender as regras do futebol, nem de nos pormos no lugar de quem está jogando aquele jogo. Um daltônico jamais poderá saber de que maneira nós olhamos para o mundo das cores, mas qualquer um de nós é perfeitamente capaz de saber como um homem primitivo olha para o mundo de suas divindades, por exemplo. Basta nos familiarizarmos suficientemente com as regras que eles seguem no dia-a-dia, e com o modo como eles descrevem determinados eventos. Somos capazes de nos familiarizar, por exemplo, com a crença que muitos cristãos professavam na transubstanciação. Podemos saber o que os leva a descrever aquele pedaço de pão como sendo "o corpo de Cristo", e poderíamos, se quiséssemos, adotar essas regras nós mesmos, passando a ver a cena da Eucaristia como eles a veem. Nós decidimos fazer ou deixar de fazer isso segundo razões e motivos que podem variar enormemente de caso para caso. Mas exatamente essa possibilidade de mudança, que está permanentemente aberta, evidencia que está também aberta a possibilidade de ver o mundo como outro ser humano adulto o vê. Conteúdos conceituais estão sempre disponíveis para nós a qualquer tempo. Conteúdos não-conceituais, por seu lado, foram abandonados em algum ponto de nossa trajetória, e perdemos todo e qualquer acesso a eles a partir do momento em que aprendemos a falar. É inútil perguntar como um morcego, um cachorro ou uma criança recém-nascida veem o mundo. Se fizermos essa pergunta a eles, eles não são capazes de nos responder. O que temos em mãos é apenas o comportamento que eles exibem, e o que o comportamento pode nos informar é apenas o que é visto, não como é visto. E um ser humano, quando vê algo, sempre vê algo que é isto ou aquilo, desta ou daquela espécie. Aprender a falar é ficar cego para objetos desvinculados de qualquer determinação, e perder toda e qualquer memória de objetos que não podíamos ainda identificar como isto ou aquilo. Nenhuma determinação nova nos será estranha, por mais distante que esteja daquelas que utilizamos para organizar o mundo. Na dúvida, basta perguntar a nosso interlocutor o que é que ele está vendo. É exatamente essa pergunta (ou qualquer outra) que a criança que um dia fomos jamais seria capaz de responder.

Constituintes proposicionais inarticulados[1]

Marco Ruffino
Universidade Federal do Rio de Janeiro

1. Constituintes inarticulados

PODEMOS CLASSIFICAR AS EXPRESSÕES da linguagem em dois grandes tipos no que diz respeito ao seu mecanismo de significação. De um lado, temos aquelas expressões que alguns autores chamam de "eternas" por serem tais que, uma vez fixadas as suas regras de uso, a sua extensão não muda de acordo com o contexto de enunciação. Se abstrairmos da possibilidade de ambiguidade e de possíveis mudanças de convenções ao longo da história, nomes próprios como "Bertrand Russell", descrições definidas como "o sucessor do número 2" e predicados como "é o autor da *Crítica da Razão Pura*" são exemplos de expressões eternas neste sentido: elas têm a mesma intensão e a mesma extensão em todos os contextos de enunciação. Por outro lado, temos aquelas expressões tais que, uma vez fixadas as suas regras de uso, a sua extensão (e possivelmente também a sua intensão) pode mudar de contexto para contexto. E isto não se deve a "acidentes" como ambiguidade e mudanças

---

[1] Este artigo é resultado de um seminário sobre semântica realizado em 2008 no Programa de Pós-Graduação em Lógica e Metafísica da UFRJ. Quero agradecer aos participantes, especialmente Juliana Faccio Lima e Vitor Mauro Bragança pelo entusiasmo e inteligência com que discutiram este tópico. Versões preliminares foram apresentadas ao longo do ano de 2008, no *IV Colóquio Temático de Filosofia Analítica*, realizado em Salvador em setembro, no *XII Encontro da ANPOF* realizado em Canela em outubro, e no *I Workshop Internacional de Filosofia e Lingüística* realizado em Belo Horizonte em dezembro. Quero agradecer às audiências presentes em todos estes encontros por inúmeros comentários que ajudaram a clarificar vários pontos de minha discussão, especialmente André Leclerc e François Recanati. Este trabalho foi escrito com o apoio de uma bolsa de pesquisa do CNPq.

de convenções ao longo da história da língua, mas, sim, por força de suas próprias regras de uso. Expressões como "aqui", "agora", "hoje", "este", "eu" etc., são exemplos deste segundo tipo: por força de seu significado, a sua extensão muda de contexto para contexto. "Hoje" tem uma extensão diferente a cada dia diferente. Expressões deste segundo tipo são conhecidas como indexicais, e ilustram o fenômeno semântico de sensibilidade contextual originalmente apontado por Frege no célebre ensaio "O Pensamento" (1919). Podemos também explicar a diferença em termos de *types* e *tokens* de expressões: expressões eternas são tais que as regras de uso de seus *types* determinam sua extensão em todos os contextos; mas expressões indexicais são tais que as regras de uso de seus *types* não determinam esta extensão: esta última depende de maneira essencial do contexto de ocorrência do *token* (por exemplo, cada *token* de "eu" proferido em cada contexto, i.e., por cada pessoa diferente, tem uma pessoa diferente como extensão. Esta centralidade das ocorrências particulares de um indexical é tão essencial ao significado do mesmo que, em muitos casos, a própria regra semântica que rege a expressão *"type"* apenas pode ser dada em termos de seus *tokens* (por exemplo, a seguinte regra: a extensão de um *token* de "eu" é o proferidor do *token*).

De qualquer maneira, o que temos aqui é que os diferentes elementos da proposição expressa por uma sentença são valores semânticos de elementos gramaticalmente distintos presentes na sentença: há objetos e propriedades que correspondem a expressões eternas, assim como há objetos e propriedades que correspondem a expressões indexicais. Mas a estrutura da proposição espelha, por assim dizer, a estrutura gramatical da sentença. Isto sugere uma concepção geral de como a linguagem funciona, i.e., a ideia de que conteúdos não-linguísticos sempre refletem a estrutura gramatical dos elementos linguísticos. Tal concepção foi chamada por John Perry de *homomórfica*, e colocada em questão pelo mesmo Perry em uma seqüência de artigos seminais sobre diferentes tipos de crença (1986, 1998). De acordo com Perry, há alguns casos em que a proposição expressa por uma sentença inclui algum elemento que não é o valor semântico de nenhuma expressão eterna ou indexical (i.e., de nenhum morfema) desta. Por exemplo, a sentença

Está chovendo

proferida em Salvador, Bahia, às 16h do dia 21 de setembro de 2008 (abreviarei este instante por *I*). Qual foi a proposição expressa pelo proferimento, isto é, qual é o conteúdo que a mesma expressou e que podemos dizer ser verdadeiro ou falso? Parece que este conteúdo inclui não apenas um fenômeno climático (chuva), mas também uma referência a *I*. Como Frege também apontou em "O Pensamento", verbos no tempo presente podem ter duas conotações diferentes: uma atemporal (como quando dizemos que "a soma de dois e dois *é* 4"), e outra que contém uma indicação temporal do momento do proferimento, como em "ele *está* faminto" ou "Obama *é* o presidente dos EUA". Neste segundo sentido, o verbo "está chovendo" poderia ser mais perspicuamente representado em sua estrutura gramatical como sendo algo como

Chuva (t).

Embora haja um indexical temporal implícito no verbo, não há nenhum indexical espacial na estrutura gramatical da sentença. No entanto, de acordo com Perry, a proposição inclui uma localidade, i.e., (1) proferida em Salvador em *t0* diz que ocorre o estado de chuva em *I em Salvador*. Como há um instante temporal e uma localidade presentes na proposição, chuva precisa então ser considerada, do ponto de vista formal, como uma relação binária que é verdadeira ou falsa de pares ordenados formados por instantes e localidades. Assim, se pensarmos em proposições como entidades articuladas compostas de outras entidades mais simples (localidades, instantes, objetos, relações, etc.), podemos representar a proposição expressa por (1) no contexto em questão da seguinte maneira:

```
    Chuva (t)
       ↓        ↓
⟨Ch(x,y), I,   Salvador⟩
```

A relação *Ch(x,y)* (onde os valores de x são instantes temporais, e de y são localidades) é o valor semântico de "*chuva (t)*"; I é o valor semântico da variável t no contexto em questão. Mas Salvador não é o valor semântico de nada em (1). No entanto, de acordo com Perry, este objeto é necessário, pois chuva em *I simpliciter* não é verdadeira nem falsa: a localidade é algo metafisicamente necessário para a ocorrência de chuva e, assim sendo, alguma localidade é necessária para que (1) expresse algo que tenha um valor de verdade. Salvador, portanto, é o que Perry chama de um componente proposicional inarticulado: ela (a cidade) é objeto da proposição, mas não é o valor semântico de nada na sentença que expressa esta proposição, i.e., não é articulada por nenhum morfema. Note-se que algo é ou não um componente proposicional não-articulado sempre relativamente a uma sentença. Salvador, por exemplo, é um componente inarticulado com relação a (1), mas articulado com relação a

(2) Está chovendo em Salvador
ou
Está chovendo aqui

(proferida em Salvador). No caso de (2), Salvador seria articulado por "Salvador", enquanto que, em (3), seria o valor do indexical "aqui".

Esta noção de constituinte inarticulado é exportada por Perry da semântica para o pensamento – mais precisamente, para a estrutura de nossas crenças. Da mesma forma que podemos expressar uma proposição que inclui elementos que não são articulados linguisticamente, podemos estar raciocinando com proposições que incluem elementos (por exemplo, Salvador) para os quais não temos nenhuma representação mental. Esta tese tem algumas consequências surpreendentes, por exemplo, a de que podemos ter atitudes epistêmicas (crença, conhecimento, etc.) com relação a proposições cujo conteúdo inclui elementos dos quais não estamos conscientes porque não são realizados psicologicamente.

Devemos enfatizar aqui a relevância do ponto de Perry: se ele está correto, o que temos aqui é a descoberta de um segundo tipo de sensibilidade contextual de (algumas) sentenças que não seria redutível ao fenômeno da indexicalidade, i.e., que não está atrelado à presença de termos indexicais: este seria um tipo diferente de sensibilidade, onde a sentença proferida como um todo exige do contexto um elemento que não é requerido pelas regras de uso de nenhuma de suas partes. Correspondentemente, o conteúdo das crenças expressas por estas sentenças incorpora elementos necessariamente supridos pelo contexto, dos quais, via de regra, não estamos conscientes.[2]

---

[2] Perry não vai tão longe a ponto de dizer que todas as nossas crenças são desse tipo (i.e., em proposições que incluem elementos não-articulados), mas de qualquer maneira, de acordo com ele, uma classe importante das mesmas são. Para tornar seu ponto mais saliente, ele constrói o experimento mental de um país imaginário que ele denomina *Z-land*, habitado por falantes imaginários, os *Z-landers*, cuja linguagem meteorológica tem uma característica muito peculiar: quando os *Z-landers* dizem "está chovendo", a localidade não entra em consideração, sendo simplesmente sempre *Z-land*. Mesmo que os *Z-landers* percorram outros países, "Está chovendo", em sua língua, significa sempre que está chovendo em *Z-land*. Qual seria a forma correta de analisar a forma lógica crenças dos *Z-landers* com relação à chuva? Segundo Perry, *Z-land* é um constituinte inarticulado fixo das crenças meteorológicas dos *Z-landers*, i.e., um constituinte inarticulado que, diferentemente de nossas crenças meteorológicas, não muda de acordo com o local de proferimento. Temos aqui, portanto, uma distinção importante das formas como esta sensibilidade contextual pode se dar: ela pode ser tal que os constituintes inarticulados mudam de contexto para contexto (como no nosso uso de "está chovendo"), ou eles podem ser tais que um mesmo constituinte é invariante em todos os contextos (como no uso dos *Z-landers* de "está chovendo"). Na verdade, há duas interpretações diferentes da forma lógica da proposição correspondendo a "está chovendo" para os *Z-landers*, e Perry parece oscilar entre as duas. A primeira (que chamarei de CI1) é a descrita acima, i.e., aquela que interpreta a chuva em *Z-landês* como uma relação binária entre localidades e instantes temporais, e a proposição expressa como incluindo *Z-land* de forma inarticulada. A segunda (que chamarei de CI2), mais radical, interpreta a relação de chuva entre os *Z-landers* como sendo essencialmente diferente da nossa, i.e.,

Além da localidade, Perry menciona outros casos interessantes de componentes inarticulados. Todas as proposições empíricas são sempre verdadeiras ou falsas com relação ao mundo atual. Assim, o mundo atual pode ser visto com um grande componente inarticulado de todas estas proposições. As minhas descrições da localização dos objetos no espaço são sempre feitas com relação a mim, i.e., tendo a mim mesmo como um constituinte proposicional, ainda que nas sentenças que eu uso para fazer esta descrição eu não esteja mencionando a mim mesmo. Portanto, eu mesmo sou um componente inarticulado dessas proposições. Os nossos estados epistêmicos como crença e conhecimento podem ser vistos, de acordo com Perry, como tendo conjuntos de proposições como constituintes inarticulados, uma vez que é, de acordo com

---

como uma propriedade monádica de instantes temporais. Ou seja, para esta interpretação, a localidade nem sequer entra em consideração, não sendo parte do conteúdo proposicional. Nesta última, não é correto dizer que *Z-land* é um constituinte inarticulado, uma vez que o conteúdo da crença dos *Z-landers* tem uma estrutura muito diferente da nossa. Barbara Partee (1989, p. 263) argumenta em favor da plausibilidade de algo muito parecido com CI2 baseado em evidências empíricas sobre o desenvolvimento em crianças de noções correspondentes, por exemplo, a "amigo" e "inimigo". Segundo Partee, em uma fase primitiva de seu desenvolvimento, estas noções não são, para a criança, relações binárias como para nós adultos (i.e.,ser amigo ou inimigo é sempre relativo a alguém), mas sim representadas segundo uma perspectiva egocêntrica, i.e., como uma propriedade monádica.

Perry introduz o exemplo dos Z-landers para ilustrar o caso de um componente inarticulado (*Z-land*), mas tem como conclusão de seu texto que há um nível básico de crença ilustrado pelos *Z-landers* que não inclui *Z-land* em seu conteúdo. Ele introduz a seguinte distinção para marcar seu ponto: uma crença pode ser *sobre* ("*about*") algo, e uma crença pode meramente ser *concernente* ("*concern*") *a* algo; no primeiro caso ela inclui este algo em seu conteúdo proposicional, mas no segundo não. No final de seu artigo (1986) Perry conclui que, no caso dos *Z-landers*, a sua crença concerne *Z-land*, mas não é sobre *Z-land*, favorecendo, portanto, CI2. Por outro lado, em Perry (1998), ele apresenta a estrutura da crença dos *Z-landers* como incluindo *Z-land* como um constituinte não-articulado, favorecendo, portanto, CI1.

ele, sempre com relação a um conjunto de proposições que podemos dizer que alguém crê (ou sabe) algo.

Uma pergunta óbvia aqui seria a seguinte: por que insistir que a localidade é um constituinte inarticulado no caso de "está chovendo" e não, como pareceria mais simples, postular uma variável presente não na gramática superficial mas na forma lógica profunda de "está chovendo", de tal forma que a localidade seria o valor assumido pela variável em um determinado contexto? Perry rejeita esta alternativa, insistindo que não precisamos postular nada na forma profunda da sentença, e que podemos nos deter em sua forma gramatical explícita. No entanto, nenhum argumento propriamente dito é oferecido para esta posição. Tal como colocada por Perry, ela parece muito mais a declaração de uma espécie de "ideologia" filosófica que uma opção teórica baseada em evidências ou vantagens explicativas (ao contrário de teorias rivais, como veremos abaixo).

A tese de Perry sobre constituintes inarticulados foi objeto de uma intensa discussão na literatura. Basicamente, há três grandes linhas críticas contra a mesma. No que se segue, eu discutirei brevemente cada uma delas. No meu entender, nenhuma delas é plenamente satisfatória, assim como não me parece satisfatória, tampouco, a posição de Perry. Ou seja, minha conclusão neste artigo será puramente negativa: ainda que Perry tenha apontado um fenômeno que precisa ser explicado (no caso, a aparente necessidade de se levar em conta um elemento não articulado nem na sentença como *type* nem nas ocorrências particulares de seus *tokens*) não há uma posição plenamente satisfatória com relação à questão dos constituintes inarticulados.

2. "Binding arguments" e estrutura profunda

Uma das objeções mais elegantes à visão de Perry foi formulada por Stanley (2000), explorando a estratégia originalmente proposta por Barbara Partee (1986) de se considerar as expressões relevantes no interior de contextos quantificados. De acordo com Stanley, a hipótese de Perry é incorreta, uma vez que os aparentes constituintes inarticulados na verdade correspondem a variáveis implícitas. No caso específico de "está chovendo", embora não haja um indexical para localidade na estrutura aparente da sentença, o verbo contém uma variável oculta, cujos valores, supridos contextualmente, são localidades. Esta última afirmação de Stanley está baseada em uma evidência empírica sobre o funcionamento da linguagem, m ais precisamente, sobre o comportamento da expressão em questão quando considerada no interior do escopo de outra expressão quantificacional. Este tipo de argumento é conhecido na literatura como *"Binding Argument"* por recorrer àquilo que parece ser a única explicação possível para que um quantificador ligue uma expressão.

Falando de forma geral e um tanto imprecisa, uma expressão quantificacional α *liga* uma expressão β se a interpretação de β varia sistematicamente de acordo com os valores da variável introduzida por α. Tomando como base esta definição de ligação, Stanley formula o que ele denomina de *"Binding Assumption"*: se uma expressão α liga uma expressão β, isto apenas pode ser explicado por α interagir com alguma variável presente (de forma explícita ou implícita) em β. A partir deste quadro teórico, Stanley considera a ocorrência de "está chovendo" no seguinte contexto linguístico:

Aonde quer que Maria vá, está chovendo.

A leitura mais natural desta sentença é que está sempre chovendo nos locais aonde Maria vai. No entanto, se Perry tivesse razão, e "está chovendo" assumisse um constituinte inarticulado (fornecido pelo contexto do proferimento), então a única leitura disponível de (4) seria a de que *aonde quer que Maria vá, está chovendo sempre no mesmo local, i.e., no local do proferimento de (4)*. A leitura natural de (4), ao contrário, sugere que "está chovendo" está sendo ligada pela expressão quantificacional "aonde quer que Maria vá". Mas, de acordo com a *"Binding Assumption"*, esta ligação apenas pode ser explicada pela presença de uma variável comum (cujos valores são localidades) em "aonde quer que Maria vá" e em "está chovendo". Assim, a estrutura de (4) seria melhor representada por algo como

(5) Aonde[x] quer que Maria vá, está chovendo[em x]

onde "x" é a variável comum à expressão quantificacional e a "está chovendo", e cujos valores são localidades. Se não houvesse esta variável comum, então, de acordo com a *"Binding Assumption"*, não poderia estar havendo ligação e, assim, a expressão quantificacional deveria ignorar a expressão seguinte. Neste caso, a única leitura disponível de (4) seria aquela algo estranha acima, o que é contraintuitivo. I.e., a leitura natural tem que estar pelo menos disponível. Portanto, deve haver uma variável presente na forma profunda de "está chovendo". O *"Binding Argument"* funciona assim como uma espécie de aparelho de raios-x, que revela a presença de uma variável invisível a olho nu. Esta estratégia foi amplamente usada por Stanley & Szabó (2000) para revelar a presença de variáveis presentes em expressões quantificacionais, cujos valores são domínios restritos de quantificação. Por exemplo,

Todos os alunos foram reprovados,

proferida no interior de um conselho de classe sobre o resultado de um exame, a expressão "todos os alunos", não é compreendida como dizendo respeito a todos os alunos do universo, mas sim a todos os alunos daquela classe. Houve, portanto, uma restrição do domínio quantificacional. Tal restrição é uma função do contexto, pois em diferentes contextos, o domínio de quantificação será claramente diferente. Stanley & Szabó propõem então a consideração desta expressão no seguinte contexto lingüístico:

Em cada uma das classes de João, todos os alunos foram reprovados

Aqui a interpretação da segunda parte da sentença ("todos os alunos foram reprovados") claramente depende dos valores da variável da primeira parte (classes de João). Assim, Stanley & Szabó concluem, deve haver uma variável oculta na segunda sentença, que assume um domínio como valor em cada contexto.

Apesar de sua engenhosidade, o argumento usado por Stanley padece de um problema fundamental, que foi originalmente apontado por Cappelen e Lepore (2005). Segundo estes, o risco é de o *"Binding Argument"* ser excessivamente generalizável, de tal forma que ele acabará indicando a presença de variáveis mesmo em sentenças que paradigmaticamente não as contém. Considere o exemplo:

Aonde quer que Maria vá, 2+2=4

Imagine-se (8) proferida na seguinte situação: Maria é uma criança que está aprendendo aritmética elementar. Sendo muito imaginativa, ela não gosta do fato de que 2, somado consigo mesmo, resulte um número diferente de si mesmo, e imagina que o resultado da soma deveria ser o mesmo 2. Ela muda de escola e de professor, tentando encontrar alguém que conte uma história diferente sobre a soma do número 2 consigo mesmo, mas, para sua frustração, em todas as escolas a mesma história é contada, o que é expresso por (8) acima.) Há uma leitura intuitiva desta sentença, de tal forma que a interpretação da segunda sentença depende dos valores introduzidos pela primeira. Portanto, se o *"Binding Argument"* é uma boa estratégia, estaríamos autorizados a postular uma variável oculta para a localidade em "2+2=4", o que é plenamente absurdo, pois este é um paradigma de sentença eterna, que não deve incluir nenhuma referência espacial. Da mesma forma, podemos encontrar vários outros tipos de variáveis em "2+2=4" através do *"Binding Argument"*, pela consideração de "2+2=4" precedido de quantificadores como "em qualquer instante do tempo" (variável temporal), "para qualquer time que esteja jogando" (variável para times), "qualquer que seja o estado de espírito de Maria" (variável para estados de espíritos), etc. Mas isto é claramente absurdo. Portanto, o *"Binding Argument"* deve estar equivocado como estratégia.

Recanati (2002) também desautoriza o *"Binding Argument"* por outra razão que aquela apontada acima. A estratégia do argumento é mostrar que há uma variável espacial oculta em (1) pela consideração da mesma no contexto de um quantificador, como em (4). Supostamente, o quantificador em (4) está ligando uma variável que já estava presente mesmo na ocorrência isolada da sentença em (1). Mas isto pressupõe que a forma sintática de (1) é a mesma em sua ocorrência isolada e em sua ocorrência em (4). Recanati sustenta que esta pressuposição não apenas não é evidentemente verdadeira, mas também é falsa. Segundo ele, é mais plausível pensar que uma sentença como (1) tem uma aridade original (digamos que se trata de uma função unária que mapeia instantes temporais em valores de verdade), e que esta aridade pode mudar de acordo com o contexto linguístico. Assim, a anteposição do quantificador em (4) transforma a função unária em uma função binária (que mapeia pares de instantes e lugares em valores de verdade). A nova aridade é uma contribuição do quantificador em (4), e outras transformações de aridade são possíveis, como em

Aonde quer que Maria vá, e qualquer que seja a atividade na qual ela esteja engajada, está chovendo

Aqui a função que era originalmente unária (em (1)) é convertida pelos dois quantificadores (para lugar, i.e., "Onde quer que Maria vá", e para atividade, i.e., "qualquer que seja a atividade na qual ela esteja engajada") em uma função ternária, que mapeia triplas de instantes temporais, localidades e atividades em valores de verdade. Esta objeção de Recanati parece muito pouco plausível. Não é aceitável, a não ser por uma variedade extremamente radical de contextualismo (como é a que Recanati endossa), que (1) mude não apenas de significado, mas também de forma sintática de contexto para contexto. Parece implausível pensar que um símbolo funcional mude de aridade de acordo com o contexto linguístico em que o mesmo ocorre (deixando de lado, é claro, a possibilidade de ambiguidade deste símbolo, que não é o que está em questão aqui).

Uma posição parecida com a de Stanley é a de Corazza (2007), segundo a qual todos os elementos semanticamente relevantes (i.e., todos os elementos que entram efetivamente na proposição) são valores semânticos ou de elementos gramaticais (termos eternos ou indexicais) presentes na forma superficial da sentença, ou de elementos presentes na estrutura sintática profunda da mesma. Assim, na sentença "está chovendo", se a localidade de fato é um elemento da proposição, ela deve ser o valor semântico de alguma variável presente na sua estrutura sintática profunda, que não aparece na estrutura gramatical superficial. Aqueles elementos que aparentemente estão envolvidos na proposição, mas que não são o valor semântico de nenhum elemento da sentença nem de sua estrutura sintática profunda, não são, de acordo com Corazza, semanticamente (mas apenas pragmaticamente) relevantes. Embora oposta à de Perry, a perspectiva de Corazza tem um ponto de contato com aquela. Seguindo uma perspectiva da sintaxe profunda inspirada em Chomsky, Corazza vê como perfeitamente natural a possibilidade de o falante não ter uma representação de elementos cruciais presentes na estrutura sintática profunda, ainda que ele possa ser capaz de manipular de forma competente esta estrutura profunda.

3. Minimalismo

A questão dos constituintes inarticulados interessa de perto ao debate contemporâneo entre o chamado minimalismo semântico e o contextualismo pela seguinte razão: se Perry tem razão, então para grande parte das sentenças, mesmo quando resolvidas as possíveis ambiguidades e saturadas as suas expressões indexicais com valores fornecidos pelo contexto de proferimento, não expressam uma única proposição, mas sim uma variedade de proposições, na medida em que há elementos proposicionais que não são requeridos pelos componentes gramaticais das mesmas. Ou seja, não há uma proposição mínima expressa, por exemplo, por "está chovendo" (fixado um instante temporal), mas sim o que é expresso de maneira minimal é uma função proposicional, e em distintas localidades a proposição é diferente.³

Não por acaso, uma das críticas mais ferozes da noção de constituinte inarticulado foi formulada por Cappelen e Lepore, dois defensores do minimalismo semântico. Para Cappelen e Lepore, não apenas, como vimos, não há variáveis ocultas na forma lógica de "está chovendo" (e de sentenças análogas), mas também a localidade não é um elemento da proposição: apenas os valores semânticos das expressões eternas, bem como das expressões explicitamente sensíveis ao contexto (i.e., os indexicais) são elementos da proposição. Como a localidade não é nem uma coisa nem outra no caso de "está chovendo", então ela não faz parte da proposição. Como explicar então que, sempre que dizemos "está chovendo", a localidade da chuva é de nosso interesse primário? De acordo com Cappelen e Lepore, nosso interesse na localidade da chuva é puramente pragmático, uma vez que nossas ações e planos precisam levar o fenômeno da chuva em consideração (por exemplo, para saber o local adequado para se plantar alimentos, é necessário que nos interessemos por onde ocorre chuva), mas isto nada tem a ver com a proposição em si, que não inclui a localidade.

Para sustentar este ponto de vista, Cappelen e Lepore têm dois argumentos. O primeiro consiste em mostrar a possibilidade de se considerar a chuva de um ponto de vista neutro com relação à localidade. Alguns exemplos seriam os seguintes:

---

3 Para Perry, nem sempre o valor assumido em distintos locais é o próprio local do proferimento. Em algumas situações, uma outra localidade que não exatamente o local do proferimento pode ser o que é fornecido pelo contexto. Por exemplo, se estou relatando a alguém no Rio de Janeiro o documentário que acabo de ver na televisão sobre as chuvas em Santa Catarina, e alguém me pergunta "como estão as coisas lá?", se eu responder "está chovendo", o constituinte inarticulado nesta situação não é o Rio de Janeiro, e sim Santa Catarina. Trata-se de um constituinte inarticulado tornado saliente pelo contexto.

Chuva é o estado de tempo favorito de Nina
Chuva é o assunto mais comentado no site do Google

Em ambos os casos, não se levanta a questão de *onde* ocorre a chuva, mas simplesmente *que* ocorre chuva. Obviamente, isto não elimina os casos em que a localidade da chuva é levada em conta, mas, de qualquer maneira, de acordo com Cappelen e Lepore, basta que em alguns casos a chuva seja considerada sem que a localidade entre em questão para mostrar que não existe a sensibilidade contextual postulada por Perry, pois, caso esta sensibilidade existisse, ela deveria ser requerida em todas as situações possíveis (da mesma forma que um indexical como "agora" é sempre sensível ao instante de seu proferimento).

Este argumento é deficiente em vários aspectos. Em primeiro lugar, ele requer uma substantivação do verbo "está chovendo", e não é claro que, caso o verbo seja sensível ao contexto, esta sensibilidade deveria se transmitir à sua forma substantivada, da mesma forma que "doação" ser completo enquanto substantivo e não requerer argumentos não invalida o fato de "dar" requerer três argumentos (i.e., quem dá, o que dá, e a quem é dado). Uma outra deficiência deste argumento é que ele mostra, no máximo, que a localidade não é requerida em todos os casos em que falamos de chuva, mas não que a localidade não seja um constituinte inarticulado naquelas situações em que esta é requerida. Recanati (2002), por exemplo, defende a tese de que uma característica essencial de constituintes inarticulados é que eles não são obrigatórios, podendo ser requeridos em alguns casos, mas não em outros. Assim, de acordo com Recanati, é possível haver leituras de (1) em que a localidade não é requerida, como na seguinte situação:

> I can imagine a situation in which rain has become extremely rare and important, and rain detectors have been disposed all over the territory (whatever the territory—possibly the whole Earth). In the imagined scenario, each detector triggers an alarm bell in the Monitoring Room when it detects rain. There is a single bell; the location of the triggering detector is indicated by a light on a board in the Monitoring Room.

> After weeks of total drought, the bell eventually rings in the Monitoring Room. Hearing it, the weatherman on duty in the adjacent room shouts: "It's raining!" His utterance is true, iff it is raining (at the time of utterance) in some place or other (RECANATI, 2002, p. 317).

Mas, embora haja contextos em que a perspectiva neutra seja permitida, isto não significa que a localidade não seja, em outros contextos, requerida e, portanto, um constituinte inarticulado.

O segundo argumento de Cappelen e Lepore é mais forte, e coloca em questão a razão principal oferecida por Perry para incluir a localidade como constituinte da proposição expressa por (1). A razão principal oferecida por Perry é que não existe o chover *simpliciter*, mas sim, sempre o chover em algum lugar, uma vez que a chuva necessariamente ocorre sempre em uma localidade. Ou seja, Perry está recorrendo à necessidade metafísica de uma localidade para a ocorrência de chuva. Poderíamos aqui falar de uma espécie de "Princípio de Fechamento Metafísico"[4] por trás do raciocínio de Perry: se α é constituinte de uma proposição, e β é metafisicamente requerido para a existência de α, então β também é constituinte da proposição. O problema com este "Princípio" é, em essência, o mesmo que aquele apontado para o *"Binding Argument"*, i.e., ele acaba nos dando muito mais que aquilo que é razoável, isto é, ele acaba incluindo coisas demais na proposição. Pois não apenas a localidade é metafisicamente necessária para a chuva: a chuva também necessariamente ocorre a uma certa temperatura, a uma certa velocidade etc. etc., e todos estes incontáveis fatores, pelo "Princípio" acima, deveriam ser incluídos como constituintes da proposição. Em última instância, um estado total do universo precisaria ser incluído, pois a chuva necessariamente se dá dentro de um estado total do universo. Se o argumento de Perry para incluir a localidade na proposição é correto, então ele pode ser reaplicado para incluir também todos estes inúmeros fatores na mesma e, no entanto, intuitivamente, eles nada têm a ver com a proposição. Aparentemente, o limite entre o

---

4 Nem Perry nem Cappelen e Lepore usam este termo.

que faz e o que não faz parte da proposição (dentre os elementos metafisicamente necessários para a ocorrência de chuva) existiria apenas em virtude de uma decisão arbitrária, mas não em virtude de uma razão fundada na natureza da proposição.

Contrariamente a Perry, Cappelen e Lepore defendem a tese segundo a qual existe uma proposição mínima expressa por (1). Mas, contrariamente ao que pensa Recanati na passagem citada acima, i.e., que (1) expressa (no contexto da Terra seca) a proposição existencial de que há um lugar onde está chovendo, a proposição mínima para Cappelen e Lepore não contém uma referência espacial: ela simplesmente fala da existência da chuva *simpliciter,* de forma neutra com relação à localidade. Há vários problemas óbvios para esta noção de proposição minimal. Em primeiro lugar, há aquilo que poderíamos chamar de *o problema metafísico,* que é o de explicitar a natureza desta entidade enquanto proposição. Pois, de fato, se é verdade que o argumento do "fechamento metafísico" é facilmente banalizável, como Cappelen e Lepore apontaram contra Perry, por outro lado ele não deixa de apontar algo a ser explicado, i.e., o fato de (1) *simpliciter* não ser verdadeiro nem falso (portanto, não ser uma proposição) sem uma localidade. Por outro lado, há aquilo que poderíamos chamar de *o problema epistêmico,* que seria o de explicar a informatividade de um proferimento de (1) se a localidade não é levada em conta. Se a proposição mínima é tudo o que um proferimento de (1) expressa, então (1) proferida no deserto do Sahara, ou no verão de Salvador, ou em um tarde de inverno em Paris tem exatamente o mesmo conteúdo informacional, o que parece no mínimo contraintuitivo. Por outro lado, a proposição correspondendo a "não está chovendo" expressaria sempre o mesmo conteúdo informacional de que não está chovendo *simpliciter*, o que presumivelmente é sempre falso, pois em um ou outro ponto do mundo deve haver chuva. Por fim, há aquilo que poderíamos chamar de *o problema psicológico,* que consistiria em explicar a realidade psicológica desta proposição mínima, i.e., explicar como e por que elas são realizadas psicologicamente pelo falante no cômputo que o mesmo faz do significado final de um proferimento de (1). Quando alguém profere

(1) em Salvador, aparentemente o que o falante entende imediatamente é que está chovendo em Salvador, e não *primeiro* a proposição minimal de que está chovendo *simpliciter* e, *somente depois*, por meio de mecanismos pragmáticos, inferir a proposição final de que está chovendo em Salvador. Recanati (2004, cap. 2), por exemplo, critica este modelo de cômputo do significado a partir da proposição minimal. Ele aponta que esta pode nunca nem sequer ocorrer ao falante, não tendo, portanto, nenhuma realidade psicológica seja para o falante, seja para seu interlocutor, sendo, portanto, perfeitamente inútil e dispensável na explicação da comunicação. Não estou dizendo que esta objeção seja insuperável para Cappelen e Lepore, mas, sim, que ela deve ser respondida, ou então deve ser explicado por que a realidade psicológica não é algo necessário para a proposição minimal, sendo que a mesma tem relevância puramente semântica, mas não necessariamente relevância psicológica dentro do processo comunicativo.

4. Conclusão

Como vimos, há dificuldades muito sérias para todas as perspectivas examinadas anteriormente. A perspectiva de Perry me parece inadequada por estar fundamentalmente apoiada em um princípio (que eu chamei de "Fechamento Metafísico") que nos dá como elementos proposicionais muito mais do que aquilo que é razoável de acordo com a noção intuitiva de proposição. Por outro lado, a perspectiva crítica de Stanley recorre fundamentalmente ao "*Binding Argument*" que, como vimos, também é excessivamente generalizável, e leva à postulação de variáveis espaciais (e outras) ocultas mesmo onde, em princípio, não deveria haver nenhuma variável deste tipo. A parte crítica da perspectiva de Cappelen e Lepore parece correta (i.e., que as estratégias de Perry e de Stanley são facilmente banalizáveis), mas a parte positiva de seu tratamento parece fornecer muito pouco em termos de explicação. Em particular, aquilo que eu chamei de problemas metafísico, epistêmico e psicológico permanecem em aberto, e devem ser resolvidos antes de esta perspectiva poder ser tomada seriamente.

Portanto, a minha conclusão é puramente negativa: não há ainda uma posição completamente satisfatória no que diz respeito aos constituintes inarticulados, seja para integrá-los em uma teoria semântica coerente, seja para faze-los desaparecer de vez da mesma.

Referências bibliográficas

CAPPELEN, H. e LEPORE, E. *Insensitive semantics*. Oxford: Blackwell, 2005.

CAPPELEN, H. e LEPORE, E. "The myth of unarticulated constituents", in: O'Rourke, M. e Washington, C. (eds.), *Situating semantics: essays on the philosophy of John Perry*. Cambridge, Massachusetts: The MIT Press, 2007, p. 199-214.

CORAZZA, E. "Thinking the unthinkable: an excursion into Z-Land", in: O'Rourke, M. e Washington, C. (eds.), *Situating semantics: essays on the philosophy of John Perry*. Cambridge, Massachusetts: The MIT Press, 2007, p. 427-50.

PARTEE, B. "Binding implicit variables in quantified contexts" in: *CLS* 25, p. 342–65. Reimpresso em Parte 2004, 1989, p. 259-81.

_____. *Compositionality in formal semantics*. Oxford: Blackwell, 2004.

PERRY, J. "Thought without representation", in: *Supplementary proceedings of the Aristotelian Society* 60, 1986, p. 263-83.

_____. "Contexts and unarticulated constituents", in: *Proceedings of the 1995 CSLI-Amsterdam logic, language and computation conference*, Stanford, CA: CSLI Publications, 1986.

_____. "A Reply", in: O'Rourke, M. e Washington, C. (eds.), *Situating semantics: essays on the philosophy of John Perry*. Cambridge, Massachusetts: The MIT Press, 2007.

RECANATI, F. "Unarticulated constituents", in: *Linguistics and philosophy* 25, 2002, p. 299-345.

_____. *Literal meaning.* Cambridge: Cambridge University Press, 2004.

STANLEY, J. "Context and logical form", in: *Linguistics and philosophy* **23**, 2000, p. 391-434.

STANLEY, J. e Szabó, Z. "On quantifier domain restriction", in: *Mind and language* 2 e 3, 2000, p. 219-61.

Agradecimentos

Este livro é resultado da cooperação intelectual e humana de filósofos de diferentes instituições brasileiras e estrangeiras. Ele é uma expressão do ideal da filosofia enquanto um diálogo aberto e busca por melhores e mais claros argumentos.

A ideia deste livro surgiu com a realização do *IV Colóquio Temático de Filosofia Analítica* realizado em setembro de 2008 na Bahia, sob os auspícios do Programa de Pós-graduação em Filosofia da UFBA e do GT-Ceticismo da ANPOF. O Prof. André Porto participou desse evento com um original e instigante trabalho que, infelizmente, não integra essa coletânea. Todos os textos foram preparados exclusivamente para esta publicação.

Não teria sido possível realizar esta publicação sem o apoio de algumas instituições e pessoas: agradeço o apoio financeiro da CAPES (processo nº 23038-005811/2008-31), Fundação de Amparo à Pesquisa do Estado da Bahia – FAPESB (processo nº 0068/2008 e projeto *Mente, Realidade e Conhecimento* nº 0175/2008), CNPq (projeto *Externalismo, Autoconhecimento e Ceticismo*, processo nº 306190/2007-9), Universidade Federal da Bahia – UFBA e Instituto Anísio Teixeira – IAT da Secretaria de Educação do Estado da Bahia. O apoio da Livraria LDM, Primo Luís Maldonado e Luana Maldonado foi, do mesmo modo, fundamental.

Agradeço, por fim, a Joana Monteleone e à Alameda Editorial que acolheram nosso projeto com o espírito de contribuir na difusão do trabalho filosófico realizado no Brasil.

Esta obra foi impressa em Santa Catarina pela Nova Letra Gráfica & Editora no verão de 2010. No texto foi utilizada a fonte Sabon, em corpo 10,5, com entrelinha de 15 pontos.